M&A
財務デューデリジェンス入門
入門 手順と報告書の書き方

はじめに

　我が国において、経営者の高齢化、後継者不足に端を発する事業承継問題は重大な課題として位置づけられており、近年その出口戦略として、M&A が注目されています。実際に M&A の案件数は年々増加の一途をたどっており、ある調査会社の報告によれば 2019 年までは毎年過去最高水準を更新しています。2020 年は新型コロナウイルス感染症（COVID-19）を受け、我が国においても戦後初めて緊急事態宣言が発出されるような事態であったにもかかわらず、依然として高い水準となっていました。

　このような背景のもと、大規模なものから中小規模なものまで様々な規模や管理体制の会社が M&A の対象となっています。「財務デューデリジェンス」（以下「財務 DD」）は M&A の実務の中でも比較的実施される頻度が高く、中小企業における M&A においても最低限実施されることが多いのではないでしょうか。

　幸運にも、私たちは売り手や買い手等の様々な立場の方から M&A に関するご相談をいただき、支援をさせていただきました。特に売り手側の立場からご支援をさせていただくことで、様々な専門家等によるデューデリジェンス対応を経験しました。

　そのような中で、M&A 市場が急激に拡大していることも一因かもしれませんが、普段 M&A に関与していないであろう専門家の方が財務 DD の実施者として関与している実態を少なからず目の当たりにしました。

　財務 DD は短い時間の中で重要事項を報告し、買い手の投資意思決定を支援し、譲渡契約等の最終交渉に反映させる事項を検出することになります。

　「つたない財務 DD」が M&A の現場をより混乱させる結果になることや、M&A 後の予期せぬ問題の発生につながるケースも少なからず出てきます。

　このような実態を目の当たりにし、初めて財務 DD にかかわる買い手企業の担当者や専門家が、より適切な財務 DD を実施するための手順や思考を体現した解説書の必要性を強く感じました。

本書は、私のつたない経験の中ではありますが、できる限り実務に即した形で手続の実施と報告書を取りまとめることができるように、「どのような観点で調査を進め」「どのような資料を入手し」「資料をどのように加工して」「どう報告するか」といったことがわかる形で取りまとめようと心がけています。

　すべてのケースについて網羅することは紙面の関係上できませんが、貸借対照表項目を中心として、実務で問題となる主要な調査項目をできる限り織り込みました。財務 DD に関する多くの書籍は、論点や分析のための図表作成のノウハウは記載されていますが個々の勘定科目別の調査報告書作成まで書かれた類書はなく、他に類を見ない視点からの財務 DD に関する入門書となったのではないかと自負しています。

　本書をきっかけに、財務 DD に関与される方が、より効率的かつ効果的に業務を進めることができ、我が国の M&A 市場がより活発になっていくことを期待しています。

　最後になりましたが、本書の出版にあたってご協力いただきました税務経理協会の吉冨智子様をはじめとする皆様には心から御礼申し上げます。

令和 3 年 12 月

株式会社 G&S ソリューションズ

代表取締役

公認会計士・税理士

山田　勝也

目　次

はじめに

第 1 部　財務デューデリジェンスの基礎知識

- Ⅰ　M&A のプロセス　2
- Ⅱ　財務 DD の目的と調査範囲（スコープ）　8
- Ⅲ　財務 DD の結果とその利用方法　12
- Ⅳ　財務 DD の受嘱から報告まで　17
- Ⅴ　財務 DD 報告の態様　24
- Ⅵ　財務 DD 実施に必要なスキル　26

第 2 部　財務デューデリジェンス調査報告書の作成

- Ⅰ　総論　34
  - 1　調査報告書の体系　34
  - 2　基礎資料の閲覧及び決算書の分析　37
  - 3　組織や事業所の概要の理解　38
  - 4　会計方針の理解　38
  - 5　関連当事者間取引　43
- Ⅱ　貸借対照表項目の調査　46
  - 勘定科目別分析ページについて　47
  - 1　現金及び預金　49
  - 2　売上債権　62
  - 3　仕入債務　80
  - 4　棚卸資産　94
  - 5　有形・無形固定資産　112
  - 6　有価証券投資　134

7 保険積立金 144

8 有利子負債 154

9 賞与引当金 168

10 退職給付引当金 184

11 その他引当金 194

12 偶発債務等のオフバランス項目 206

13 運転資本の分析 209

14 実態純資産額の算定 214

III 損益計算書項目の調査 218

1 収益性分析 219

2 正常収益力の把握 231

IV その他

1 事業再生案件に関する留意点 236

事業再生の概要 236 ／ 事業再生における財務 DD の調査上の留意点 238

2 カーブアウト（事業分離）案件に関する留意点 253

M ＆ A とカーブアウト 253 ／ カーブアウトにおける財務 DD の調査上の留意点 260

付録 参考資料

I 財務デューデリジェンスの初期依頼資料（サンプル） 270

II 貸借対照表項目別財務デューデリジェンスにおける調査の着眼点 275

III その他の報告書作成例 280

索引 290

参考文献 293

編著者紹介 294

第 1 部

財務デューデリジェンスの基礎知識

　本書では、財務デューデリジェンス（DD）の実施と調査報告書作成の実務的対応について解説していきます。まずは、具体的な財務 DD の詳細な解説に入る前に、M&A の全般的なプロセスについてみていきたいと思います。

　下図は、一般的な M&A の進み方を示したものです。なぜ M&A をするのかといった戦略の立案から始まり、相手方の探索、基本条件の合意、DD の実施を経て、条件交渉、契約締結へと進んでいきます。

　当然のことではありますが、全ての M&A がこのプロセスを踏むわけではありません。M&A の規模や買い手と売り手との関係性、スケジュール等々、案件には固有の事情を踏まえ、適宜、簡素化・省力化され進んでいくこともあります。

　財務 DD が実施されるに至るまでに多くのプロセスを経て、様々なやり取りがなされています。本書の冒頭で、あえて M&A のプロセスを解説するのは、財務 DD に至る過程での様々な情報交換や議論を理解することで、財務 DD をより効果的かつ効率的に進めることが可能な場合もあるためです。なお、M&A の形態としては株式譲渡の他、合併や会社分割、株式移転等様々な手法がありますが、本書では特段の記載がない場合には株式譲渡を前提として記載しています。

▌M&A のプロセス（例）

1　M&A 戦略の立案

買い手の立場からは、どのような目的で、どのような会社を、どの程度の予

算で買収したいかを検討する段階です。すなわち、M&Aを闇雲に進めるのではなく、M&Aを自社の事業戦略の一環として捉え、その必要性を検討することが重要です。

　財務DDは買い手の立場として実施されるものです。後述しますが、財務DDは限られた時間、限られた資料の中でM&Aに伴うリスク要因等を如何に発見するかが重要になってきます。そのため、買い手のM&A戦略を理解し、財務DDにより、どのような範囲、どのような深度で調査を進めるかを決定することがその成否のカギを握り、重要となります。

　例えば、買い手がM&Aにより統合後の調達ルートの一本化を図ることで調達コストを低減させ、対象会社の収益性の向上を狙っている場合には、財務DDにおいても主要な原材料の仕入単価を調査し、買い手が期待する効果を得られるかどうか判断できるような情報を提供することが考えられます。

　一方、売り手の立場からは、なぜ売るのかという明確な理由を考える段階となります。M&Aは交渉でもあるため、全ての条件が全ての点で希望通りに認められるとは限りません。その時に立ち返るべきことは、なぜM&Aをするのかという点になります。また、M&Aにおいて譲れない条件や最低売却価額等もある程度は明確にしておくことが必要です。

　財務DDを実施する立場からは、売り手がなぜM&Aを決断したのかを理解することは重要です。例えば、M&Aを決断した要因として買い手には後継者問題のみを説明していたかもしれませんが、根本的には対象会社の収益性の低下や巨額の簿外債務の存在がその要因であることもあります。

2　ターゲットの選定

　一般に、M&AはFA（ファイナンシャルアドバイザー）やM&A仲介会社を通すことで相手方を探索します。

　この際、売り手の情報は機密性が高いことからノンネームシートという匿名化された案件情報として取りまとめられ、買い手候補の探索が行われます。

　買い手も、このノンネームシートを基に買収対象企業を絞り込んでいきます。

ある程度対象が絞り込まれた後に機密保持契約が締結され、企業概要書やその他の企業情報が開示されていきます。

3 初期交渉・プレ DD・予備的価値評価

買い手は、限られた情報から売り手の情報を分析し、提示する条件や価格等を検討します。この段階で売り手と買い手は接触し、必要に応じてトップ面談等を通して双方の理解を深めていきます。

買い手が、対象会社のどのような点に価値を見出し、どのように評価したかを理解することにより、財務DDの調査において買い手の考える付加価値や価値評価に影響を与えるような事項はないかという視点で調査をすることができます。

4 基本合意・意向表明

買い手と売り手の条件が概ねまとまった段階で、売り手は交渉を進める相手を1社に絞り、買い手との間で合意した主要条件について明記した基本合意書を締結することが一般的です。基本合意書には買収価格の他、待遇や独占交渉権等多岐にわたった事項が記載されます。基本合意書は、買い手と売り手との間で形成された合意事項を双方に確認する性質を有します。

なお、基本合意書の締結に代えて、買い手から主要条件等について明記した意向表明書を売り手に対して差し入れ、売り手から買い手に対して応諾書を差し入れるという方法による場合もあります。

例えば、基本合意書や意向表明書に定められた条件によっては、簿外の退職給付債務や、将来の収益性の調整に影響を与えるような事項もあるため、財務DD実施時にはこの内容を確認し、調査項目への影響を検討することが必要です。

また、案件によっては上記のような相対取引の形ではなく、ビッド（入札）方式をとることもあります。ビッド方式の場合には、情報開示と入札が複数回行われる中で売り手は入札条件を比較して、独占交渉権を付与する1社に絞っ

ていきます。特にビッド方式の場合には、複数社のDDが同時に行われることもあり、DDの実施が細かい条件や制約の下で行われることもありますので注意が必要です。

5 DD の実施

　当事者間で合意された事項に基づき、買い手は売り手に対してより詳細な調査を行うフェーズに移ります。この買収のための詳細な調査は、「デューデリジェンス（DDや買収監査）」と呼ばれます。このDDは、買い手が直接行うこともありますし、買い手が起用した公認会計士、税理士、弁護士、社会保険労務士等の専門家に一部を委託することもあります。

　DDの範囲は、ビジネス、財務、税務、法務、労務、不動産、環境といったように多岐にわたり、買い手は案件の概要や規模、予算等によってその範囲や委託内容を決定します。

　この間、売り手に対して様々な資料の要求や質問を行いますが、売り手は日常の業務の中でM&Aに関する情報を公開された一部の従業員等がその対応を行うことになります。また、仮に、売り手が意図的に虚偽の説明や隠ぺい行為を行った場合には、M&Aが成立しても後々問題となる可能性があるため、売り手にはDDに対して真摯な対応が求められます。そのため、DD期間中は、売り手に相当程度の負荷がかかってきます。

　本書のテーマである財務DDは、まさにこのDDフェーズで行われます。財務DDを担当するにあたっては、このようなM&Aプロセスにおける一部であることを理解し、売り手の状況を理解したうえで、前のフェーズから次のフェーズにつながる調査を意識することで、より効果的かつ効率的に調査を行うことが可能となります。

6 条件交渉

　DDの結果や事業計画の検証結果、その他の諸事情を踏まえ、最終契約に向

けた交渉が行われます。

　この交渉の過程では、買収価額の調整の他、対価の支払方法や従業員の処遇、DD 等の過程で検出された諸リスクへの売り手による表明保証や特別補償が求められることもあります。

　財務 DD で実施した内容やその結果、開示された事実に対するリスク評価の結果は、買い手に対する損害という形で顕在化する可能性があるため、財務 DD の実施者としても、発見事項に対する評価結果が、契約条項として織り込まれる可能性や将来紛争につながる可能性も考慮した調査及び報告をすることが必要になります。

【参考】

表明保証条項

　株式譲渡契約においては、一般的に売り手が対象会社の株式を適法に保有していることや、DD で開示された情報に虚偽がないこと、対象会社の財務諸表が適正に作成されていること、開示していない偶発債務や簿外債務はないこと、その他保有している資産、契約関係、労務関係等に関する事項について、一定の事実を表明し、保証することにより対象会社に問題が生じた場合の各当事者の責任やリスクの負担に関して明確にするための条項を契約に織り込みます。これを表明保証条項といいます。

特別補償条項

　一般的には、株式譲渡契約締結時点において表明保証違反に関する認識をしていた場合に、当該事実に起因して生じた損害に対して上記の表明保証条項に基づく賠償責任を問えるかどうかについては見解の相違があります。そのため、既に判明している特定の事実に関する補償条項を別途設けることがあります。これを特別補償条項といいます。

---

7 契約締結、クロージング

　詳細な契約条件が固まったら、合意された条件に基づき最終契約フェーズへと移ります。具体的には、契約書案を売り手及び買い手の双方で確認し、契約日や必要書類等の準備を進めます。契約の準備が整ったら正式に売買契約書（SPA：Sale And Purchase Agreement）への調印となります。

　M&A においては契約日と決済日が異なることがあります。一般に株式譲渡契約では、代金の決済をもって株式の所有権が移転することが多いようです。

　一般的にこの契約書への調印から決済までの流れをクロージングといいます。

8 統合段階

　M&A は買収契約の成立をもって終了しません。むしろ、M&A の当事者にとっては買収契約の成立がスタートとなり、新たな経営体制の下での出発が切られるものです。買い手は、買収日以降は対象会社の新たな経営者としてグループ一体となって経営を行い、冒頭の M&A 戦略の立案で期待した効果を発揮できるよう取り組むことになります。

　この、M&A 成立後の統合プロセスを PMI（Post-Merger Integration）といい、新たな体制での経営をスタートする日を Day1 と呼びます。一般にはこの Day1 からスタートし、100 日でのアクションが M&A の成否を握る重要な時期であるといわれています。

　財務 DD の観点から考えると、この統合段階においては財務 DD における誤認識や調査不足等による問題の発覚が起きやすい時期になります。そのような問題が発見された場合には、買い手は売り手等に対して損害賠償請求等を行うことがあります。その原因が財務 DD に起因した場合には、専門家としての善管注意義務違反を問われる可能性もあります。自らの調査の内容や結果が将来買い手にどのような影響を与えるのかを念頭に置きながら調査を進めることに留意が必要です。

　下図では、財務 DD の結果がどのような項目に影響をあたえるのかをまとめたものです。財務 DD を実施した結果として、対象会社の実態純資産額や正常収益力が試算され、また M&A の実行において留意すべき事項が報告されることがあります。そのような報告事項は「企業価値評価」「株式譲渡契約（SPA）」「統合計画（PMI）」といった M&A プロセスの多岐にわたる項目に影響を与えるため、財務 DD の実施は M&A の重要なプロセスといえます。財務 DD の実施においては、これらの影響範囲を理解しつつ、M&A における様々な懸念事項やリスク、情報について多面的に調査を行っていきます。

　一方で財務 DD の調査は基本合意書を締結してから株式譲渡契約等を締結するまでのわずかな期間に行われます。そのため、限られた時間、限られた情報、限られた予算の中で、何をどのように調査するのかを決めていくことが重要です。そのためにも買い手は財務 DD に着手する前に、財務 DD により何を明らかにしたいか、どのようなリスクを把握したいか等財務 DD の目的を明確にし、それを財務 DD の担当者に正確に共有することが重要です。

　このプロセスを経て、買い手と財務 DD の担い手との間で、調査項目や調査期間等を決定していきます。

　以下では、買い手や売り手の状況が財務 DD の調査範囲（スコープ）にどのような影響を与えるかについて事例を通して説明していきます。

　本書第 2 部では、財務 DD 調査報告書の作成について具体的事例を用いて解説していますが、本書で紹介している事例はあくまで一例であり、買い手のニーズや調査範囲等により報告書の様式、内容等は異なってきます。本書巻末の付録には本文で紹介した事例の他の様式についてもいくつか紹介していますので、実際の報告書作成にあたっては参考になるかと思います。

財務 DD とその結果が与える影響

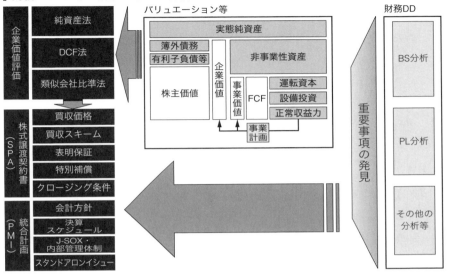

1　財務 DD の調査範囲に関する事例①

【前提】

　例えば、以下のような前提があったとします。

　・買い手は非上場の中小企業である

　・基本合意にいたるまでの売り手との条件交渉で、対象会社の時価純資産を中心に議論を進めてきた

　・対象会社の事業は買い手と同業であり、ビジネス面での収益性の検証は買い手自身で既にある程度できている

【調査範囲（スコープ）】

　この場合、買い手との協議により以下のように財務 DD の調査範囲（スコープ）を決定しました。

　・実態純資産額の試算を中心に調査をする

・重要な資産・負債については、根拠となる証憑との照合を行う
・貸借対照表及び損益計算書については貸借対照表を中心に分析することで過去の決算において不適切な会計処理が行われた兆候はないかを確認する
・対象会社の過去の収益性の分析や事業計画の検証については、財務 DD の対象外とする

2　財務 DD の調査範囲に関する事例②

【前提】

例えば、以下のような前提があったとします。
・買い手は上場企業である
・対象会社は非上場会社であるものの規模は買い手の規模に対して重要な割合を占める
・対象会社の事業は買い手と同業である

【調査範囲（スコープ）】

この場合、買い手との協議により以下のように財務 DD の調査範囲（スコープ）を決定しました。
・実態純資産額の試算をするが、M&A 後に連結財務諸表に計上されるのれんの金額についておおよその目途を付けるために、基準日における連結財務諸表への取り込みを行った場合の時価純資産についても試算する
・M&A 後すぐに四半期決算に対応する必要があるため、対象会社の決算体制、決算スケジュール、買い手との会計方針の相違と会計方針統一による影響等に関する現状の把握と、今後の対応可能性に関する検討をする
・貸借対照表及び損益計算書については貸借対照表を中心に分析することで過去の決算において不適切な会計処理が行われた兆候はないかを確認する
・M&A 後は J-SOX（内部統制報告制度）に基づき「全社的な内部統制」や「業務プロセスに係る内部統制」の評価範囲となる可能性があるため、主要なガバナンス体制及び主要な業務プロセスに関する内部統制の整備状況

についての理解をする

3　財務 DD の調査範囲に関する事例③

【前提】

　例えば、以下のような前提があったとします。

・買い手は投資ファンドである

・事業計画に基づく対象会社の収益性と成長性、株式価値評価結果は買い手の投資判断にとって非常に重要な要素となっている

【調査範囲（スコープ）】

　この場合、買い手との協議により以下のように財務 DD の調査範囲（スコープ）を決定しました。

・実態純資産額の試算を行う

・原則として、質問及び分析による手続により根拠資料の閲覧は必要に応じて行う

・対象会社の収益性の分析を実施する。特に、事業計画の前提となるような KPI（Key Performance Indicator、重要業績評価指標）についての分析を中心に行っていく

・対象会社の過去の損益計算書を分析し正常収益力の試算を行う

・貸借対照表分析を通して、非事業性資産としてどのようなものがあるかを調査する

・運転資本の増減等を分析し、正常な回転月数を試算する

・株式価値算定に必要なその他の情報についても財務 DD の中で調査し、取りまとめる

財務 DD の調査結果は買い手に対して報告されます。そこで報告された内容を踏まえ、買い手は様々な検討を行います。

以下では財務 DD の結果が「株式価値評価」「株式譲渡契約」「買収予定時期」のそれぞれに与える影響を説明します。下記はあくまでも例示であり、財務 DD がどのような影響を与えるかは、案件の個別事情、買い手の事情等によって異なるため、財務 DD の結果を受け止め、その影響を広い視点で検討していくことが重要です。

1　株式価値評価に与える影響

財務 DD の結果、基本合意時までに明らかになっていなかった重要事実が判明し、その事実が当初買い手が示していた経済条件（株式価値等）の前提となっていた場合には、最終の株式譲渡契約の交渉において譲受対価の見直しを行うことが必要となってきます。

例えば、財務 DD により直近で主要な得意先との取引が縮小され、数年のうちに停止されることが明らかになった場合には、対象会社の将来の収益性に関する見通しが基本合意時点の認識と大きく異なってくる可能性があります。

M&A は買い手にとっては投資活動です。そのため、投資に対する効果が十分に見込めないことが明らかになれば、投資の中止若しくは投資額の見直し等をすることが至極当然の対応となるでしょう。

買い手が行う株式価値評価の手法としてはファイナンス理論に基づいた価値評価手法や、買い手独自の方法等様々な方法が採用されます。財務 DD の結果が、株式価値評価にどのような影響を与えるのかは買い手がどのような方法により対象会社の価値を評価しているかによります。

【参考】株式価値評価の基礎

　以下では、ファイナンス理論における株式価値評価の考え方の基礎を解説します。

1.「企業価値」と「事業価値」と「株主価値」

　M&A で用いられる価値は、ファイナンス理論に基づき、「企業価値」「事業価値」「株主価値」といった 3 つの価値が用いられます。

　「事業価値」とは、事業から創出される価値をいいます。会社は、自己資金もしくは外部から調達した資金をもとに事業投資を行い、事業を行うことで利益を獲得していきます。事業価値の算出には様々な方法がありますが、会社が事業活動を行うことによる価値を評価しようとしたものです。

　「企業価値」とは、事業価値に加えて、事業以外の非事業性資産等の価値を含めた企業全体の価値をいいます。会社は、単純に事業のみに必要な資産や負債を持ち、本業だけを行っているわけではありません。直接事業には関係のない資産運用等を行っている場合もあります。そこで企業全体の価値を示すものとして上記の「事業価値」に非事業性資産等の価値を加えたものを「企業価値」といいます。

　「株主価値」とは、企業価値から有利子負債等の他人資本を差し引いた株主に帰属する価値をいいます。前述のように、企業の事業活動はオーナー等が投下した自己資本と金融機関等から調達した他人資本といった 2 つの資本を元手に行っています。したがって上記で評価された「企業価値」は、株主だけに帰属したものとはなりません。したがって、「企業価値」から他人資本である「有利子負債等」を控除して株主に帰属する価値である「株主価値」を算出します。

　それぞれの価値の関係性は以下の通りです。

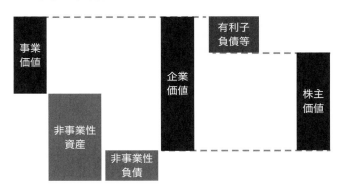

2. 企業価値評価（バリュエーション）のアプローチ

バリュエーションの手法には、「インカム・アプローチ」、「マーケット・アプローチ」、「ネットアセット・アプローチ」といった3つのアプローチがあります。

「インカム・アプローチ」は評価対象会社から期待される利益やキャッシュ・フローに着目し企業価値を評価する手法です。インカム・アプローチの代表的な手法としてはDCF（ディスカウンテッド・キャッシュ・フロー）法や、残余利益法、配当還元法といった方法があります。

「マーケット・アプローチ」は上場している同業他社や類似取引事例など、類似する会社、事業、取引事例等と比較することによって相対的に価値を評価する手法です。マーケット・アプローチの代表的な手法としては市場株価法、類似会社比準法、類似取引法といった方法があります。

「ネットアセット・アプローチ」は、株式の評価手法として、主に評価対象会社の貸借対照表上の純資産に着目して評価する手法です。ネットアセット・アプローチの代表的な手法としては簿価純資産法、修正簿価純資産法といった方法があります。

各アプローチの一般的な特徴としては下表のようになります。

▌3つの評価アプローチの一般的な特徴

項　　目	インカム	マーケット	ネットアセット
客観性	△	◎	◎
市場での取引環境の反映	○	◎	△
将来の収益獲得能力の反映	◎	○	△
固有の性質の反映	◎	△	○

◎：優れている　○：やや優れている　△：問題となるケースもある
出所：日本公認会計士協会「企業価値評価ガイドライン」より

14

2　株式譲渡契約に与える影響

　財務 DD の結果、一定の事実が確認されることにより株式譲渡は当初の経済条件は変更しないものの、一定の保証条項を織り込むことや、譲渡契約の締結後から決済までの間に一定の条件の充足を売り手に求めるといった条項を株式譲渡契約に織り込むことがあります。

　例えば、財務 DD において重要な資料の開示が得られなかった場合に表明保証条項の加筆や修正の検討や、その他補償条項の追加の検討等を行う場合が考えられます。また、財務 DD により将来の損失の発生可能性が高いと考えられるような事象が発見された場合に当該損失が発生した場合の損害賠償に関する定めを株式譲渡契約に織り込む場合もあります。

3　買収予定時期に与える影響

　財務 DD の結果、発見された事実により、M&A 後に重大な問題が起きることが予想される場合や、一定の不確実な事実が存在し、その帰結が判明するまでは買い手は即時に買収することが困難と判断される場合があります。

　例えば、買い手が上場会社である場合には、M&A 後に証券取引所の規則や金融証券取引法に基づき一定の期間内に決算内容を開示することが求められます。対象会社の決算体制では買い手が一定の支援を行っても一定期間内に決算を確定できない可能性が高いと判断された場合に、買収交渉は継続するものの、一定期間を設けてその中で改善活動をすることを条件とする場合もあります。

4　買収スキーム（ストラクチャー）に与える影響

　財務 DD の結果、発見された事項に伴うリスクが買い手において許容することができないほど重大なものであり、保証や対価の調整等の方法によってもリスクを許容可能なレベルまで引き下げることができないと判断された場合には、

リスクを切り離すために買収スキームの変更を検討することがあります。

　例えば、過去に対象会社が行った経済的な行為が違法なものである可能性が高く、仮に当該事実が顕在化した場合には当局による事業の許認可が取り消される可能性が高いと判断されたとします。現状は株式譲渡により対象会社を買収することで検討を進めていましたが、このようなリスクは対象会社の法人格に結びつくものであるため、株式譲渡の方式では買収することが困難であると判断されることがあります。この場合、買収方式を事業譲渡や会社分割といった方式に変更したうえで M&A を実行することを検討する場合もあります。

1　概要

　下図は、私たちが実際に財務 DD 業務を受嘱した場合に、どのように業務を進めていくか、その一例を示したものです。

▍財務 DD の進み方（例）

	目　的	作　業
初期調査	・対象会社の概要の理解 ・調査方針、工数の検討	・機密保持契約（NDA）のレビュー ・企業概要書（IM）のレビュー ・決算報告書等のレビュー ・基本合意書や意向表明の確認
買い手との打ち合わせ（スコープの検討）	・作業内容や方針、スケジューリング等の業務範囲や業務内容、見積もりのために必要な情報の入手	・買い手の懸念点に関するディスカッション ・初期調査によるリスクと考えられる事項等に関するディスカッション ・報酬感のすり合わせ ・スケジュールや社内手続きの確認
見積り・提案	・顧客と調査範囲やスケジュールを明示的に合意すること	以下の内容を織り込んで顧客に提案する ・調査対象（会社、財務諸表、調査項目等） ・調査の内容 ・調査のスケジュール ・調査基準日の合意
契約締結	・契約関係、責任関係の明確化 ・業務範囲の明確化	・契約書作成、契約の締結
依頼資料リスト作成・依頼	・売主への負荷をできる限りさけるため、事前に必要資料を通知	・業務範囲に従った初期の依頼資料をリスト化し事前に送付
資料のレビュー	・資料の事前レビューを行うことでインタビューの実効性を高める	・開示資料をレビューし、随時質問等を行う
マネジメントインタビュー	・マネジメントに直接インタビューすることで会社の概要や、重要な事項を把握	・インタビュー項目の洗い出しと事前に通知
現地での資料閲覧・追加質問	・現地でしか確認できない資料の閲覧 ・担当者等に対する質疑応答	・事前に確認すべき資料のピックアップ ・現地でしか確認できない資料の確認 ・現物確認 ・視察
追加QAの実施	・現地入手資料や報告書作成の過程での未確認事項を確認する	・報告書のとりまとめ作業 ・QAリストの送付や追加の質問のための面談を実施
中間報告	・最終報告前に調査の結果の概要を説明し追加調査項目等をすり合わせる	
最終報告	・フォロー結果の報告と最終成果物の納品	
条件交渉・契約締結		

M&A の売り手の状況や買い手の状況、クロージングまでのスケジュールや DD の内容等によって、順序が前後することや、同時並行若しくは省略する ケースもあります。ここで示すものを、基本的なスケジュールとして一連の流 れを理解することで、業務効率の向上や、業務上生じるトラブルを回避できる こともあります。

2 初期調査

買い手となる依頼者から財務 DD を依頼されたら、まず買い手が既に有して いる対象会社の情報を入手します。本書冒頭の M&A のプロセスで解説した通 り、買い手は私たちに財務 DD を依頼する前に、売り手から様々な情報を入手 し検討しています。また、買い手が、本件の M&A において特別に懸念してい る事項が既にある可能性もあります。

この段階で入手する資料については、買い手が基本合意前に開示を受けてい た情報によって異なりますが、例えば以下のような資料があります。

▶対象会社の過年度の決算書、勘定科目内訳書

▶対象会社の過年度の税務申告書

▶企業概要書（案件概要書、Information Memorandum：IM）

▶基本合意書、意向表明書

▶調査機関（帝国データバンク等）による調査報告書

▶対象会社のホームページ等のウェブサイトの会社情報

財務 DD を依頼されたら即座に見積や受託するのではなく、まずは買い手が 入手している上記のような情報を精査し、M&A の背景等を理解することで、 買い手が財務 DD に何を求めているのか、対象会社ではどのような財務・税務 上のリスクがあるのかといった検討をすることが重要です。そのために、買い 手と既存の情報を基にディスカッションをすることも有用です。

また、ここで提供を受ける情報は、非常に重要な機密事項です。その取扱い には十分な注意を払う必要がありますし、情報提供を受けるにあたって機密保

持契約を締結する場合もあります。

3　スコープの検討、見積り・提案

　初期調査により入手した、対象会社に関する様々な情報を踏まえ「どのような範囲」で「何をするのか」を決定します。財務 DD は、一般に委任業務の形をとることが多いかと思います。そのため、むやみやたらに調査をすればいいのではなく、限られたスケジュールや状況の中で何を調査するのか、依頼主である買い手は何を委託するのかを明確化しておくことが重要となってきます。

　依頼者の意向と異なった調査がされることにより必要な調査が十分に行えず、一定の追加調査が必要になる場合や、受託者の独断で依頼者の合意を得ないまま調査手続を狭めた結果、重大なリスクを見逃し損害賠償請求を受ける場合もあるため、この作業は財務 DD の成否を決定する要素でもあるのです。

　実務では、依頼者より「過去の決算書が正しいことを確認してほしい」「粉飾や脱税がないことを確認してほしい」「先生にお任せします」という依頼をいただくこともしばしばあります。しかし、このような依頼は依頼内容が明確ではありません。限られた時間、限られた資料の中で依頼内容に完全に応えることはできるでしょうか。極端な例で考えると、財務諸表に一切の誤りがないことを確認するためには帳簿に記帳されているすべての取引や簿外の取引を網羅的に把握し、検証しなければなりません。このような手続を限られた時間内で行うのは現実的には難しい要求かと思います。仮にそのような依頼を受けた場合に、調査後に過年度の決算書の粉飾や追徴課税が生じた場合には、依頼者は調査が不十分であったとし、場合によっては調査を実施した私たちに損害賠償を求めるかもしれません。

　そのような事例は、極めて稀であると思いますが、ここで重要なのは実際に契約し、調査を行う前に依頼者である買い手との間で、どのような目的で、どのような範囲（財務諸表や、科目、期間等）で、どのような手続を実施し、どのような報告をするのかについて認識を合わせる必要があるということです。この認識が合わないまま調査を行った場合には、その後に損害賠償請求される

ような事象が発生するかもしれませんし、報告を行った段階で追加調査を求められ、当初の見込みを大きく超えるような工数がかかってしまうこともあります。いずれにせよ依頼者とのトラブルを未然に防止するという意味で、きちんと業務範囲や内容を確定させ、依頼者と認識を合わせるための提案や見積りを行うことが重要となります。

4 契約締結

　財務 DD を依頼されてから、調査に着手し、資料等の閲覧や質問をし、報告するまでが比較的短期間で行われることも多いため、実務では契約書の締結を行っていないというケースもあるようです。

　しかし、前述のように財務 DD 業務は、依頼者との業務範囲等について当事者間の意識の齟齬が生じやすい業務となり、トラブルとなりやすい要素を含んでいます。

　また、M&A の特徴として、DD を行った後に取引が破談となる場合があります。破談となった場合には買い手としては、DD 費用はその後の成果（買収）がない単なるコストとなってしまうため、買い手の心情としては支払いを少しでも抑えたい欲求が出てきます。

　財務 DD 業務を行うにあたっては、事前に契約書のひな形を用意し、業務範囲や責任範囲等を明確にするように準備をしておくことが重要となります。

5 依頼資料リストの作成及び依頼

　通常、財務 DD を進めるにあたっては、初期的に入手している資料（IM、確定申告書、決算書、勘定科目内訳明細書等）を確認したうえで、調査に必要な書類や質問等を表形式のリストで対象会社に依頼をします。

　対象会社が FA（財務アドバイザー（Financial Adviser）のことであり、M&A における財務的な側面から M&A の初期段階からクロージングまで案件全般にわたった助言を行う）を利用している場合や M&A 仲介会社を利用している場

合には、直接対象会社とやり取りを行うことは原則禁止されます。そのため、FA や M&A 仲介会社を通じて依頼資料リストを展開し、資料の入手も FA や M&A 仲介会社を通して行うことが一般的です。

　また、資料の依頼にあたっては、「資料名」「対象年度」「提供してもらう資料の形式（紙・表計算ソフト等で加工可能な電子データ、紙面等）」「原本閲覧の要否」等を明記することで資料の授受における認識の齟齬が生じることを防ぐことができます。

　巻末に初期的な依頼資料リストのフォーマットを収録しましたので実務に携わるにあたっては参考になるかと思います。

　ただし、実際に利用するにあたっては、以下のような点に留意して適宜依頼資料の追加や削除をすることが重要です。事前の開示資料等から明らかに不要であることや存在しないことが明らかであるような資料の依頼や質問をすることは、対象会社からの不信を買う原因ともなるため、十分に検討したうえで依頼をすることが重要です。

> ▶対象会社の財務諸表に計上されている資産や負債を踏まえた依頼資料の追加・削除
> ▶財務 DD の調査範囲（スコープ）を踏まえた依頼資料の追加・削除
> ▶想定されているスキームに応じた依頼資料の追加・削除
> ▶案件特有のリスクに応じた依頼資料の追加・削除

6　調査・Q & A

　依頼した資料リストに基づき、対象会社は資料を準備し、順次開示されます。対象会社の状況にもよりますが、依頼資料が一度にすべて開示されることは稀であり、すべての資料が開示されるまで作業に着手しないとなると、財務 DD の期間をやみくもに遅らせる原因ともなりますので、ある程度の資料が開示されてきたタイミングで調査を開始します。

　調査は、開示された資料を読み込み、財務情報等の集計や分析を行い、追加の資料の確認や質問等を行うことで進めていきます。

調査の過程では、後述するように、必要に応じて対象会社の主要なマネジメントへのインタビューや実務担当者へのインタビュー、コピーや持ち出しが不可である資料の現地での閲覧等の日程が組まれることがあります。

調査を進めていくにつれて明らかになった事項や、調査の結果は順次調査報告書にまとめていきます。

また、調査の進め方には大きく分けて以下の2つの方法があります。近年は、M&Aの情報秘匿性の高さや対象会社の負荷軽減の観点から（2）のデスクトップレビュー型が取られることが多いようです。

（1） 現地調査重視型

現地での調査（オンサイトDD）を重視する方法です。調査の初期段階では、最低限必要な資料のみを依頼し、対象会社への往査スケジュールを調整します。

案件の規模等によって異なりますが、現地では数日から1週間程度のスケジュールを組み、現地において必要な資料の依頼や質問等を随時行います。

資料確認時の不明点について現地で即座に確認できるため、効率的に調査を進めることができる反面、対象会社の関係者を長期間拘束するため、対象会社の負担や、対象会社の社内においてM&Aを知らない従業員の不信感を煽る可能性があります。

（2） デスクトップレビュー型

事前に詳細な依頼資料リストを展開し、資料の写しをデータで提供を受け、質問等はQAシートを用いることで文書としてやり取りされることになります。QAシートでのやり取りに加え、後述するマネジメントインタビューや実務者インタビューを組み合わせることもあります。

対象会社との接触を可能な限り減らすことにより、対象会社の従業員等にM&Aを悟られないようにするというメリットや、やり取りを文字として残すことができるというメリットがある反面、質問が文章で行われるため質問の趣旨が伝わらないケースや回答に対する更問を繰り返すことによって多くの時間を要してしまうケースもあります。また、口頭で質問することと比較し、質問

を文字にした場合には分量が多く見え、対象会社の心理的負担が重くなる傾向
もあります。

　なお、クラウドストレージを利用した VDR（Virtual data room）を開設するこ
とで、大量のファイルを効率的に関係者に共有することが可能となります。近
年は、VDR を開設することが一般的です。

7　マネジメントインタビュー・現地調査

　対象会社の事業内容や、会社概況を理解すること、開示資料に関する質問を
実施すること、簿外資産や簿外債務等の有無を確認すること等を目的として、
対象会社の経営者、主要株主、経営幹部、経理担当従業員等を対象にインタ
ビューを行うことがあります。マネジメントインタビューは、以下に列挙する
ような実施の目的により、対象者や実施時期が異なりますが、調査期間中に 1
度は実施されることが多いように思われます。

- ▶調査を実施する初期段階で、対象会社の概況等を把握するため
- ▶資料で確認できないような事項を口頭で確認するため
- ▶質問事項等の積み残し事項を確認するため

8　中間報告・最終報告

　依頼者の要求により異なりますが、通常財務 DD では最終の調査報告書を提
出する前に中間報告会を開催する場合が多くあります。中間報告は、調査期間
が比較的長期にわたる場合に、作業の進捗やその時点で発見されている課題等
を共有するために行われる場合もあれば、一通りの調査を概ね終了し、追加の調
査項目があるか否かを依頼者に確認するという意味で行われる場合もあります。

　また、報告会の場ですべての調査結果を詳細に伝えることは時間的に困難で
ある場合も多く、数時間程度の限られた時間の中で要点を絞って報告し、依頼
者は後日、調査報告書（案）を通読の上、追加の質問や依頼等をすることも多
いと思われます。

　財務DDの業務範囲がその目的や、期間、予算等によって異なってくるように、財務DDの報告の方法や調査報告書の態様についても、一律的な対応ではなく状況に応じた柔軟な対応がなされているように思われます。以下では実例をいくつか紹介していきます。

1　調査への立会のみ

　実例としては少ないですが、買い手が主導して実施するDDに公認会計士や税理士等の専門家が立ち会い、買い手が行うDDのフォローや、専門的見地からの質問や資料の確認等の補助を行う形式で行われることがあります。
　具体的には以下のような補助を行うことが考えられます。
▶対象会社に対する依頼資料をレビューし、追加で依頼すべき資料等を助言
▶開示された資料を通読し、懸念点や疑問点を買い手に共有
▶マネジメントインタビューに同席し、随時必要な質問等を行う
▶買い手が社内で作成した調査報告書のレビューを行い必要な助言を行う

2　口頭ベースでの報告

　調査は専門家が主導して実施するものの、報告は口頭や簡単なメモを基に行う方法です。工数や報酬の削減が求められる案件や、リスクが低い案件等の場合に採用されることがあります。

3　調査報告書の作成

　対象会社に対する資料依頼から調査の実施、調査報告書の作成と提出まで公認会計士や税理士等の専門家が行う方法です。財務DDの態様としては最もオーソドックスな方法となります。
　調査報告書の作成については、プレゼンテーションソフトやワープロソフト

が用いられ、調査の結果留意すべき事項と、調査の過程が簡潔にまとめられます。

VI 財務DD実施に必要なスキル

財務DDを行ううえで必要なスキルとしては、主に1 知識、2 技術、3 心構えに大別できます。

1 知識

対象会社の財務情報を調査し、問題や課題の有無等を評価するために最低限必要な知識を身に着ける必要があります。

(1) 会計基準に関する知識

対象会社の財務情報を分析するにあたって、対象会社の採用している会計処理方針を理解し、企業会計上のあるべき会計処理と比較することで、あるべき会計処理へ変更したことによる影響を評価します。特に買い手が上場会社である場合や、M&A後に会計監査を受ける場合には適切な会計基準に基づく財務諸表の作成が求められることから、その影響を正しく把握することがより重要になってきます。

そのような評価を行うためにも、会計基準に関する知識は財務DDにおいて必要となってきます。

(2) 税務に関する知識

財務DDの調査範囲として必ずしも税務リスクの把握は求められません。しかし、対象会社が抱える潜在的な税務リスクは、買い手にとって買収リスクにつながります。すなわち買い手にとって関知しえない過去の取引に起因する税務リスクをM&A後は買い手が負うことになります。そのため、財務情報を調査していく中で税務リスクが高いと考えられる事項を発見した場合には、これを買い手に報告することは有用です。

また、中小企業では法人税法で定める処理に基づく会計処理を行っていることも多く、対象会社の会計処理を理解するうえで、法人税法に従って税務処理がどのように行われるかを理解することが調査の効率性を高めることにもなり

ます。

　このように、税務に関する知識は財務 DD を実施するうえで、リスクの把握
や調査の効率性の観点から必要となってきます。

(3)　企業価値評価に関する知識

　財務 DD の目的の一つに、財務 DD 等の詳細な調査を行う前に買い手が対象
会社に対して行った企業価値評価の前提となる事実の確認や検証を行うことが
あります。財務 DD の結果、当初想定していたような前提や条件と異なる事実
が発見されることや、当初は想定していなかった企業価値評価に影響を与える
ような事実が発見されることがあります。

　そのため、M&A において用いられる一般的な企業価値評価理論に関する知
識や、企業価値評価モデル、実務において用いられている評価モデル等につい
ての知識は、財務 DD の調査範囲や財務 DD による検出事項に影響するため必
要なものとなっていきます。

(4)　M&A のプロセスや契約に関する知識

　前述のように、財務 DD の調査範囲は、財務 DD に至るまでの過程で行われ
ていた交渉過程や合意事項、買い手の懸念点等によって影響を受けます。また、
財務 DD の結果は、その後の契約交渉において利用されることがあります。

　そのため、財務 DD を担う立場としては、M&A のプロセスや契約プロセス
を理解し、財務 DD の調査範囲に影響を与える事項や財務 DD の結果を受けて
影響を受ける事項に関して適切な理解をすることで、財務 DD をより効果的な
ものとすることができます。

(5)　統合計画（PMI）に関する知識

　M&A は買収が成立することで一旦区切られると思われがちですが、買い手
にとって M&A の成立は、自社の M&A 戦略の出発点にすぎません。M&A 後は、
当初想定していた価値を実現するために PMI を通して統合段階へと入ってい
きます。

財務 DD を通して、この統合段階において解決する必要が出てくると想定されるような状況や、PMI の円滑な実行に影響を与えるような事実が発見されたときには、買い手の M&A 戦略そのものに影響を与える可能性もあり、重要になってきます。

　そのため、PMI に関する知識は財務 DD を行ううえでも必要となってくるのです。

(6)　上場企業の会計制度及び内部統制制度、開示制度等に関する知識

　買い手が上場企業である場合や M&A 後に株式上場を検討している場合には、対象会社は M&A 後に企業会計基準に基づいた財務諸表の作成、内部管理体制の構築、適時開示制度をはじめとしたルールの遵守が求められる場合があります。

　そのような場合には、財務 DD の段階で M&A 後に求められる諸制度への対応が十分に可能かどうかといった情報の提供も求められることもあります。

　そのため、上場企業に求められる会計制度及び内部統制制度、開示制度等に関する知識は財務 DD を行ううえでも必要となってくるのです。

(7)　IT に関する基礎知識

　現在の企業経営において、IT の利用は欠かすことのできないものとなっています。財務 DD は調査対象会社の内部情報を入手し、分析していくプロセスで進めていきます。対象会社がどのようなシステムを利用し、どのような情報を保有しているか適切な理解をすることにより、調査をより効率的かつ効果的なものとすることができます。IT に関する知識が足りていないために無駄な作業に限られた時間や人員を割いてしまうこともあるのです。

　そのため、IT に関する基礎知識は財務 DD を行ううえで必要となってくるのです。

(8)　ビジネスに関する知識

　財務 DD の調査対象たる財務諸表は対象会社の行った企業活動の成果を表す

ものです。そのため、対象会社の財務諸表を理解し、また適切な会計処理を判断するにあたっては、対象会社の行っているビジネスにおける、ビジネスモデルや商流、商慣行等に関しての理解が重要になってきます。

そのため、ビジネスに関する知識は財務 DD を行ううえで必要となってくるのです。

2　技術

対象会社に対して入手した財務情報から最終的な調査報告書を完成させる過程においては、一定のスキルを身に付ける必要があります。これは、調査報告書の品質や財務 DD の成否にかかわってきます。

（1）　分析スキル

調査では、入手した財務情報を分類し、集計し、分析することにより異常点の発見や対象会社に対する理解に必要な情報を報告することになります。

限られた情報の中で最大限の成果を出すためには、財務情報の分析を通して異常点を的確に発見し分析することができる技術や財務情報の分析を通して数値が意味するものを適切に理解し、買い手に有用な情報を抽出することができる技術が重要になります。

（2）　ヒアリングスキル

調査では、財務情報の検証や分析に加えて経営者をはじめとしたマネジメントや実務担当者、顧問税理士等へのインタビューが行われることが多くあります。ただし、財務 DD においてこれらのインタビューは無制限に行われるのではなく、質問対象者や時間、質問内容等が限定された中で行われることも少なくありません。

インタビューでは、提供されている資料では読み取ることのできない背景の理解や、経営者の認識、暗黙的なルールや合意の有無等のように定性的な情報を得ることのできる数少ない機会となります。また、インタビューでの回答を

きっかけに認識していなかったリスクに気づくことも少なくありません。財務情報はどんな担当者が確認しても同様の結果を入手することはできますが、ヒアリングについてはヒアリングする者のスキルによって得られる情報が大きく異なるため、インタビューを行うにあたってはヒアリングスキルを習熟させることは重要となります。

　限られた時間の中でインタビューの対象者から必要な情報を引き出すためのスキルは財務 DD の成否を握っているとも言えます。

(3)　レポーティングスキル

　財務 DD の結果は、最終的に調査報告書として取りまとめられることになります。財務 DD では多くの情報を取り扱い、調査報告書が 100 ページを超えることも少なくありません。そのため、買い手が財務 DD を依頼した目的に沿ってどのような調査が行われ、どのような結果となり、どのような事項に留意すべきかを調査報告書の中で端的にまとめていくことが重要となります。

　また、財務 DD の結果は、依頼者である買い手の投資意思決定のために買い手の社内の関係者の閲覧に供されることになるとともに、金融機関や監査法人等のような社外の第三者に開示されることもあります。

　そのため、調査報告書において委託された業務を適切に遂行し、どのような結果であったのか、誤解等が生じないよう、わかりやすくまとめられることが重要になります。

(4)　プレゼンテーションスキル

　調査の結果、取りまとめられた調査報告書をもとに、クライアントに対して報告することになります。報告は作成した調査報告書を納品するだけでなく、多くの場合には報告会が開催され調査結果の報告とそれに関連したディスカッションが行われます。報告会では、調査の結果を限られた時間で端的に説明する必要があります。いかに適切に調査を行っていても、調査報告書がまとまっていても、報告時の印象でクライアントのイメージや対象会社に対する調査結果の理解は異なってきます。そのため、財務 DD においてプレゼンテーション

スキルも重要な要素になってくるのです。

3　心構え

　財務 DD は、短期間で限られた時間と資料をもとに調査を進めていきます。そのため、調査を効果的・効率的に進めるためには対象会社の協力が必須になります。通常、財務 DD を行うにあたっては、基本合意書等において調査への協力に関して合意していますが、応対する対象会社のオーナーや担当者も人間である以上、短期間であっても良好な関係性を構築できるかによって調査対応にも少なからず影響を与えることになります。例えば、事前の書面等による質問内容からあまりにも不勉強であることをうかがわせるようなものであった場合には対象会社にとってのストレスとなることもありますし、インタビュー時に高圧的・不遜な態度を取ることにより対象会社を刺激し、その後の回答や資料開示を拒否することもあります。実際に、DD における専門家の対応をきっかけに破談となることもあります。

　心構えで必要なことは、一概に定義できるものではありませんが、調査全般にわたって、謙虚な姿勢で臨み、対象会社の状況を素直に受け入れ、誠実に対応していく心構えを持つことが大事なのではないでしょうか。

第 2 部

財務デューデリジェンス
調査報告書の作成

1　調査報告書の体系

　ひとえに財務DDといっても第1部でも述べてきたようにその内容は依頼者である買い手の関心事や依頼内容、実施主体によって大きく異なります。また、調査報告書の位置づけも中間報告や最終報告で内容の異なったものを作成する場合や中間報告時に作成された調査報告書（ドラフト）をブラッシュアップし、最終の調査報告書とする場合もあります。

　調査報告書の構成については、様々ありますが実務として以下のようなセクションに分けて作成されているものが多いように思われます。

（1）　会社の概要

（2）　エグゼクティブサマリー（重要事項の要約）

（3）　調査結果の詳細

（4）　その他

（1）　会社の概要

　調査対象会社の基礎的な情報を取りまとめていくセクションになります。

　調査報告書は買い手のM&A担当者のみが閲覧するものではなく、社内外の関係者の閲覧に供されることもあります。そのため、調査報告書の読者が対象会社に関する基礎的な情報やビジネスモデル、財務状況の概要を理解するに資する情報を取りまとめることが多いようです。

　また、案件に関する基本的な情報をとりまとめることで、依頼者である買い手の理解と齟齬が生じていないかを再確認する意味でも重要なセクションであるといえます。例えば、以下のような情報がまとめられることがありますが、対象会社の業種・業態・資本関係等や買い手の関心事によって取りまとめる内容は異なってくると思われます。

・過年度の決算概要

・連結財務諸表

・役員や株式の状況

- ・グループ会社の資本関連図
- ・商流図
- ・会計方針の理解
- ・物件や施設の概要
- ・関連当事者との取引の概要

(2)　エグゼクティブサマリー（重要事項の要約）

　多岐にわたる財務 DD の調査結果は膨大な分量となります。依頼主である買い手は調査報告書を受領し、その内容について精査することになりますが、DD の終盤頃から買い手は契約条件の再検討、条件交渉や譲渡契約書の草案作成等の作業にも着手しており、短い時間の中で重要な判断を下さなければならない状況に置かれます。

　そのため、調査報告書では調査結果の要点を理解しやすいように、調査により発見された重要な事項を集約して、取りまとめる形がとられます。買い手はこの箇所を閲覧することによって重要な事項を理解し、必要な判断や対応を速やかに行うことができます。

　取りまとめ方は、様々ですが一例として以下のような区分を設けて報告することもあります。

①　実態純資産の分析結果の報告

　財務 DD において用いられる実態純資産という用語の定義として明確なものがあるわけではありませんが、基準日における貸借対照表の簿価純資産を起点として、財務 DD の調査結果として発見された、「会計処理基準の適用誤り」や「資産の含み損益」、「簿外資産・簿外債務」等の財務上のリスク等を調整したものを実態純資産として算出して報告します。

　実態純資産が算出される過程で行われる調整は、必ずしも一般に公正妥当と認められる会計基準による処理との調整だけではなく、対象会社の実態を把握するために必要な修正を加えていきます。実態純資産は時価純資産とも呼ばれることはありますが、前述のように、案件の状況により様々な調整が行われる場合があるため、必ずしも時価純資産と同義とならないケースもあります。

② 正常収益力の分析結果の報告

　対象会社の過年度の損益計算書を分析し、以下に掲げるような項目を調整することで、対象会社の本来有している正常な収益力を把握し、その結果を調整表として取りまとめ、報告します。

・「会計基準の適用誤り」の修正
・「一時的な損益」の除外
・「経常的な営業外損益」の加減算
・「比較期間において行われた契約条件や新たな費用負担等」の遡及的な反映
・「M&A 後に想定される条件変更」の遡及的な反映

③ キャッシュ・フロー分析結果の報告

　対象会社の資金繰りの状況やその留意点、運転資本分析の結果、設備投資の状況等のように対象会社のキャッシュ・フローの状況を適切に理解し、予測に資する情報を取りまとめ、報告します。

④ その他バリュエーションに影響を与える可能性がある発見事項の報告

　その他、事業計画の策定に影響を与えるような要因や、将来のリスク、非事業性資産の時価、ネット・デット（純有利子負債）の状況等バリュエーションに影響を与える可能性のある発見事項があればそれを取りまとめ、報告します。

⑤ 統合計画（PMI）に影響を与える可能性のある発見事項の報告

　対象会社の過去の財務情報を分析する中で、例えば、M&A 成立後の管理コストの増大や、決算早期化のための課題となるような事項等のように M&A 成立後の統合計画（PMI）に影響を与える可能性がある事項を発見した場合にはそれを取りまとめ、報告します。

⑥ 譲渡契約書作成において考慮すべき事項の報告

　財務 DD の実施過程で発見される事項には、譲渡契約書の中で、特別補償条項として個別のリスクが顕在化した場合の損害賠償に関する条項を織り込むか否かを検討すべき事項や、譲渡契約の締結後クロージング日までに一定の行為の履行（特定資産の買い取りや、特定の取引先への本件に関する承諾の取り付け等）を求めるような条件を織り込むか否かを検討すべき事項等を発見するこ

とがあります。このような譲渡契約書作成において考慮すべき発見事項を取りまとめ、報告します。

(3)　調査結果の詳細

対象会社に対して実施した調査の内容を個別に取りまとめて報告していきます。調査のスコープによって、当該ページの構成は異なってきますが、「貸借対照表分析」「損益計算書分析」といったような大分類で整理し、その分類の中で勘定科目や分析の視点ごとに実施した手続きやその結果、発見事項を取りまとめていく形式が多くみられます。第 2 部の II 以降では、この箇所の報告書作成の実務を詳説していきます。

(4)　その他

実施した調査の概要（調査期間、調査範囲、免責条項）や、参考資料の添付等必要に応じて調査報告書に含める事項が別途生ずる場合があります。

2　基礎資料の閲覧及び決算書の分析

調査の初期段階として、対象会社から入手した基礎資料を閲覧し、全般的な理解を深めることは非常に有用です。例えば、会社のビジネスモデルや商流を理解するための資料や、重要な経営意思決定が行われる会議体の議事録、諸規程、主要な取引先との契約書等のような資料を閲覧することで、対象会社に対する理解が深まります。

また、対象会社の過年度の貸借対照表や損益計算書を比較し分析することで対象会社の決算数値に関する異常点や、各勘定科目の調査における留意事項、買収の意思決定に影響を与えるような事実等を発見する端緒を見出すことができます。この決算書の分析においても、対象会社から開示された諸資料の閲覧における理解が役立ちます。対象会社への理解を深めることで、決算数値の分析の精度を上げることになるのです。

3 組織や事業所の概要の理解

　対象会社の組織体制や事業所、施設の概況を理解することは、対象会社のビジネスを理解するとともに、M&A後に問題が生じる可能性がある領域、その他潜在的な買収リスクの可能性がある領域を把握するのに有用です。

　具体的には、組織図、人員配置図、事業所の賃貸借契約の状況、事業所別の保有資産、店舗別損益、セグメント別損益等対象会社を理解するとともに、買収リスクの把握に資する情報をまとめていきます。

4 会計方針の理解

　対象会社の採用している会計方針を理解することは、対象会社の財務情報を分析するうえでの第一歩になります。同じ事業、同じ規模の会社であっても、採用する会計方針次第では貸借対照表や損益計算書等の財務情報の表現が大きく変わることがあります。

　また、基準日が決算日以外である場合に、月次決算と年度決算とで会計方針が異なる場合があるため、その観点からも調査を実施し、月次決算が異なる会計方針で処理されている場合には、調整の必要性を検討する必要があります。

　以下では代表的な会計方針について理解をするうえでの着眼点をまとめます。

[収益の認識基準]
▶収益の認識はどのような時点で行われているかを確認します。収益は『約束した財又はサービスの顧客への移転を当該財又はサービスと交換に企業が権利を得ると見込む対価の額で描写するように』認識するものとされています。具体的には以下のような基準で収益の認識がされることが多くみられます。
出荷基準：製品、商品等を出荷した時点で収益を計上
引渡基準：製品、商品等を得意先に引き渡した時点で収益を計上
検収基準：得意先が製品等の検収をした時点で収益を計上

▶対象会社の収益認識基準を適切に把握することで、自社の決算と比較した場合の財務情報の見え方が変わってきます。また対象会社の将来の収益予測にも影響を与える可能性もあります。

▶買い手が上場会社や上場準備会社等である場合には M&A 後に公認会計士等による会計監査を受ける必要があります。その際に会計基準に照らして適切な会計処理方法への修正が求められることもあり、その結果対象会社の財務諸表が大きく変わることもあるため注意が必要です。

［費用の計上基準］

▶費用は、その支出（将来支出するものを含む。）に基づいた金額を、その性質により、収益に対応（個別対応又は期間対応）させ、その発生した期間に正しく計上します（いわゆる「発生主義」）。

▶実務においては、費用の計上を現金主義によっている場合や、請求書の到着時期によって一定の時点までに到着したもののみを計上する場合、一定の金額以上の費用のみを発生主義により計上する場合等様々な運用がなされている場合があるため、対象会社が採用しているルールを適切に理解し、財務情報の分析に重要な影響を与えていないかを確認することが重要です。

［原価計算の方法］

▶収益に対応する適切な原価、仕掛品や製品等の棚卸資産の残高を算出するために原価計算を行うことが必要になります。

▶原価計算制度の整備は、適正な財務諸表作成のために必須であるとともに、予算編成目的や原価管理目的にも利用されるため重要となります。

▶原価計算は大きく「費目別原価計算」「部門別原価計算」「製品別原価計算」の流れで行われます。また製品別原価計算には「全部原価計算と直接原価計算」「実際原価計算と標準原価計算」「個別原価計算と総合原価計算」「等級別総合原価計算と組別総合原価計算」といった各種の手法があり、対象会社の事業内容や製造プロセス等によって適切な方法を選択することになります。

▶中小企業においては社内リソースや管理コストの関係から、直接原価のみ集

計しており間接費の配賦計算を行っていない場合や棚卸資産の数量に見込原価を乗ずることで算出する場合、売価還元法に類似した方法により算出している場合等のように一部簡便的な方法により計算がされることがあります。そのため、適正な原価計算制度を採用した場合の結果と大きな乖離が生ずるような管理方法を採用していた場合には、財務情報の分析に重要な影響を与える可能性があるため注意が必要です。

［外貨建資産及び負債の換算方法］

▶外貨建取引は、原則として、当該取引発生時の為替相場による円換算額をもって記録し、決算時において外国通貨や金銭債権債務、有価証券等については決算時の為替相場により円換算をし、営業外損益の部において為替差損益として処理します。

▶上記の方法によらない場合には、営業損益が適正に表示されないことになるため注意が必要です。

［棚卸資産の評価方法］

■評価方法

▶棚卸資産の評価方法は、個別法、先入先出法、総平均法、移動平均法、売価還元法等、一般に認められる方法によることとなります。この点、法人税法上は最終仕入原価法が原則となっていますが、一般に公正妥当と認められる会計基準では原則として認められていないため留意が必要となります。

▶なお、法人税法上は最終仕入原価法以外の評価方法による場合には税務署への届出が必要となります。

■評価基準

▶取得原価により評価することが原則となります。

▶棚卸資産の評価に関する会計基準では、期末における正味売却価額が取得原価よりも下落している場合には、当該正味売却価額をもって貸借対照表価額とし、取得原価と当該正味売却価額との差額は当期の費用として処理します。

▶法人税法上は「棚卸資産の評価方法の変更承認申請」を所轄税務署長に提出

し、低価法に会計方針を変更している場合を除いて損金算入ができないことに留意する必要があります。

[固定資産の減価償却方法]

▶固定資産の減価償却方法は定率法、定額法その他の方法に従い、耐用年数にわたり毎期継続して適用し、みだりに変更してはならないとされています。

▶採用する償却方法や耐用年数によって各事業年度の費用計上額が異なってくるため、同種、同規模の事業を営んでいても減価償却に係る会計方針が異なれば損益の金額が異なってきます。そのため減価償却に係る会計方針を理解することは重要となります。

[有価証券の評価方法]

■評価方法

▶有価証券の取得原価の評価方法は、移動平均法又は総平均法によります。

■評価基準

▶有価証券は保有目的等の観点から、「売買目的有価証券」、「満期保有目的の債券」、「子会社株式及び関連会社株式」ならびに「その他有価証券」の各区分に分類され、それぞれの有価証券の保有目的区分ごとに評価基準が定められています。

　　売買目的有価証券：「時価」により評価

　　満期保有目的の債券：「取得原価又は償却原価法に基づいて算定された価額」により評価

　　子会社株式及び関連会社株式：「取得原価」により評価

　　その他有価証券：「時価」により評価

　　市場価格のない株式等：「取得原価」により評価

▶また、時価や実質価額の著しい下落が生じた場合には減損処理を行わなければなりません。

[引当金の計上基準]

▶対象会社が、賞与引当金や退職給付引当金、返品調整引当金、工事損失引当金等の引当金を計上していることがあります。

▶各種引当金の計上が任意に行われていれば、対象会社の期間損益をゆがめる一因となります。そのため計上方針や計算方法を理解し、適切な金額が計上されているかを確認することが重要です。

[税効果会計の適用]

▶対象会社が税効果会計を適用し、繰延税金資産や繰延税金負債を計上している場合には、どのような計算過程で、どのような項目に対して繰延税金資産や繰延税金負債が計上されているかを理解することが重要です。

▶繰延税金資産や繰延税金負債は将来の税負担の軽減又は増加させる効果を会計上の資産及び負債として計上したものです。そのため、計上された資産に関して将来の税負担の軽減効果が見込まれない場合には資産性が疑われることになります。これを繰延税金資産の回収可能性の検討といいます。

▶例えば、対象会社の清算価値を算出する目的で DD を実施する場合には換金価値のない資産は調整対象として考慮する必要がある場合もあり、繰延税金資産や繰延税金負債が計上されている場合には取り崩すことがあります。

[固定資産の減損会計の適用]

▶固定資産の減損に係る会計基準では、資産の収益性の低下により投資額の回収が見込めなくなった状態となった場合に一定の条件の下で回収可能性を反映させるように帳簿価額を減額する会計処理（減損処理）が求められています。

▶一方、法人税法上は減損損失を損金に算入することを認めていません。そのため、非上場会社においては、減損会計の検討や適用を行っている会社は稀であり、買い手が上場会社や上場準備会社等であり M&A 後に公認会計士等による会計監査を受ける場合には、M&A 直後に減損処理が求められる可能性もあるため注意が必要です。

[資産除去債務会計基準の適用]

▶資産除去債務に関する会計基準では、「有形固定資産の取得、建設、開発又は通常の使用によって生じ、当該有形固定資産の除去に関して法令又は契約で要求される法律上の義務及びそれに準ずるものをあらかじめ貸借対照表に負債として計上すること」を求めています。要約すれば、有形固定資産の除去に関して法令又は契約等に基づいて将来必要となる支出を貸借対照表に計上し、利用期間に渡って費用計上していくものとなります。

▶一方、法人税法上は資産除去債務に関して計上される費用を損金に算入することを認めていません。そのため、非上場会社においては、資産除去債務会計を適用している会社は稀であり、買い手が上場会社や上場準備会社等であり、M&A 後に公認会計士による会計監査を受ける場合には、M&A 直後に資産除去債務の計上が求められる可能性もあるため、注意が必要です。

▶特に多店舗展開している小売業等のような業種においては、資産除去債務が多額になっている可能性もあるため注意が必要です。

[リース会計基準の適用]

▶所有権移転ファイナンス・リース取引及び所有権移転外ファイナンス・リース取引の借手は、通常の売買取引に係る方法に準じて会計処理を行う必要があります。すなわち、リース物件を借入金により購入したかのように会計処理（オンバランス処理）することになります。

▶法人税法上は、所有権移転外ファイナンス・リース取引について、リース物件をオンバランス処理せず、リース料支払時に費用として計上することも認められています。そのため、オンバランスされていないリース取引が存在する可能性があります。

5 関連当事者間取引

　対象会社に人的関係、資本的な関係が強い「関連当事者」となる会社や個人等が存在する場合、その「関連当事者」と対象会社との間で行われている取引

を調査することは有用です。具体的に M&A における関連当事者間取引をめぐるリスクには以下のようなものがあります。

（1） 利益操作の可能性

　対象会社と関連当事者の関係は極めて近いものであるため、その間で行われる取引については、当事者間の意向により取引価格を比較的自由に決めることができる可能性があります。そのため、関連当事者間の取引価格を一般の取引価格よりも著しく高く、若しくは著しく低くすることによって対象会社の利益操作を容易に行うことが可能となるのです。このように、関連当事者間の取引により利益操作が行われることで、対象会社の収益力に対して誤った評価を行ってしまう可能性があります。

（2） 架空取引の可能性

　上記（1）と同様に対象会社と関連当事者の関係を利用することによって、関連当事者間で実態のない架空の取引を捏造することが可能となります。架空取引が行われることは、対象会社のビジネスモデルや商流、収益力に対する誤った理解につながる可能性があります。

（3） 不利な取引条件を引き継ぐ可能性

　株式譲渡により対象会社を買収した場合には、原則として対象会社が保有している権利関係、契約関係はすべて引き継ぐことになります。対象会社と関連当事者の関係を利用することで対象会社にとって不利な契約が締結されており、当該契約の解除や条件変更をすることなく買収が成立してしまうと、不利な契約条件をそのまま引き継ぐリスクがあります。

【参考】関連当事者
　関連当事者の開示に関する会計基準を参考に、関連当事者となる会社等をまとめると以下のようになります。財務 DD で留意すべき関連当事者は必ずしも下記によるものではありませんが、一つの参考となります。

分類	関連当事者
親会社及び法人主要株主等	親会社
	その他の関係会社及びその親会社
	対象会社の法人主要株主
関連会社等	子会社
	関連会社及び当該関連会社の子会社
	従業員のための企業年金（企業年金と会社の間で掛金の拠出以外の重要な取引を行う場合に限る。）
兄弟会社等	兄弟会社（対象会社と同一の親会社をもつ会社）
	その他の関係会社の子会社
	法人主要株主が議決権の過半数を自己の計算において所有している会社及びその子会社
役員及び個人主要株主等	対象会社の個人主要株主及びその近親者
	対象会社の個人主要株主及びその近親者が議決権の過半数を自己の計算において所有している会社及びその子会社
	役員及びその近親者
	対象会社の役員及びその近親者が議決権の過半数を自己の計算において所有している会社及びその子会社
	親会社の役員及びその近親者
	親会社の役員及びその近親者が議決権の過半数を自己の計算において所有している会社及びその子会社
	重要な子会社の役員及びその近親者
	重要な子会社の役員及びその近親者が議決権の過半数を自己の計算において所有している会社及びその子会社

出所：企業会計基準第 11 号「関連当事者の開示に関する会計基準」より筆者作成

　貸借対照表の資産項目はそれを処分ないしは利用することで将来の収益獲得を期待されるものです。そのため、貸借対照表に計上されている資産が実在するものであるのか、資産に多額の含み損益を抱えるものがないかといった観点を中心に調査を進めていきます。

　また、負債項目は、会社が保有している経済的資源を将来に放棄若しくは引き渡す義務をいいます。そのため、貸借対照表に負債が漏れなく、正確に計上されているかといった観点を中心に調査を進めていきます。

　前述のように、財務 DD では、基準日において実施した貸借対照表の調査結果を実態純資産額として取りまとめることがあります。ここでの実態純資産は、財務 DD の目的に応じて依頼者の目的に資する情報を提供するという観点から、必ずしも一般に公正妥当と認められる企業会計の基準に従ったものだけを調整するといったわけではないことにも留意が必要です。

　なお、第 1 部で解説したように財務 DD の内容は買い手のニーズや調査範囲により異なってきます。そのため調査報告書の様式、内容等も多様なものが考えられ、本書で紹介する事例も一例であり、実務では様々な形が存在することにもご留意ください。本書巻末の付録には本文で紹介した事例の他の様式についてもいくつか紹介していますので、実際の報告書作成にあたっては参考になるかと思います。

勘 ｜ 定 ｜ 科 ｜ 目 ｜ 別 ｜
分析ページについて

　本項目では貸借対照表の各勘定科目について、財務 DD でどのような着眼点で調査を進めていくのか、どのような作業や分析をすることで調査報告書を作成していくのかを具体例を用いて解説していきます。

　各勘定科目の解説は以下のような区分に従って説明しています。

◇各勘定科目の調査のポイント

　各勘定科目の調査を、主にどのような視点で行うのかといった着眼点をまとめています。

　前述のように財務 DD の調査範囲（スコープ）は買い手の意思や、売り手の業種、業態等によって異なってきます。本書では、各勘定科目の調査を行うにあたって通常考えられる調査の着眼点について解説をしています。理解のしやすさと、要所をつかむという趣旨から代表的な着眼点に触れたものであって、必ずしも各勘定科目における普遍的かつ網羅的な着眼点を解説したものではないことにご留意ください。そのため、案件によっては、本書に記載するもの以外の着眼点による調査を行うことが十分に考えられます。

◇具体的な調査の進め方、データ集計や資料の読み方、報告書例

　サンプルの事例を用いて、初期的な情報収集から、決算財務情報の集計・分析、関連資料の読み方と、結果に対する評価や調査報告書の記載例を「STEP1　情報の収集及び情報整理」「STEP2　情報の分析及び検証」「STEP3　報告内容の吟味と報告書作成」といった 3 つの STEP に分けて解説していきます。ただし、ここでは代表的な手続を網羅的に記載するのではなく、調査の進め方の具体的なイメージを持つことを重視しているため、

必ずしも前述の勘定科目の着眼点に関する手続をすべて網羅しているわけ
ではありません。

科目別分析 *Accounts* | 1

現金及び預金

［調査のポイント］

（1）調査の着眼点（概要）

　貸借対照表上に計上される現金及び預金は、会社が保有する現金や銀行等に預けている預金を表示した勘定科目です。現金には、小口現金、手許にある当座小切手、送金小切手、送金為替手形、預金手形、郵便為替証書及び振替貯金払出証書等が含まれ、預金には、金融機関に対する預金、貯金及び掛金、定期積金、郵便貯金並びに郵便振替貯金が含まれています。なお、国内通貨のみでなく、外国通貨や外貨建預金なども含まれます。

　現金及び預金は、会社の事業運営の基礎となる資金であるとともに、その流動性の高さから、小口現金やつり銭準備金の持ち出し、架空経費の計上による横領等が生じやすい科目となります。そのため、財務 DD を行う中で現金及び預金はその実在性を確認することが最も重要となります。また、現金及び預金の管理体制すら不十分である会社と判断されるような場合には、対象会社全体としての信頼性にも影響を与える可能性もあります。

　また、現金及び預金は他の勘定科目との関連性が高いという特性を持っています。売掛金の計上、買掛金や未払金の計上、固定資産の計上等といった会計処理は、対象会社の会計処理方針に影響を受け、同業種同規模の会社でも、財務諸表における表し方が異なる場合があります。一方、現金及び預金の動きについては、会計処理方針や判断が介在する要素が少なく、会社の実情を適切に表しやすい勘定であるともいえます。

(2) 現金及び預金の実在性を確認する

　対象会社において、貸借対照表に計上されている現金及び預金が実在するものであるかを確認します。

　対象会社の管理状況の不十分さ、記帳の脱漏、利益調整等の会計操作など、様々な理由により、貸借対照表上の残高と実際の残高が一致していないことがあります。また、中小企業の経理実務においては、長年記帳されていない通帳について帳簿上の処理がなされていない場合や、現金勘定が実質的な役員貸付金として機能しているような場合があります。そのため、財務 DD の調査において、その残高が実在するものであることを、客観的な証拠をもって確認することになります。

　仮に、帳簿残高が実際の残高と異なる場合には、その理由が合理的であるかを確認し、必要に応じて実態純資産の評価における調整項目とすることになります。

　また、現金及び預金の性質上、帳簿残高と実際の残高との不一致は、対象会社の管理体制の状況・管理水準や、企業風土を把握する一因にもなるほか、横領等不正の兆候にもなるため慎重に検討することが必要です。

(3) 現金及び預金の管理状況を理解する

　現金及び預金は日々動くものであるとともに、横領等の不正な資金流出がなされる可能性があります。そのため、日々の現金及び預金の入出金の管理、現物管理、残高管理といった管理がいかにして行われているかを理解することが重要となります。

　具体的に現金及び預金の管理状況は以下に例示するような視点で理解を進めます。

▶現金の保管はどこにされているか。

▶現金の保管場所へアクセスできる担当者は誰か、またセキュリティは十分か。

▶日々の入出金が起きた時にどのように記録をしているか。

▶定期的に現金の実際在高や通帳、残高証明書残高との一致を確認しているか。

▶現金や預金の管理は従業員1名のみに任せておらず、複数名による牽制が働くようになっているか。

▶預金口座の使用状況・使用目的はどういったものか。

（4）担保や拘束性の預金の有無を確認する

　預金には、定期預金等のように金融機関からの借入金に際して、担保として差し入れているものや引き出し制限が付されている場合があります。このような場合、貸借対照表上には現金及び預金として計上されていても、その処分や利用が制限されているため、対象会社の資金繰り等において考慮すべき事項として理解することは重要といえます。

　預金担保の有無に関する事項は、対象会社への質問によって確認することができるほか、担保預かり証や質権の設定証等の証憑を確認することや、通帳や証書の現物を確認することで担保提供資産の有無を確認することができます。

　また、対象会社への質問に対する回答で「担保に供している預金等はない」との回答を得ていたとしても、定期預金証書の現物を確認することができない場合があります。このような場合、対象会社が銀行に事実確認をしたところ、実際には担保として定期預金が供されているという場合も少なくありません。よって、対象会社による口頭の回答を鵜呑みにせず批判的に検討することが重要となります。

（5）外貨預金の場合、基準日の為替換算が適切に行われていることを確認する

　対象会社において、貸借対照表上に外貨預金が計上されている場合、基準日の為替換算が適切に行われているかを確認します。

　外貨建取引等会計基準では、外国通貨及び外貨建預金については決算時の為替相場による円換算額を付すことが求められており、調査基準日における適切な為替相場により円換算を行います。実態純資産の評価にあたっては、帳簿上

の金額と基準日時点の評価額の差異について調整することになります。

(6) 資金繰りの特徴や傾向を調査する

対象会社の資金繰りの調査では、季節的変動の有無・月内での日繰りの資金繰りの特徴・資金繰りの余裕等について、慎重に調査します。

資金繰り分析により、基準日時点の資金繰りに余裕がある会社においても、期中において資金繰りが逼迫する時期があることが判明する場合もあります。

また、資金繰り分析により、必要運転資金の水準も推測できます。財務 DD は一時点を基準に行われることが多いですが、季節的変動により基準日におけるキャッシュポジションが通常月に比べて良いという可能性もあります。事業運営上、必要資金を見定めることによって、M&A 後の事業運営を効率的に行うことができます。さらに、必要運転資金の水準を検討した結果、対象会社の保有している資金の水準では資金ショートを起こす可能性があることが判明することもあります。資金繰り分析を怠った結果、必要運転資金水準が把握できず、M&A 後間もない時期に資金ショートを起こしてしまい、買い手からの資金注入が必要となる場合もあるため、資金繰りの特徴や傾向を調査することは重要です。

企業価値評価に関連して、必要運転資金の水準を把握することで、余剰資金の残高も把握可能となります。余剰資金は、M&A 後にどのように活用するか検討することが重要であるとともに、企業価値評価を行う際には、非事業性資産として価値を構成する要素にもなります。

具体的に、資金繰り分析で実施する手続きは以下の通りとなります。対象会社が資金繰り表（月次、日次）の実績と予測を作成している場合にはそれらを入手したうえで分析します。ただし、対象会社において精度の高い資金繰り表が作成されていないケースも多くみられるため、その際には、会計データ等を基に独自に分析を加えていくことも有用です。他には、預金残高の月次推移の把握やインタビュー等により、事業活動に必要な資金や、日次・月次でのキャッシュアウト、キャッシュインのタイミングを確認します。資金繰りの特徴や傾向を調査することで、M&A 後にどの程度のキャッシュを残しておけば

良いか、又は資金投入の必要性の有無も把握することができます。

　中小企業 M&A においては、資金繰り分析を行うことにより、財務 DD を行う前までに対象会社に持っていた印象が大きく変わるケースもあるため、特に重要になると考えられます。

（1）　対象会社のビジネスモデル、商流を理解する

　対象会社の会社案内やホームページ、FA や仲介会社等から提供されている企業概要書、取引契約書等を閲覧し、対象会社のビジネスモデルや商流を理解します。これらを理解することで、対象会社の属する業種や業界において一般的に現金及び預金はどのように取り扱われ、どのようなリスクがあるのかということを検討します。また、単に資料等の閲覧だけでなく、対象会社の経営者に事業内容や商流をヒアリングすることによっても、気づきを得ることもあります。

　例えば、業種等により現金及び預金に関して以下のようなリスクを認識することがあります。

▶業種の性質上、いわゆる現金商売となっており、売上の計上漏れや横領等のリスクが高い

▶取引先との付き合い等により預金口座の数が多く、管理コストがかかる

（2）　対象会社の現金及び預金の管理方法を理解する

　対象会社に現金及び預金に関する管理方法等を質問したところ、以下のような回答を得ました。

▌現金及び預金等に関する管理方法

現金の保管場所・保管方法	経理担当者が手提金庫内に保管している。 手提金庫は経理担当者の袖机に保管され施錠されている。
現金の保管場所へアクセス及びセキュリティ	経理担当者の袖机のカギは経理担当者のみが保有している。
日々の入出金の記録方法	現金出納帳等のような帳簿は作成しておらず、入出金の都度会計システム上で入出金を記帳している。
定期的に現金の実際残高や通帳、残高証明書残高との一致を確認しているか	現金については月末に金庫内の現金をカウントし、帳簿との一致を確かめている。 預金についても同様に月末に通帳残高との一致を確認している。
預金口座の使用状況・使用目的	当座預金はいずれも決済用の口座として利用している。また、当座貸越契約を締結し、短期の資金融通を受けるときもある。 普通預金の口座の主な用途は以下の通りである。 　〇〇銀行/●●支店：メインバンク、売掛金回収用口座 　□□銀行/■■支店：従業員の給与や経費支払用口座 　△△銀行/▲▲支店：過去に融資を受ける際に開設、現在はほとんど利用されていない。 　△△銀行/▼▲支店：新規の大口の得意先からの入金がメイン 定期預金については以下の通りであった。 　〇〇銀行/●●支店：いずれも融資を受けるときの条件として差し入れたものである。 　△△銀行/▲▲支店：過去に融資を受けた際に差し入れており、その後満期到来しているはずであるが、特段解約等の手続きをしていない。
預金通帳管理	預金通帳等はすべて代表取締役が施錠可能な引出しにて保管している。
印鑑管理	会社代表印及び銀行印のいずれも代表取締役が施錠可能な引出しにて保管している。

(3)　対象会社の財務指標をまとめる

　対象会社の現金及び預金に関する各種情報をまとめます。一般的には3期間から5期間程度の残高を比較することにより、残高の異常性の有無を確認していきます。

例えば以下のような勘定科目残高の比較分析の資料を作成します。

▌現金及び預金推移

（千円）	X1/XX 末	X2/XX 末	X3/XX 末	X4/XX 末	X5/XX 末
現金	500	650	780	400	780
当座預金	18,899	24,227	21,637	21,460	25,126
普通預金	66,532	41,385	45,922	43,355	47,444
定期預金	30,000	35,000	45,000	45,000	45,000
現金及び預金 計	115,931	101,262	113,339	110,215	118,350

（出所：決算報告書、残高試算表）

▌口座別預金残高の推移

（千円）	X1/XX 末	X2/XX 末	X3/XX 末	X4/XX 末	X5/XX 末
当座預金					
○○銀行/●●支店/XXXXX	14,543	15,395	15,002	16,028	16,802
□□銀行/■■支店/XXXXX	4,356	8,832	6,635	5,432	8,324
普通預金					
○○銀行/●●支店/XXXXX	20,238	27,032	30,274	29,392	32,602
□□銀行/■■支店/XXXXX	1,294	2,741	2,503	2,503	3,327
△△銀行/▲▲支店/XXXXX	45,000	10,502	3,027	1,250	1,252
△△銀行/▼▲支店/XXXXX	–	1,110	10,118	10,210	10,263
定期預金					
○○銀行/●●支店/XXXXX	–	5,000	5,000	5,000	5,000
○○銀行/●●支店/XXXXX	–	–	10,000	10,000	10,000
△△銀行/▲▲支店/XXXXX	30,000	30,000	30,000	30,000	30,000
合計	115,431	100,612	112,559	109,815	117,570

（出所：決算報告書、残高試算表、勘定科目内訳書）

（4） 担保及び拘束性預金に関する確認

　対象会社に対して、担保に供されている預金や、引き出し制限のある預金の有無を確認したところ、特段ないものと認識していると回答を得ました。

STEP2　情報を分析・検証する

　STEP1 である程度情報が取りまとまってきたら、集計した情報等を基に分析及び検証をします。

(1)　預金の残高が各種証憑と一致しているか確認する

　貸借対照表上に計上している預金の残高が、通帳や残高証明書と一致しているか検証します。

　そこで、STEP1 で作成した「口座別預金残高の推移」を基に、当座預金については当座勘定照合表と、普通預金については通帳残高と、定期預金については定期預金証書等との照合を実施しました。

　その結果、当座預金及び普通預金残高についてはすべて証憑書類との一致を確認できました。

　一方、△△銀行▲▲支店の定期預金残高については定期預金証書との残高の一致を確認できたものの、定期預金証書には「元利継続　複利」との記載がありました。この内容を確認したところ、預け入れている元本に対する利息は元本に組み込まれ、複利により利息計算されていくことを意味していました。これを踏まえ、対象会社に当該利息の処理について確認したところ、特段会計処理は行っていないとの回答を得ました。そのため、基準日までにおける未計上の利息相当額を試算し、実態純資産の調整項目とすることとしました。

　また、○○銀行●●支店の定期預金 2 口について、定期預金証書や定期預金通帳等の残高を確認できる書類の提示を求めたところ、手元に見つからないものの、決算時には残高証明書を入手し、残高があることは確認しているため問題ないとの回答を得ました。

　この点、対象会社からは担保に供している預金はないと回答を得ているものの、○○銀行からの融資の担保に供されている可能性があると考え、対象会社に対して改めて銀行に問い合わせるよう依頼をしました。結果、いずれの定期預金も銀行に担保として差し入れていることが判明しました。この点につき、

▌口座別預金残高の推移

（千円）	X1/3 末	X2/3 末	X3/3 末	X4/3 末	X5/3 末
当座預金					
〇〇銀行/●●支店/XXXXX	14,543	15,395	15,002	16,028	16,802
□□銀行/■■支店/XXXXX	4,356	8,832	6,635	5,432	8,324
普通預金					
〇〇銀行/●●支店/XXXXX	20,238	27,032	30,274	29,392	32,602
□□銀行/■■支店/XXXXX	1,294	2,741	2,503	2,503	3,327
△△銀行/▲▲支店/XXXXX	45,000	10,502	3,027	1,250	1,252
△△銀行/▼▲支店/XXXXX	–	1,110	10,118	10,210	10,263
定期預金					
〇〇銀行/●●支店/XXXXX	–	5,000	5,000	5,000	5,000
〇〇銀行/●●支店/XXXXX	–	–	10,000	10,000	10,000
△△銀行/▲▲支店/XXXXX	30,000	30,000	30,000	30,000	30,000
合計	**115,431**	**100,612**	**112,559**	**109,815**	**117,570**

（出所：決算報告書、残高試算表、勘定科目内訳書）

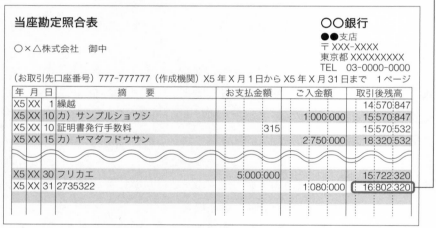

当座勘定照合表				〇〇銀行

〇×△株式会社　御中

●●支店
〒 XXX-XXXX
東京都 XXXXXXXXX
TEL　03-0000-0000

（お取引先口座番号）777-777777（作成機関）X5 年 X 月 1 日から X5 年 X 月 31 日まで　1 ページ

年	月	日	摘　　要	お支払金額	ご入金額	取引後残高
X5	XX	1	繰越			14,570,847
X5	XX	10	カ）サンプルショウジ		1,000,000	15,570,847
X5	XX	10	証明書発行手数料	315		15,570,532
X5	XX	15	カ）ヤマダフドウサン		2,750,000	18,320,532
X5	XX	30	フリカエ	5,000,000		15,722,320
X5	XX	31	2735322		1,080,000	16,802,320

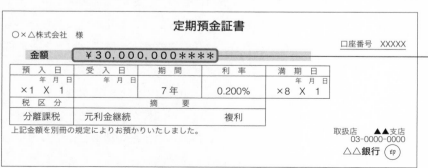

定期預金証書

〇×△株式会社　様

口座番号　XXXXX

金額　　￥30,000,000＊＊＊＊

預 入 日	受 入 日	期　間	利率	満 期 日
年 月 日 ×1 X 1	年 月 日	7 年	0.200%	年 月 日 ×8 X 1
税 区 分		摘　　要		
分離課税	元利金継続		複利	

上記金額を別冊の規定によりお預かりいたしました。

取扱店　▲▲支店
03-0000-0000
△△銀行 ㊞

58

対象会社としては故意に虚偽の回答をしたという認識はなく、誤った事実認識をしていた旨の弁明がなされています。なお、銀行より入手した定期預金証書の写しを入手し、帳簿残高は一致していることを確認しました。

(2)　現金の管理方法を確認する

　現金管理については、経理担当者 1 名のみが取り扱っており、現金の実際在高と定期的に照合はしていると回答を得ているものの、仮に経理担当者が権限を乱用して横領等を行っていた場合には、会社資産が毀損している可能性があります。

　そこで、財務 DD の調査として抜き打ちで調査日の実際の現金残高をカウントさせてもらうこととし、当日の帳簿残高との一致を確認することとしました。結果として、残高は一致しており、問題はありませんでした。

　しかし、M&A 後の内部管理体制としては脆弱性があるため、報告書にその旨を記載することとしました。

現金及び預金 (抜粋)

Summary

・△△銀行に対する定期預金を除き、すべての現金及び預金は証憑との一致を確認した。

・未計上の定期預金利息 XXX 千円を実態純資産の調整項目とした。

・○○銀行の定期預金 15 百万円については、借入金の担保に供されている。

・○○銀行に対する定期預金 15 百万円については余資運用の目的で保有しており、非事業性資産であると判断される。

▌現金及び預金推移

（千円）	X1/3 末	X2/3 末	X3/3 末	X4/3 末	X5/3 末
現金	500	650	780	400	780
当座預金	18,899	24,227	21,637	21,460	25,126
普通預金	66,532	41,385	45,922	43,355	47,444
定期預金	30,000	35,000	45,000	45,000	45,000
現金及び預金 計	115,931	101,262	113,339	110,215	118,350

（出所：決算報告書、残高試算表）

▌口座別預金残高の推移

（千円）	X1/3 末	X2/3 末	X3/3 末	X4/3 末	X5/3 末
当座預金					
○○銀行/●●支店/XXXXX	14,543	15,395	15,002	16,028	16,802
□□銀行/■■支店/XXXXX	4,356	8,832	6,635	5,432	8,324
普通預金					
○○銀行/●●支店/XXXXX	20,238	27,032	30,274	29,392	32,602
□□銀行/■■支店/XXXXX	1,294	2,741	2,503	2,503	3,327
△△銀行/▲▲支店/XXXXX	45,000	10,502	3,027	1,250	1,252
△△銀行/▼▲支店/XXXXX	–	1,110	10,118	10,210	10,263
定期預金					
○○銀行/●●支店/XXXXX	–	5,000	5,000	5,000	5,000
○○銀行/●●支店/XXXXX	–	–	10,000	10,000	10,000
△△銀行/▲▲支店/XXXXX	30,000	30,000	30,000	30,000	30,000
合計	115,431	100,612	112,559	109,815	117,570

（出所：決算報告書、残高試算表、勘定科目内訳書）

▌口座別使途

	回答
当座預金	
○○銀行/●●支店/XXXXX	決済用の口座
□□銀行/■■支店/XXXXX	決済用の口座
普通預金	
○○銀行/●●支店/XXXXX	メインバンク、売掛金回収用口座
□□銀行/■■支店/XXXXX	従業員の給与や経費支払用口座
△△銀行/▲▲支店/XXXXX	過去に融資を受ける際に開設、現在はほとんど利用されていない。
△△銀行/▼▲支店/XXXXX	新規の大口の得意先からの入金がメイン
定期預金	
○○銀行/●●支店/XXXXX	余剰資金の運用目的/融資を受けるときの条件として差し入れたもの
○○銀行/●●支店/XXXXX	余剰資金の運用目的/融資を受けるときの条件として差し入れたもの
△△銀行/▲▲支店/XXXXX	過去に融資を受けた際に差し入れており、その後満期到来しているはずであるが、特段解約等の手続きをしていない。

[現金]

▶現金は、本社の経理担当者の袖机に保管されている手提金庫に保管されている。なお、袖机は退社時に施錠されており、鍵は経理担当者のみが保管している。

▶対象会社では月末に経理担当者が現金をカウントし、帳簿との一致を確かめているが記録を残していないとのことである。

▶調査日において手提金庫内の現金を実査し、帳簿と照合した結果残高の一致を確認した。

[預金]

▶基準日の当座預金については当座勘定照合表と、普通預金については通帳残高と帳簿残高を照合した結果すべて一致していた。

▶定期預金について○○銀行の定期預金については銀行から入手した証書の写しと帳簿残高を照合し、すべて一致していることを確認した。

▶△△銀行の定期預金について、証書を確認したところ、その利息が満期まで元金に組み込まれる契約となっていたが、対象会社では、基準日までに発生した利息XXX千円について記帳していなかったため残高が過少となっていた。そのため未計上の定期預金利息XXX千円を実態純資産の調整項目とした。

[担保／拘束性預金]

▶●●社長に確認したところ、担保に供している預金等はないとの回答を得た。

▶しかし、定期預金証書についてその現物を確認したところ○○銀行の定期預金について現物が確認できなかった。対象会社に銀行に問い合わせてもらったところ、当該預金証書は銀行が融資の担保として保管しているとのことであった。

[口座の使途]

▶左下表は、口座別の預金の使途である。

▶□□銀行■■支店の普通預金は、……。

▶○○銀行に対する定期預金15百万円については余資運用の目的で保有しており、非事業性資産であると判断できる。

売上債権

(1) 調査の着眼点（概要）

　売上債権は、売掛金や受取手形等、会社の財やサービスを提供した対価として発生する代金請求権です。すなわち、貸借対照表に計上される売掛金は、得意先との間の通常の取引に基づいて発生した営業上の未収入金残高を示す債権であり、受取手形は、得意先との間に発生した営業債権に関して将来の約束された期日に手形に記載されている額面金額を受け取ることを約したことを示す債権となります。

　架空売上の計上等の粉飾決算を行った場合には、それにより計上された売上債権は帳簿上、未回収の債権として残り続けます。また、滞留債権等がある場合には将来の回収可能性を評価することも重要です。さらに、継続的に滞留債権等が発生する場合には資金繰りにも影響をあたえる可能性もあります。そのような観点から、売上債権について調査を進めていきます。

(2) 会計方針を理解する

　対象会社における売上債権（売掛金・受取手形）に関する会計方針について理解します。売上債権に関する会計方針としては、まず債権の計上に関する会計方針を確認することが重要です。

　売上債権の計上基準は、翻って見れば売上高の計上基準（収益認識基準）と同義となります。

　売上高の計上基準は、企業会計原則では「売上高は、実現主義の原則に従い、商品等の販売又は役務の給付によって実現したものに限る。」とされており、

2021 年 4 月 1 日以後開始する事業年度より適用される企業会計基準第 29 号「収益認識に関する会計基準」及び企業会計基準適用指針第 30 号「収益認識に関する会計基準の適用指針」が公表されるまで我が国では長い間、収益認識に関する包括的な会計基準の定めはありませんでした。そのため、同業種であっても異なる会計方針が採用されている場合も少なくありません。例えば必ずしも適切な会計処理であるといえないものも含め、実務で見られる売上の計上基準には以下のようなものがあります。

検収基準	客先による検収が完了した時をもって収益計上する方法
着荷基準	客先に商品・製品が到着したことをもって収益計上する方法
出荷基準	当社からの出荷をもって収益計上する方法
現金主義	売上代金の入金をもって収益計上する方法
工事進行基準	建設業やソフトウェア開発業等の業種において、作業の進捗度を見積もり、その進捗度に応じて収益計上する方法
出来高基準	工事の出来高（工事の目的物のうち工事施工が完了した部分に相応する請負代金）に従って収益計上する方法
請求書発行基準	役務の内容にかかわらず当社の請求書の発行をもって収益計上する方法

　対象会社においてどのような基準で収益認識されているかを理解し、その認識方法が会社の実態に照らして適切であるかを判断することが必要となります。

　例えば、将来の複数回に渡って提供される役務の対価を初回にまとめて請求するような場合には、請求や入金をもって収益認識することは適切でなく、既に受け取った対価を前受金として計上するような修正が必要となることがあります。

(3)　売上債権の管理体制を把握する

　対象会社において、売上債権の発生と回収の管理をどのように行っているかを確認します。債権管理の方法を理解することは、債権の認識や評価といった会計処理に影響するにとどまらず、資金繰りの管理や与信管理等の業務管理にも影響を与えるため重要となります。対象会社において売上高の計上漏れや不良債権の早期発見等が可能な最低限の内部管理体制が整っているか、M&A 後に対応が必要となるかどうかといった判断材料の提供にも有用です。

(4)　売上債権の滞留の有無を確認する

　売上債権の回収期日を超過してもなお、入金が滞っている債権（滞留債権）
は、実態純資産の評価上は評価減を必要とする項目である可能性があります。
また、滞留が起きている原因が単なる得意先の資金繰りの問題ではなく、顧客
との間のトラブルを示唆するものである可能性もあります。さらに、請求漏れ
等に起因した日常の債権管理の方法に問題があることを示唆するものであるか
もしれません。

　滞留債権管理の方法は対象会社のビジネスモデルや、社内リソース、利用し
ているシステム等によって異なります。滞留債権を把握するための代表的な方
法としては、売掛金年齢調べ表（エイジング・リスト）の作成・分析がありま
すが、すべての会社において必ず作成されているものではありません。財務
DD を実施するにあたっては一律に資料の提出を求めるのではなく、対象会社
の債権管理の方法を理解し、財務 DD において滞留債権の評価に利用できるよ
うな情報を入手することが重要なのです。

　売掛金年齢調べ表（エイジング・リスト）として以下のような表を作成する
ことがあります。このような管理表を作成すると債権の発生とその回収状況が
一覧化されており、債権の状況を網羅的に把握することが可能です。

売掛金年齢表
X5 年 6 月末現在

株式会社 XXXXXX　　　　　　　　　　　　　　　　　　　　　　　　　　　　　　　　　単位：円

取引先 コード	取引先 名称		X5 年 6 月末 残高	残高内訳							
				X04/12 月 以前	X5/1 月	X5/2 月	X5/3 月	X5/4 月	X5/5 月	X5/6 月
00000001	株式会社 A 社	発生額	-	-	500,000	150,000	203,000	450,000	300,000	220,000
		回収額	-	-	500,000	150,000	203,000	450,000	300,000	-
		債権残高	220,000	-	-	-	-	-	-	220,000
00000002	株式会社 B 社	発生額	-		-	-	4,500,000	-	3,300,000	-
		回収額	-		-	-	4,500,000	-	-	-
		債権残高	3,300,000	-	-	-	-	-	3,300,000	-
00000003	株式会社 C 社	発生額	-	500,000	9,000,000	-	-	-	-	-
		回収額	-	100,000	-	-	-	-	-	-
		債権残高	9,400,000	400,000	9,000,000	-	-	-	-	-
00003001	株式会社 Z 社	発生額	-	-	800,000	500,000	350,000	1,200,000	500,000	440,000
		回収額	-	-	800,000	500,000	350,000	1,200,000	500,000	-
		債権残高	440,000	-	-	-	-	-	-	440,000
	合計		XXXXXX	XXXXXX	XXXXXX	XXXXXX	XXXXXX	XXXXXX	XXXXXX	XXXXXX

（5）　売上債権の評価を検討する

　企業会計上、売掛金・受取手形は時価評価されず、取得原価から貸倒見積高を基に算定された貸倒引当金を控除した残高で評価されます。財務 DD においても、売上債権はその回収可能性に鑑みて評価することになり、回収不能ないしは回収に疑義がある債権については評価減することになります。

　なお、中小企業においては法人税法で定める処理に基づき会計処理を行っていることも多くあり、例えば過去貸倒実績がなく、調査日現在において回収可能性に疑義がある債権がない場合でも、法人税法に基づく法定繰入率で貸倒引当金を設定していることもあります。そのため、売上債権の個別の回収可能性を検討するとともに、対象会社における貸倒引当金の計上方法を検討することも必要です。

（6） 手形の裏書又は割引を行っているか確認し、裏書又は割引の基準を確認する

　対象会社が手形取引を行っている場合には、手形の裏書や割引を行っているかを確認します。

　約束手形や為替手形は、手形の裏書（手形の裏面に氏名や住所を記入することで手形を第三者に支払いの手段として譲渡すること）を行うことによって、得意先から受け取った手形を債務の支払いに充てることができます。

　ただし、手形の裏書人は手形を裏書することによってすべての権利義務が消失するのではなく、手形が不渡り（手形の取り立てにあたって、手形振出人の口座の残高不足等により、決済できなくなる状態）を起こした場合には、裏書人に支払義務（手形の遡及義務）が生じます。すなわち、手形の裏書には潜在的な債務があり、受取手形の振出人の信用状況によっては、手元に手形の現物がなくとも回収不能のリスクを抱えているのと同義となります。

　同様に、手形の割引（満期の到来していない手形について利息相当額を控除した金額で金融機関に譲渡すること）を行った場合にも手形の遡及義務を負うことになります。なお、手形の割引は実質的には手形を担保とした融資を受けていると判断できます。

（7） 得意先別の回収条件（回収サイト）を把握する

　売掛金や受取手形の回収条件（回収サイト）は、今後の事業計画策定にあたっての運転資本の変動や資金繰り計画に影響を与えます。

　また、売上債権の回転期間を分析することで異常点や主要な取引先の回収条件との整合性を確認し、滞留債権等の兆候や異常取引を発見するきっかけとなります。なお、売上債権回転期間は、一般的には、以下の式で算定されます。

$$売上債権回転期間（月） = \frac{売上債権}{月次売上高}$$

(8)　担保に供されている売上債権があるか確認する

　売上債権はいわゆる流動資産担保融資（ABL：Asset-based lending）の担保物として提供され、融資が実行されることがあります。ABL は、売上債権の回収期間が長い場合に、売掛債権の回収期日前に資金調達ができるため、効率的な資金繰りを実現するという観点で有用な手段となります。また、返済原資に将来回収される債権を充てることができるため、将来の返済に対する資金的な裏付けをもった融資を受けるというメリットもあります。

　一方、対象会社が ABL の他に資金調達の手段がなく、やむなく資金調達に利用している場合も考えられます。そのため、ABL を利用している場合には、ABL の利用目的や対象会社における資金繰りの逼迫状況等にも注意を払うことが重要です。

　また、ABL により資金調達をしている場合には、売上債権残高の急激な変動や、債権の回収遅延、貸し倒れにより、調達可能額が少なくなることによって資金繰りをさらに圧迫することがあります。そのような観点からも事業上のリスクや留意点がないか検討することが重要です。

(9)　関係会社に対する売上債権の有無を確認し、関係会社との債権債務が一致しているか確認を行う

　対象会社には、親会社や子会社、同じオーナーが保有する会社（いわゆる兄弟会社）といった関係会社がある場合があります。

　売上債権を調査するにあたっては、このような関係会社に対し、売上債権がないかどうか確認する必要があります。もし、関係会社に対する売上債権があれば、関係会社側の債務と不整合が起きていないか調査します。

　外部の取引先と異なり、関係会社間の取引は比較的操作しやすいといえます。特に関係会社間で決算期がずれている場合には、各社の決算において利益調整が行われることにより、グループの収益力の実態が一見して判断しづらくなります。財務 DD では、債権債務や取引高を照合することで、そのような利益調整が行われていることが判明した場合には、正しい収益力を把握し報告するこ

とになります。

STEP 1　情報を収集し整理する

（1）　対象会社のビジネスモデル、商流を理解し、売上債権におけるリスク等を理解する

　対象会社の会社案内やホームページ、FA や仲介会社より提供されている企業概要書、取引契約書等を閲覧し、対象会社のビジネスモデルや商流を理解します。これらを理解することで、対象会社の属する業種や業界における売上債権の一般的なリスクについて検討します。また、単に資料等の閲覧だけでなく、対象会社の経営者に事業内容や商流をヒアリングすることによっても、気づきを得ることもあります。

　例えば、業種等により売上債権に関して以下のようなリスクを認識することがあります。

- ▶小規模・零細企業を相手に販売している場合に、回収可能性に疑義のある債権がある。
- ▶管理体制が不十分であり、売掛金の不明残高が存在する可能性がある。
- ▶債権担保融資や、ファクタリング、手形割引等の流動化により資金繰りが逼迫している可能性がある。
- ▶発注金額が明確でないまま取引開始する慣行や、事後的な値引き等が頻繁に起きる業界慣行がある。
- ▶押し込み販売が横行している業種であり、期末の売上債権は実質的には存在しない可能性がある。

（2）　会計方針等を理解する

　対象会社の数値の集計を始める前にまずは、会計方針や管理体制について理解することから始めます。これは、対象会社の注記表や仕訳情報、経理担当者や顧問税理士に対する質問等を組み合わせて把握することになります。

売掛金・受取手形に関する会計方針等

項目	会計方針等
売掛金の計上基準	顧客に対して商品を発送した日をもって売掛金を計上する。
売掛金の消込	顧客から①現金及び預金の入金若しくは、②受取手形・電子記録債権等を受領した時点で消し込む。
受取手形の計上時期	顧客から受取手形を受け取った時に計上する。
手形の割引	手形の割引を行った際には受取手形を消し込み、割引料を手形売却損として計上している。
債権管理方法	売掛金は請求時に販売管理システム上で債権の発生を認識している。 また、債権の消込も当該システム上で行われる。 決算に当たっては、売掛金の帳簿残高と販売管理システム上の債権残高との一致を確認している。 また、債権の登録時に入金予定日が登録され、入金予定日を超過しても消込が行われない債権については、別途アラートが上がるような仕様になっている。
売上債権の評価方法 （貸倒引当金の計上方針）	税法基準に基づき、売上債権に法定繰入率を乗じて計上している。なお、期中の月次決算での洗い替えは行っておらず、決算時に洗い替え処理を行っている。

（3）　対象会社の財務指標、その他情報をまとめる

　対象会社の売掛金、受取手形に関する各種情報をまとめます。通常、財務数値の分析は１期間や２期間を比較するだけでは、異常値を把握しづらいものです。一般的には３期間から５期間程度の残高を比較することにより、残高の異常性の有無を確認していきます。

　例えば以下のような形で、決算報告書や残高試算表等を基に勘定科目残高の比較分析のための資料を作成します。売上債権については、売上高との関係で回転期間を分析することも有用であるため、比較資料には回転期間も併せて付記することとしました。

売上債権残高及び回転期間の推移

（千円）	X2/3 末	X3/3 末	X4/3 末	X5/3 末	X5/6 末
売掛金（①）	7,024	7,874	7,643	14,210	14,961
受取手形（②）	1,100	1,120	1,230	3,210	6,000
売上債権合計（③）	8,124	8,994	8,873	17,420	20,961
売上高（④）	65,024	72,462	72,033	73,255	14,046
売掛金回転期間（①/（④/12or3））	1.30 カ月	1.30 カ月	1.27 カ月	2.33 カ月	3.20 カ月
受取手形回転期間（②/（④/12or3））	0.20 カ月	0.19 カ月	0.20 カ月	0.53 カ月	1.28 カ月
売上債権回転期間（③/（④/12or3））	*1.50 カ月*	*1.49 カ月*	*1.48 カ月*	*2.85 カ月*	*4.48 カ月*

出所：決算報告書、残高試算表
※ X5/6 末の回転期間算出においては売上高を 3 で除している

貸倒引当金

（千円）	X2/3 末	X3/3 末	X4/3 末	X5/3 末	X5/6 末
貸倒引当金					
個別評価金銭債権	–	–	–	–	–
一括評価金銭債権	△ 65	△ 72	△ 71	△ 139	△ 139
貸倒引当金合計	△ 65	△ 72	△ 71	△ 139	△ 139

出所：決算報告書、残高試算表

　次に、対象会社より入手した補助科目内訳表や売掛金一覧表等を基に、売上債権の相手先別残高の比較分析のための資料を作成します。合わせて、主要な得意先については対象会社に回収サイトを質問し、得た回答に従って付記しました。

売上債権残高推移

（千円）	X2/3 末	X3/3 末	X4/3 末	X5/3 末	X5/6 末	回収サイト
売掛金 A 社	3,768	4,120	3,980	4,100	3,890	末締め翌月末手形、サイト 120 日
B 社	1,656	2,194	1,663	1,280	1,500	末締め翌々月末振込
C 社	600	560	1,110	1,110	1,110	末締め翌月末振込
D 社	–	–	–	5,300	6,261	20 日締め翌々月 20 日振込
その他	562	456	802	1,465	1,256	
売掛金合計	7,024	7,874	7,643	14,210	14,961	—
受取手形 A 社	1,100	1,120	1,230	3,210	6,000	末締め翌月末手形、サイト 120 日
受取手形合計	1,100	1,120	1,230	3,210	6,000	—
売上債権合計	8,124	8,994	8,873	17,420	20,961	—

出所：決算報告書、残高試算表、補助科目内訳表、売掛金一覧表

　なお、対象会社に対して、売上債権の年齢調べ表（エイジング・リスト）、滞留債権一覧表等の資料の提出を依頼しましたが、対象会社においては当該資料を作成しておらず、資料の提出は受けることができませんでした。

STEP2 情報を分析・検証する

　STEP1 である程度情報が取りまとまってきたら、集計した情報等を基に分析及び検証をします。

（1）　売上債権残高の増加要因を分析する

　売掛金・受取手形の勘定科目としての残高を見ていきましょう。5 期間を比較した場合には、X2/3 末に 7,024 千円であった売掛金残高が X5/6 末には14,961 千円と約 2 倍に残高が増加しています。

　そこで、まず増加要因を分析するために、売掛金の関連損益勘定である売上高の増減と比較することとしました。通常、会社の事業規模が大きくなる場合には売掛金の残高も大きくなっていきます。

　この点、確かに売上高についても X2/3 期から X5/3 期にかけて増加傾向にあります。しかし、売掛金の期末残高の増加額程には急激なものではありません。

　そこで、STEP1 で取りまとめた売掛金の回転期間から売掛金の増加傾向について検証を進めてみます。

　下表のように、X2/3 末の売上債権の回転期間が、1.50 カ月であったのが、X5/6 末になりますと、4.48 カ月と約 3 倍となっています（売掛金回転期間も同様の傾向）。

売上債権残高及び回転期間の推移

（千円）	X2/3 末	X3/3 末	X4/3 末	X5/3 末	X5/6 末
売掛金（①）	7,024	7,874	7,643	14,210	14,961
受取手形（②）	1,100	1,120	1,230	3,210	6,000
売上債権合計（③）	**8,124**	**8,994**	**8,873**	**17,420**	**20,961**
売上高（④）	65,024	72,462	72,033	73,255	14,046
売掛金回転期間（①/（④/12or3））	1.30 カ月	1.30 カ月	1.27 カ月	2.33 カ月	3.20 カ月
受取手形回転期間（②/（④/12or3））	0.20 カ月	0.19 カ月	0.20 カ月	0.53 カ月	1.28 カ月
売上債権回転期間（③/（④/12or3））	*1.50 カ月*	*1.49 カ月*	*1.48 カ月*	*2.85 カ月*	*4.48 カ月*

出所：決算報告書、残高試算表

※ X5/6 末の回転期間算出においては売上高を 3 で除している

　売掛金回転期間の長期化を確認するための手段として、対象会社に対して質問することは一つの手段となります。

　ただし、対象会社からの回答に対しては、鵜呑みにするのではなく、また過度に批判的にならないことが重要です。

　質問をする際には、例えば次のように売掛金の回転期間が延びる要因を想定しておくことが重要です。回転期間が長期化することは、必ずしも悪い要因だけではなく正常な取引の結果である場合もありますし、滞留債権の増加や売掛金の架空計上の兆候を示していることもあるため、あくまで、固定観念にとらわれすぎないことが大事になります。

　▶売上債権の回収サイトが変化した。

　▶特定の回収サイトが長い得意先との取引が拡大している。

　▶滞留債権や架空債権が存在している。

　▶期末日前に通常月と異なる多額の取引を行っている。

　▶期末日が休日であることから入金消込されずに債権額が大きくなっている。

　また、DD に対応する対象会社の担当者は必ずしも財務に明るくない可能性も十分にあります。このような場合には、こちらから積極的に情報を引き出し、仮説とその検証を進めることになります。

　さらに、財務 DD を行う専門家としては、対象会社からの回答を基に回答の正しさを証拠や他の経営数値等をもって確認し、専門家として納得できるかど

うかが重要になります。

対象会社への質問や資料の閲覧等を通して、売上債権の残高・回転期間の増減要因は以下のようなものであるとの結論に至りました。

▶回収サイトの長いD社への売上比率が増加している。D社の取引は、X5/3期から開始しており、この影響で売掛金の回転期間が長期化している。

▶C社において、滞留売掛金1,110千円が発生している。

(2) 滞留債権の評価について検討する

STEP1で売上債権の年齢調べ表（エイジング・リスト）、滞留債権一覧表等の債権の滞留に関する資料の作成は対象会社において行われていないとの回答を入手しています。

そこで滞留債権の有無を把握するために、まずは、相手先別の売上債権残高の推移を分析することとしました。売掛金の相手先別残高の推移を比較したところC社に対する売掛金残高がX4/3末から変化がないことが確認されます。

▌売上債権残高推移

（千円）	X2/3末	X3/3末	X4/3末	X5/3末	X5/6末	回収サイト
売掛金						
A社	3,768	4,120	3,980	4,100	3,890	末締め翌月末手形、サイト120日
B社	1,656	2,194	1,663	1,280	1,500	末締め翌々月末振込
C社	600	560	1,110	1,110	1,110	末締め翌月末振込
D社	–	–	–	5,300	6,261	20日締め翌々々月20日振込
その他	562	456	802	1,465	1,256	
売掛金合計	7,024	7,874	7,643	14,210	14,961	―
受取手形						
A社	1,100	1,120	1,230	3,210	6,000	末締め翌月末手形、サイト120日
受取手形合計	1,100	1,120	1,230	3,210	6,000	―
売上債権合計	8,124	8,994	8,873	17,420	20,961	―

出所：決算報告書、残高試算表、補助科目内訳表、売掛金一覧表

この原因としては、以下のようにいくつかの可能性が考えられます。

▶何かしらの理由により債権が滞留していること。

▶債権の消込が不十分であり、既に回収されている債権が計上されていること。

▶定期的に定額の取引を行っているため、期末日の売掛金残高となっていること。

そこで資料の提出状況及び、これらの分析を踏まえ対象会社に対して、以下の点を質問することとしました。

① 対象会社における債権管理の方法（特に債権の回収管理と入金遅延時の報告プロセス）

② 過去に対象会社において債権の貸し倒れや入金遅延といったトラブルはどの程度発生していたのか

③ C 社に対する売掛金が毎期同額となっている理由

結果として、C 社に対する売掛金は、長期にわたって滞留しており、その原因としては C 社の財政状態が悪化していることによるものであることがわかりました。また、調査日時点において C 社とは連絡がとれるものの、回収の目途がついていないとのことでした。

このような回答を受け、報告書においては C 社に対する売掛金 1,110 千円を売掛金の評価損として実態純資産の調整項目とすることとしました。

一方、対象会社において、貸倒引当金は税法基準に基づき、法人税法に定める法定繰入率により計上しています。しかし、企業会計上は債権の区分に応じた貸倒見積高に基づいて貸倒引当金の金額を見積もることが必要となります。

前述のように、本調査では、売上債権の個別の回収可能性を検討しています。また C 社を除き過去数年間において回収懸念債権や貸倒実績はないとのことであるため財務 DD においては個別の貸倒引当金の設定は不要であると判断し、既に計上されていた貸倒引当金 139 千円を取り崩し実態純資産の調整項目とすることとしました。

（3）　売上債権残高の妥当性を検証する

売上債権が実際に存在し、正確に計上されているか、つまり実在性に関する

検討をしていきます。

　上場企業等に求められている公認会計士監査等では、得意先に対して残高確認を行うことで、直接的な証拠を入手することがあります。一方財務 DD は限られた時間の中、秘匿性が高い中で行われます。そのため財務 DD では、通常は外部の得意先等に直接残高確認を行うことはありません。

　そのため、財務 DD では様々な分析を通して残高が異常でないことを確認し、間接的に残高の妥当性を検討します。また、財務 DD の依頼者である買い手との合意によっては、売上債権の全部若しくは一部について注文書、納品書や検収書等の売上計上の根拠となるような証憑書類や、事後的な入金の記録等を確認することもあります。

(4)　その他

　以下の事項については、実態純資産の評価には影響を与えないものの M&A を検討するうえで留意すべき事項であるとして、その他の報告事項として報告することとしました。

▶ D 社との取引が拡大しており、以前よりも債権の回収期間が長期化してきており、今後も取引の拡大傾向が続くとファクタリングや手形の割引等も含む運転資金の確保をいかにするか検討する必要があること。

▶ D 社との取引基本契約書には、以下のようなチェンジオブコントロール条項※が規定されており、D 社により契約解除される可能性があること。

※　チェンジオブコントロール条項（COC 条項）とは株主の変更等の経営権の変動がある場合に、他方の当事者による事前の承諾を必要としたり、他方の当事者によって契約を解除することができたり、一定の違約金や手数料等を支払わなければならなかったりする規定である。

▌D 社との取引基本契約書

売買取引基本契約書

買主、株式会社 D（以下「甲」という）と売主、株式会社 XXXXXX（以下「乙」という）は、甲乙間の継続的取引に関し、次の通り売買取引基本契約書（以下「本契約」という）を締結する。

～～～～～～～～～～～～～～～～～～～～～～～～～～～～～～～～～～～

第 22 条（契約の解除）
1. 甲又は乙は、3ヶ月前に書面で通知することにより、本契約及び個別契約を解除することができる。

2. 甲又は乙は、相手方が次の各号の一に該当したときは、相手方に催告することなく直ちに本契約又は個別契約の全部又は一部を解除することができるものとする。

（1）本契約又は個別契約の各条項に違反した時
（2）差押、仮差押、仮処分、租税滞納処分を受け、あるいは、民事再生、会社更生、破産もしくは競売の申し立てがあったとき
（3）手形又は小切手の不渡を出したとき
（4）営業停止、営業免許もしくは営業登録の取り消し等の行政上の処分を受けたとき
（5）**法人の組織、資本構成、役員、株主等の変更により、法人の実態に変更が生じ、本契約の継続が不適当であると認めたとき**
（6）その他財政状態が悪化し、またはその恐れがあると認められるとき

～～～～～～～～～～～～～～～～～～～～～～～～～～～～～～～～～～～

本契約の成立を証するため、本書 2 通を作成し、甲乙記名捺印のうえ各 1 通を保有するものとする。

20XX 年〇月△日

甲　宮城県仙台市泉区・・・・・・・・
　　株式会社 D
　　代表取締役　〇〇〇　　　印

乙　神奈川県横浜市鶴見区・・・・・・
　　株式会社 XXXXXX
　　代表取締役　△△△　　　印

売上債権 (抜粋)

Summary

・C社への売掛金は滞留しており、本報告書においてはの評価額を0円とし、△1,110千円を実態純資産の調整項目とした。

▎売上債権残高及び回転期間の推移

（千円）	X2/3末	X3/3末	X4/3末	X5/3末	X5/6末
売掛金（①）	7,024	7,874	7,643	14,210	14,961
受取手形（②）	1,100	1,120	1,230	3,210	6,000
売上債権合計（③）	8,124	8,994	8,873	17,420	20,961
売上高（④）	65,024	72,462	72,033	73,255	14,046
売掛金回転期間（①/（④/12or3））	1.30 カ月	1.30 カ月	1.27 カ月	2.33 カ月	3.20 カ月
受取手形回転期間（②/（④/12or3））	0.20 カ月	0.19 カ月	0.20 カ月	0.53 カ月	1.28 カ月
売上債権回転期間（③/（④/12or3））	*1.50 カ月*	*1.49 カ月*	*1.48 カ月*	*2.85 カ月*	*4.48 カ月*

出所：決算報告書、残高試算表
※ X5/6末の回転期間算出においては売上高を3で除している

▎貸倒引当金

（千円）	X2/3末	X3/3末	X4/3末	X5/3末	X5/6末
貸倒引当金					
個別評価金銭債権	－	－	－	－	－
一括評価金銭債権	△65	△72	△71	△139	△139
貸倒引当金合計	△65	△72	△71	△139	△139

出所：決算報告書、残高試算表

▎売上債権残高推移

（千円）	X2/3末	X3/3末	X4/3末	X5/3末	X5/6末	回収サイト
売掛金 A社	3,768	4,120	3,980	4,100	3,890	末締め翌月末手形、サイト120日
B社	1,656	2,194	1,663	1,280	1,500	末締め翌々月末振込
C社	600	560	1,110	1,110	1,110	末締め翌月末振込
D社	－	－	－	5,300	6,261	20日締め翌々月20日振込
その他	562	456	802	1,465	1,256	
売掛金合計	7,024	7,874	7,643	14,210	14,961	－
受取手形 A社	1,100	1,120	1,230	3,210	6,000	末締め翌月末手形、サイト120日
受取手形合計	1,100	1,120	1,230	3,210	6,000	－
売上債権合計	8,124	8,994	8,873	17,420	20,961	－

出所：決算報告書、残高試算表、補助科目内訳表、売掛金一覧表

[売掛金]

▶対象会社の売掛金残高は、X5/3 末より急激に増加しているが、売掛金の増加に比して売上高の成長は大きな変化はない。これは後述の通り、X5/3 期より取引を開始した D 社に対する債権の回収期間が長いことが原因であると考えられる。また、……。

▶売上債権の回転期間は、X2/3 末から X4/3 末までは、1.5 カ月前後で推移していたが、X5/3 末は 2.85 カ月、X5/6 末は 4.48 カ月と急激に長期化している。

▶回転期間が長期化した理由としては、……。

　　中略

[滞留債権について]

▶対象会社は滞留債権リストや売掛金の年齢調べ表等の滞留債権管理を行っていないとのことである。なお、滞留債権や回収懸念債権の有無について A 氏に質問をしたところ、下記の C 社に対する債権を除きすべて正常な債権であるとのことであった。

▶取引先 C 社に対する売掛金 1,110 千円について、×4/3 末より残高に変化がないが、その原因としては C 社の財政状態が悪化していることによるものである。また、調査日時点において C 社とは連絡が可能ではあるものの、回収の目途がついていないとのことである。そのため本報告書においては、C 社への売掛金の評価額を 0 円とし、△ 1,110 千円を実態純資産の調整項目とした。

[貸倒引当金について]

　　省略

仕入債務

(1) 調査の着眼点（概要）

　仕入債務は、買掛金や支払手形等、会社が財貨の購入やサービスの提供を受け、その対価として支払うべき義務である金銭債務です。すなわち、貸借対照表に計上される買掛金は、仕入先との間の通常の取引に基づいて発生した営業上の未払残高を示す債務であり、支払手形は、仕入先との間に発生した営業債務に関して将来の約束された期日に手形に記載されている額面金額を支払うことを約したことを示す債務となります。

　仕入債務に対する調査は売上債権の調査と共通するものも多くありますが、売上債権の調査が特に実在性・評価という点に注目して行ったのに対して、仕入債務のような負債項目の主要な調査項目としては、計上すべき取引がすべて貸借対照表に計上されているかという網羅性の観点から調査を進めていくことになります。

(2) 会計方針を理解する

　対象会社における仕入債務（買掛金・支払手形）に関する会計方針について、理解します。仕入債務に関する会計方針としては、まず債務の計上に関する会計方針を確認することが重要です。

　仕入債務の計上基準は、翻って見れば仕入の計上基準と同義となります。仕入高の計上基準は、企業会計原則では「すべての費用及び収益は、その支出及び収入に基づいて計上し、その発生した期間に正しく割当てられるように処理しなければならない」とされており、いわゆる発生主義の原則に基づくとされ

ます。

　一方で法人税法ではいわゆる「債務確定主義」を採用しており、費用の計上については債務の確定したものについてのみ計上することができるとされています。

　企業会計原則上の「発生主義」と、法人税法上の「債務確定主義」は基本的にはその範囲が重複するものではありますが、発生主義のもと債務は確定していないものの、一定の仮定や前提をおいて見積計上する費用があった場合には、法人税法においては費用（損金）として認められない可能性があります。

　例えば、必ずしも適切な会計処理であるといえないものも含め実務で見られる仕入高の計上基準には以下のようなものがあります。

納品基準	当社に商品等が納品された日をもって仕入高を計上する方法
検収基準	当社に納品された商品等が社内での検収手続が完了した時をもって仕入高を計上する方法
現金主義	仕入代金の支払をもって仕入高を計上する方法
納品予定日基準	当社に商品等が実際に納品されたか否かを問わず、当初の納品予定日をもって仕入高を計上する方法
請求書到達基準	決算の締め日までに請求書が到着したもののみを仕入高として計上する方法

　対象会社においてどのような基準で仕入高・仕入債務が認識されているかを理解し、その認識方法が会社の実態に照らして適切であるかを判断することが必要となります。

(3)　仕入債務の管理体制を把握する

　対象会社において、仕入債務の発生と支払の管理をどのように行っているかを確認します。仕入債務の管理体制を把握することは、債務の計上漏れがない仕組みとなっているかといった会計処理に影響するにとどまらず、資金繰りの管理にも影響を与えるため重要となります。対象会社において仕入高の過大計上や計上漏れ、仕入債務の支払漏れの早期発見等が可能な最低限の内部管理体制が整っているか、M&A後の対応が必要かどうかといった判断材料の提供にも有用です。

(4)　仕入債務が網羅的に計上されているか確認する

　中小企業においては、現金主義に基づき費用の計上を行うことや、先方から請求書を受領した際に費用計上するといった処理がなされることもあります。また月次決算においては現金主義で会計処理を行い、決算時のみ発生主義で処理している場合もあります。

　前述の通り、本来、仕入高及び仕入債務は発生主義で計上する必要があるため、支払いや請求書の発行がなされていなくとも基準日において、発生している債務がある場合にはこれを実態純資産の把握において調整する必要があります。

(5)　支払いを留保している又は支払いが長期の仕入先・外注先を把握し、その理由を把握する

　対象会社が本来支払うべき期日に支払いを行わず、長期間にわたって債務の支払いを留保しているような場合、その理由には対象会社の支払い漏れや実在しない債務を計上したことによるもの、資金繰りの悪化に伴うもの、その他仕入先とのトラブルの兆候を示すものである可能性があります。

　このように支払いを留保している事象が検出された場合には、その理由を把握し、M&Aへの影響度合いを検討する必要性があります。

(6)　仕入先別の支払サイト（決済条件）を把握する

　仕入債務の支払サイトは、売上債権の回収サイトと同様、今後の事業計画策定にあたっての運転資本の変動や資金繰り計画に影響を与えます。

　また、仕入債務の回転期間分析をすることで、異常点や支払条件との整合性を確認することで、長期未決済の仕入債務・仕入債務の計上漏れ・異常取引を発見するきっかけとなります。

　特殊な支払い条件となっている相手先がある場合には、そのような支払い条件となった背景を確認することも重要です。

　なお、仕入債務回転期間は、一般的には、以下の式で算定されます。

$$仕入債務回転期間（月）= \frac{仕入債務}{月次仕入高}$$

（7）　関係会社に対する仕入債務の有無を確認し、関係会社との債権債務が一致しているか確認を行う

　対象会社には、親会社や子会社、同じオーナーが保有する会社（いわゆる兄弟会社）といった関係会社がある場合があります。

　仕入債務を調査するにあたっては、このような関係会社に対し、仕入債務がないかどうか確認する必要があります。もし、関係会社に対する仕入債務があれば、関係会社側の債権と不整合が起きていないか調査します。

　外部の取引先と異なり、関係会社間の取引は比較的操作しやすいといえます。特に関係会社間で決算期がずれている場合には、各社の決算において利益調整が行われることにより、グループの収益力の実態が一見して判断しづらくなります。財務 DD では、債権債務や取引高を照合することで、そのような利益調整が行われていることが判明した場合には、正しい収益力を把握し報告することになります。

3

仕入債務

83

STEP 1 　情報を収集し整理する

（1）　対象会社のビジネスモデル、商流を理解し、仕入債務におけるリスク等を理解する

　対象会社の会社案内やホームページ、FA や仲介会社より提供されている企業概要書、取引契約書等を閲覧し、対象会社のビジネスモデルや商流を理解します。これらを理解することで、対象会社の属する業種や業界における仕入債務の一般的なリスクについて検討します。また、単に資料等の閲覧だけでなく、対象会社の経営者に事業内容や商流をヒアリングすることによって、気づきを得ることもあります。

　例えば、業種等により仕入債務に関して以下のようなリスクを認識することがあります。

- ▶対象会社が中小企業の場合、発生主義ではなく、現金主義若しくは先方から請求書が届いた時点で、仕入を計上する会計慣行が行われている可能性がある。この場合、基準日時点において、仕入債務の計上が漏れている可能性がある。
- ▶仕入債務に係る管理体制が不十分な結果、仕入債務の過大計上・計上漏れ・支払漏れが発生している可能性がある。
- ▶仕入金額が明確でないまま取引開始する慣行や、事後的な値引きや返品等が頻繁に起きる業界慣行がある。
- ▶仕入先に対し、対象会社の立場が相対的に弱い場合、仕入先からの要請で押し込み販売を受け入れていることがある。例えば基準日時点において未検収であるにもかかわらず仕入高を計上しているような場合、期末時点において仕入債務の計上が不要であることもある。

（2）　会計方針等を理解する

　対象会社の数値の集計を始める前にまずは、会計方針や管理体制について理

解することから始めます。これは、対象会社の注記表や仕訳情報、経理担当者や顧問税理士に対する質問等を組み合わせて把握することになります。

▌買掛金・支払手形に関する会計方針等

項目	会計方針等
買掛金の計上基準	検収が完了した時点で、買掛金を計上する。
買掛金の消込	仕入先に対し、①支払代金について現金及び預金の振込を行った時、若しくは、②支払手形・電子記録債務等を振り出した時点で消し込む。
支払手形の計上時期	仕入先に対し、支払手形を振り出した時点で計上する。
仕入債務管理方法	買掛金は検収時に仕入管理システム上で債務の発生を認識している。また、仕入債務の消し込みも当該システム上で行われる。 決算に当たっては、仕入債務の帳簿残高と仕入管理システム上の残高との一致を確認している。 また、債務の登録時に支払予定日が登録され、支払予定日を超過しても消込が行われない仕入債務については、別途アラートが上がるような仕様になっている。

(3)　対象会社の財務指標、その他情報をまとめる

　対象会社の買掛金、支払手形に関する各種情報をまとめます。通常、財務数値の分析は1期間や2期間を比較するだけでは、異常値を把握しづらいものです。一般的には3期間から5期間程度の残高を比較することにより、残高の異常性の有無を確認していきます。

　例えば以下のような形で、決算報告書や残高試算表等を基に勘定科目残高の比較分析のための資料を作成します。仕入債務については、仕入高との関係で回転期間を分析することも有用であるため、比較資料には回転期間も併せて付記することとしました。

▌仕入債務残高及び回転期間の推移

（千円）	X2/3 末	X3/3 末	X4/3 末	X5/3 末	X5/6 末
買掛金（①）	4,512	4,937	4,822	8,105	8,481
支払手形（②）	550	560	615	1,605	3,000
仕入債務合計（③）	5,062	5,497	5,437	9,710	11,481
仕入高（④）	46,322	47,678	46,999	55,334	15,522
買掛金回転期間（①/（④/12or3））	1.17 カ月	1.24 カ月	1.23 カ月	1.76 カ月	1.64 カ月
支払手形回転期間（②/（④/12or3））	0.14 カ月	0.14 カ月	0.16 カ月	0.35 カ月	0.58 カ月
仕入債務回転期間（③/（④/12or3））	1.31 カ月	1.38 カ月	1.39 カ月	2.11 カ月	2.22 カ月

出所：決算報告書、残高試算表
※ X5/6 末の回転期間算出においては仕入高を 3 で除している

次に、対象会社より入手した補助科目内訳表や買掛金一覧表等を基に、仕入債務の相手先別残高の比較分析のための資料を作成します。合わせて、主要な仕入先については対象会社に支払サイトを質問し、得た回答に従って付記しました。

▌仕入債務残高推移

（千円）	X2/3 末	X3/3 末	X4/3 末	X5/3 末	X5/6 末	支払サイト
買掛金						
A 社	1,912	2,100	2,005	2,811	2,266	25 日締め、翌月末払い
B 社	812	1,121	834	2,100	2,100	末締め、翌月末払い
C 社	433	512	589	900	1,001	末締め、翌月末手形振り出し
D 社	355	204	394	294	1,114	末締め、翌月末手形振り出し
その他	736	892	899	912	999	
買掛金合計	4,512	4,937	4,822	8,105	8,481	―
支払手形						
C 社	334	398	497	1,001	1,900	手形振り出し後、120 日後支払
D 社	216	162	118	604	1,100	手形振り出し後、120 日後支払
支払手形合計	550	560	615	1,605	3,000	―
仕入債務合計	5,062	5,497	5,437	9,710	11,481	―

出所：決算報告書、残高試算表、補助科目内訳表、買掛金一覧表

STEP2　情報を分析・検証する

STEP1である程度情報が取りまとまってきたら、集計した情報等を基に分析及び検証をします。

（1）　仕入債務残高の増加要因を分析する

買掛金・支払手形の勘定科目としての残高を見ていきましょう。5期間を比較した場合には、X2/3末に4,512千円であった買掛金残高がX5/6末には8,481千円と約2倍に残高が増加しています。

そこで、まず増加要因を分析するために、買掛金の関連損益勘定である仕入高の増減と比較することとしました。通常、会社の事業規模が大きくなる場合には買掛金の残高も大きくなっていきます。

この点確かに仕入高についてもX2/3期からX5/3期にかけて増加傾向にあります。しかし、買掛金の期末残高の増加額程には急激なものではありません。

また、STEP1で取りまとめた買掛金の回転期間から買掛金の増加傾向について検証を進めてみます。

下表のように、X2/3末の仕入債務の回転期間が、1.31カ月であったのが、X5/6末になりますと、2.22カ月と約2倍となっています（買掛金回転期間も同様の傾向）。

仕入債務残高及び回転期間の推移

（千円）	X2/3末	X3/3末	X4/3末	X5/3末	X5/6末
買掛金（①）	4,512	4,937	4,822	8,105	8,481
支払手形（②）	550	560	615	1,605	3,000
仕入債務合計（③）	5,062	5,497	5,437	9,710	11,481
仕入高（④）	46,322	47,678	46,999	55,334	15,522
買掛金回転期間（①/（④/12or3））	1.17 カ月	1.24 カ月	1.23 カ月	1.76 カ月	1.64 カ月
支払手形回転期間（②/（④/12or3））	0.14 カ月	0.14 カ月	0.16 カ月	0.35 カ月	0.58 カ月
仕入債務回転期間（③/（④/12or3））	*1.31 カ月*	*1.38 カ月*	*1.39 カ月*	*2.11 カ月*	*2.22 カ月*

出所：決算報告書、残高試算表

※ X5/6 末の回転期間算出においては仕入高を 3 で除している

　買掛金回転期間の長期化を確認するための手段として、対象会社に対して質問することは一つの手段となります。

　ただし、対象会社からの回答に対しては、鵜呑みにするのではなく、また過度に批判的にならないことが重要です。

　質問をする際には、例えば、次のように買掛金の回転期間が延びる要因を想定しておくことが重要です。回転期間が長期化することは、必ずしも悪い要因だけではなく正常な取引の結果である場合もありますし、資金繰り悪化による支払遅延や買掛金の過大計上の兆候を示していることもあるため、あくまで、固定観念にとらわれすぎないことが大事になります。

▶仕入債務の回収サイトが変化した。

▶特定の支払サイトが長い仕入先との取引が拡大している。

▶支払い遅延が発生している。

▶期末日前に通常月と異なる多額の取引を行っている。

▶期末日が休日であることから振込がなされずに債務額が大きくなっている。

　また、財務 DD に対応する対象会社の担当者は必ずしも財務に明るくない可能性も十分にあります。このような場合には、こちらから積極的に情報を引き出し、仮説とその検証を進めることになります。

　さらに、財務 DD を行う専門家としては、対象会社からの回答を基に回答の正しさを証拠や他の経営数値等をもって確認し、専門家として納得できるかど

うかが重要になります。

　まず、特筆されるのが、買掛金の残高のうち B 社に対する残高が X5/3 末に急増し、支払サイトが月末締め翌月末払いであるにもかかわらず、X5/6 末も同額となっていることです。

　この点、対象会社への質問を行ったところ、『新製品の生産を B 社から調達する材料を加工することで開始するために取引量が増大しましたが、B 社から調達した材料について加工段階で重大な欠陥があることが判明し、製品の供給が停止している状態となっている』とのことです。また、現在は責任の所在や損失負担等の協議を B 社との間で行っていることから支払いを留保しているとのことでした。そのため、B 社の支払留保している買掛金が回転期間の異常として表れていました。

┃ 仕入債務残高推移

（千円）	X2/3 末	X3/3 末	X4/3 末	X5/3 末	X5/6 末	支払サイト
買掛金						
A 社	1,912	2,100	2,005	2,811	2,266	25 日締め、翌月末払い
B 社	812	1,121	834	2,100	2,100	末締め、翌月末払い
C 社	433	512	589	900	1,001	末締め、翌月末手形振り出し
D 社	355	204	394	294	1,114	末締め、翌月末手形振り出し
その他	736	892	899	912	999	
買掛金合計	4,512	4,937	4,822	8,105	8,481	―

　また、C 社及び D 社への支払いは、手形を利用していることから支払いサイトは長期化傾向にあります。近年 C 社及び D 社からの調達も徐々に増加傾向にあることから、これも仕入債務の回転期間に影響を与えています。

（2）　仕入債務が網羅的に計上されているかを確認する

　次に基準日である X5/6 末において、仕入債務が網羅的に計上されているかどうかを確認します。仕入債務がすべてもれなく計上されているかを直接的に検証することは難しく、いくつかの手続きを組み合わせることで確認することとしました。

① 対象会社の買掛金計上の業務フローの理解

対象会社では、STEP1 で理解した通り、決算においては、原材料の検収が完了した時点をもって、買掛金を計上しているとのことです。

具体的には、決算においては仕入業者から送付されてきた請求書と、社内の検収書を照合し、買掛金の計上額を確認しているとのことです。ただし、基本的には材料の納入日に検収完了となることが多いため、納入済み未検収の仕入に関する買掛金の計上を除外するような処理を過去に行ったことはないとのことです。

また、月次決算においては請求書と検収書の照合作業を行っておらず、締め日までに到着した請求書をもとに買掛金を計上しているとのことでした。

② 対象会社に対して既に認識している未計上の債務の有無を確認

対象会社に対して、基準日である X5/6 末時点において計上漏れとなっている買掛金があるかを確認したところ、到着した 6 月分の請求書についてはすべて計上しており、計上漏れはないと理解しているとのことでした。

ただし、月次では請求書に基づき買掛金を計上しており、仕入先が月末以外の日を締め日として請求書を発行している場合には買掛金の計上漏れが生じている可能性があるとのことでした。

③ 検収記録の閲覧

上記②を受け、6 月度の納入検収記録と主要な仕入先からの請求書を照合した結果、主要な仕入先である A 社については、6 月 26 日から 6 月 30 日まで 1,000 千円分の納入・検収が行われていますが、請求書は 25 日締めとなっているため、締め日後の仕入高 1 百万円について買掛金の計上が漏れていることがわかりました。

④ 請求書綴りの通査

6 月度及び 7 月度の仕入れに関する請求書綴りを閲覧することで、6 月末以前の仕入について、計上漏れとなっているものがないかを確認しました。

その結果上記③の発見事項を除き特段、大きな買掛金の計上漏れとなるようなものは発見されませんでした。

　上記の手続の結果として、基準日現在において A 社に対する締め日後の買掛金 1,000 千円が買掛金の計上漏れとなっており、実態純資産の調整上、当該金額を調整して報告することとしました。

（3）　その他

　以下の事項については、実態純資産の評価には直接的には影響を与えないもの M&A を検討するうえで留意すべき事項であるとして、その他の報告事項として報告することとしました。

- ▶B 社から調達した材料の重大な欠陥にともない、製品の製造が停止しており B 社との交渉結果によっては、材料の仕入代金の一部減額ないしは全部免除となる可能性がある。
- ▶上記に伴い既に一部製品の販売の受託を受けており、製品供給に関する債務不履行として一定の賠償義務が発生する可能性がある。

仕入債務

Summary

・A社の締め後の仕入の計上漏れ△1,000千円について、実態純資産の調整項目とした。

・B社から仕入れた材料の重大な欠陥にともなう交渉の結果によっては仕入代金の減額や免除となる可能性がある。

▌ 仕入債務残高及び回転期間の推移

（千円）	X2/3末	X3/3末	X4/3末	X5/3末	X5/6末
買掛金（①）	4,512	4,937	4,822	8,105	8,481
支払手形（②）	550	560	615	1,605	3,000
仕入債務合計（③）	5,062	5,497	5,437	9,710	11,481
仕入高（④）	46,322	47,678	46,999	55,334	15,522
買掛金回転期間（①/（④/12or3））	1.17カ月	1.24カ月	1.23カ月	1.76カ月	1.64カ月
支払手形回転期間（②/（④/12or3））	0.14カ月	0.14カ月	0.16カ月	0.35カ月	0.58カ月
仕入債務回転期間（③/（④/12or3））	1.31カ月	1.38カ月	1.39カ月	2.11カ月	2.22カ月

出所：決算報告書、残高試算表

※ X5/6末の回転期間算出においては仕入高を3で除している

▌ 仕入債務残高推移

（千円）	X2/3末	X3/3末	X4/3末	X5/3末	X5/6末	支払サイト
買掛金 A社	1,912	2,100	2,005	2,811	2,266	25日締め、翌月末払い
B社	812	1,121	834	2,100	2,100	末締め、翌月末払い
C社	433	512	589	900	1,001	末締め、翌月末手形振り出し
D社	355	204	394	294	1,114	末締め、翌月末手形振り出し
…	＊＊＊＊	＊＊＊＊	＊＊＊＊	＊＊＊＊	＊＊＊＊	
その他	736	892	899	912	999	
買掛金合計	4,512	4,937	4,822	8,105	8,481	―
支払手形 C社	334	398	497	1,001	1,900	手形振り出し後、120日後支払
D社	216	162	118	604	1,100	手形振り出し後、120日後支払
支払手形合計	550	560	615	1,605	3,000	―
仕入債務合計	5,062	5,497	5,437	9,710	11,481	―

出所：決算報告書、残高試算表、補助科目内訳表、買掛金一覧表

［仕入債務（買掛金・支払手形）］

▶ X5/3 末から X5/6 末にかけて、仕入債務の残高が増加している。この一つの原因としては新製品の生産においてＢ社から調達する材料を加工する必要があり、取引量が増大したためである。しかし、Ｂ社から調達した材料について加工段階で重大な欠陥があることが判明し、製品の供給が停止している状態となっている。現在は責任の所在や損失負担等の協議をＢ社との間で行っているために支払を留保しているとのことである。

▶ 基準日におけるＡ社の買掛金は到達した請求書に基づいて計上しており、締め日後基準日までに納入・検収した買掛金 1,000 千円が買掛金の計上漏れとなっており、実態純資産の調整項目とした。

［仕入債務の回転期間］

▶ 仕入債務の回転期間は、X2/3 末から X4/3 末までは、1.3 カ月前後で推移していたが、X5/3 末は 2.11 カ月、X5/6 末は 2.22 カ月と長期となっている。

▶ 回転期間が長くなっている理由は、上記Ｂ社との間で買掛金の支払いを留保している影響及び、比較的仕入サイトが長いＣ社とＤ社との取引が拡大している影響である。

［その他留意事項］

▶ Ｂ社から調達した材料の重大な欠陥に伴い、製品の製造が停止しておりＢ社との交渉結果によっては、材料の仕入代金の一部減額ないしは全部免除となる可能性がある。

▶ 上記に伴い既に一部製品の販売の受託を受けており、製品供給に関する債務不履行として一定の賠償義務が発生する可能性がある。

棚卸資産

(1)　調査の着眼点（概要）

　貸借対照表に計上される棚卸資産は、商品、製品、半製品、原材料、仕掛品等のように会社の事業に直結して発生する勘定科目です。また、棚卸資産は正常な営業循環の中で換金化されていきます。

　棚卸資産は一時点の残高を表すものであり、通常は短期間で回転していくことから、実態が把握しづらく、粉飾等の不適切な会計処理が行われやすい勘定科目であり注意が必要です。

　棚卸資産を調査するにあたっては、これらが実際に存在する資産であるのかどうか、陳腐化等により含み損を抱えるものはないかといったように対象会社の実態純資産への影響の観点から調査を進めていきます。

　また、棚卸資産は、在庫管理の状況や、資金繰りに与える影響、M&A後の事業運営に与える影響や留意すべき事項がないかという観点からも調査します。

(2)　在庫の実在性を確認する（架空在庫の有無）

　対象会社において貸借対照表に計上されている商品、製品が実在する在庫であるかを確認します。

　対象会社の棚卸資産の受払管理の未熟さ、実地棚卸の未実施、粉飾等利益調整等、様々な理由により実在しない棚卸資産が貸借対照表に計上されていることがあります。このような資産があった場合には棚卸資産の適正な残高としては認められず、実態純資産の評価にあたっては減額調整することになります。

　また、実在しない棚卸資産が計上されるに至った理由について確認すること

は、対象会社の事業運営における根本的な運営上の欠陥や、改善箇所の把握、企業風土を把握する一因にもなるためそのような観点からも確認をすることが重要です。例えば棚卸資産の受払管理が未熟であることから、期末の帳簿上の棚卸高と実数の差異が一定割合で必ず生じてしまうという背景があるのであれば、受払管理の未熟さが、顧客に対する誤納品等によるクレームの原因となっているかもしれませんし、従業員による商品の横領が可能な土壌を作ってしまっている可能性もあります。

（3）　在庫の網羅性を確認する（簿外在庫の有無）

対象会社において貸借対照表に計上されている商品、製品が漏れなく正確に記録されているかを確認します。

（2）の実在性の説明でも触れましたが、対象会社の棚卸資産の受払管理の未熟さや、実地棚卸の未実施により棚卸資産が適切に把握できずに漏れが生じることもあります。また、意図的に棚卸資産残高を過少に表示させることにより、利益の過少計上を行っている可能性もあります。

対象会社の棚卸資産が過少に計上されているということは、簿外の在庫が存在するということを示唆します。簿外の在庫を書類の閲覧を通して直接的に把握することは困難であることがあります。そのため、経営者に対する質問や、財務数値の分析等を通した異常点の確認、質問に対する回答と財務数値の整合性の確認等を通して合理性を検証していくことになります。また通常、調査期間や実施可能な手続きに制約があるため基準日における実地棚卸を私たちが直接行うことは難しいですが、調査期間中に棚卸資産の保管場所の見学等を通して、どのような在庫がどこに保管されているかを確認し、帳簿記録との整合性を確かめるという手続を実施することは場合によっては有効です。

（4）　適正在庫を把握する

対象会社において保有する在庫量が適切であるかを確認します。

対象会社の保有する在庫が適正在庫量より多い場合には、過剰在庫を保有していることになり、M&A後に廃棄処分等で多額の損失が発生する可能性もあ

ります。また、過剰在庫の保有は資金繰りや保管コストにも影響を与えます。そのため、単に貸借対照表価額の評価だけではなく、M&A後の統合過程において考慮すべき事項を発見することもあります。

(5) 在庫変動の季節性や在庫保有期間を理解する

対象会社における在庫の季節変動性や平均的な在庫保有期間を確認します。

適正在庫の把握と同様に対象会社の貸借対照表に計上されている棚卸資産残高の異常性に気付くきっかけになることもあります。また、在庫保有量に季節変動性がある場合には、買収予定時期によっては、その後の資金繰りにおいて留意すべき事項となる場合もあります。

(6) 収益性が低下している棚卸資産の有無を確認する

対象会社において保有している棚卸資産について、物理的な劣化（品質低下）や経済的な品質の劣化（陳腐化）や、市場の需給変化等に基づく市価の下落等により収益性が低下している事実がないかを確認します。

買い手が上場会社である場合には、M&A後には原則として親子会社間の会計方針の統一が求められます。特に棚卸資産については企業会計基準第9号「棚卸資産の評価に関する会計基準」を適用する必要がありますので、会計方針の変更による影響を把握することも重要です。

また、買い手が非上場の会社である場合であっても、品質低下や陳腐化等が進んだ棚卸資産は実態純資産の評価にあたっては減額することになります。

ただし、評価にあたって我々は会計・税務の専門家であり、棚卸資産の評価に関して専門性を持っていないことを念頭に入れる必要があります。評価にあたっては売り手のビジネスの状況や棚卸資産に関する考え方、管理資料等を確認し、買い手と相談のうえで、どのような評価を行うかを確認することが重要です。

(7) 在庫の管理状況を理解する

棚卸資産は、日常的な受払管理、定期的な棚卸、在庫コントロール、適切な

評価と処分の実施等を行うことにより、適正な残高管理、損益管理を行うことが可能となります。

　特に、中小企業においては、十分な在庫管理体制を構築できないことにより、適切な損益計算が行えていないこと、過剰なロスが経常的に発生してしまうこと、不良在庫をかかえてしまっていること、横領が発生していること等の問題に気づいていない可能性があるとともに、M&A 後の改善の余地がある可能性があります。

　そのため、まずは、対象会社がどのような管理を行っているかを正確に把握することが重要です。

(8)　押し込み販売、リベート等の慣行を理解する

　業種や業界によっては、決算日直前に返品を前提として大量の販売を行うような慣習や、複雑な条件に従ったリベートの取り決めがある等、通常の企業行動とは異なった商慣習がある場合があります。このような商慣習がある場合には、収益認識基準や引当金の設定等のように対象会社の正常収益力や実態純資産の評価に影響を与える可能性があるため慎重な検討が必要です。

(9)　（建設業やソフトウェア開発業の場合）未成工事支出金や仕掛品は適正な原価計算のもと計上されているか

　例えば建設業や、ソフトウェア開発業の場合には、棚卸資産の会計処理方針として個別原価計算が採用され、期末に未完成の工事やプロジェクトに関する原価を棚卸資産として計上します。

　未成工事支出金や仕掛品として計上される原価の範囲や計算方法については、様々な計算がなされます。まずは、原価計算の方法を理解し棚卸資産残高が過少／過大なものとなっていないかを確認することが重要です。

　また、原価の付け替えを行うことにより、棚卸資産残高を容易に操作することが可能となるため、このような操作が行われていないかという観点からも確認することが必要です。

（10） （建設業やソフトウェア開発業の場合）既に受注額を超える原価が
集計されている工事やプロジェクト、赤字見込みの工事やプロジェクトはないか

　建設業や、ソフトウェア開発業等の業種においては、工事やプロジェクトにおいて不測のトラブル等が生ずることにより当初の受注額を超えた原価が発生し赤字となってしまうことがあります。このような赤字が見込まれる工事やプロジェクトがある場合には、将来の損失の発生額を見積もり、引当金等の設定が必要になる場合があります。調査を行うにあたっては、過去における赤字の発生状況、現に進行中の工事等の状況を確認することが重要になります。

（11）　預け在庫・預かり在庫の有無を確認する

　自社の棚卸資産を販売先や外部倉庫に預ける場合があります。いわゆる「預け在庫」については、自社の管理範囲外に保管されているためその実在性を確認することが非常に困難であり、預け先と共謀することによる残高調整も可能になることから慎重に検討が必要です。

　また、上記とは逆に他社が所有権を有する棚卸資産を自社倉庫内で預かっている場合があります。いわゆる「預かり在庫」がある場合には、棚卸時に自社の棚卸資産との混同が生じやすいため、区分が適切に行われているかという観点からの検討が重要になります。また、「預かり在庫」は売上の早期計上や架空計上により生じたものである可能性もあります。さらに、他社の在庫を預かっているため、在庫の保管責任やそこから生ずる潜在的な債務がないかという観点からも検討が必要です。

（12）　担保権等所有権に制限のあるような棚卸資産はないか

　棚卸資産はいわゆる流動資産担保融資（ABL：Asset-based lending）の担保物として提供され、融資が実行されることがあります。このような場合には、資産の処分権に影響を与える場合や、在庫の増減が資金繰りに影響を与えることもあるため、留意が必要です。

STEP1　情報を収集し整理する

(1)　対象会社のビジネスモデル、商流を理解し、棚卸資産勘定のリスク等を理解する

　対象会社の会社案内やホームページ、FA や仲介会社より提供されている企業概要書、取引契約書等を閲覧し、対象会社のビジネスモデルや商流を理解します。これらを理解することで、対象会社の属する業種や業界において一般的に棚卸資産はどのように取り扱われ、どのようなリスクがあるのかということを検討します。また、単に資料等の閲覧だけでなく、対象会社の経営者に事業内容や商流をヒアリングすることによっても、気づきを得ることもあります。

　例えば、業種等により棚卸資産に関して以下のようなリスクを認識することがあります。

▶在庫リスクがない形での商流となっており、棚卸資産は計上されない。

▶預かり在庫が多く、同一拠点に自社に所有権のある在庫と他社に所有権のある在庫が混在する。

▶仕入先や販売先への預け在庫があり、自社に所有権のある在庫が自社の管理する拠点に保管されていない。

▶商品のライフサイクルが早く、陳腐化が進みやすい業種である。

▶将来の部品交換等に対応するため、古い製品についても長期間において保管しておかなければならない契約となっている。

▶建設業やソフトウェア開発業等においては工事別、プロジェクト別の原価管理が重要となる。不適切な原価計算は利益率をゆがめることになり、対象会社の適切な収益力を把握できない可能性がある。

(2)　会計方針等を理解する

　対象会社の数値の集計を始める前にまずは、会計方針や管理体制について理解することから始めます。これは、対象会社の注記表や仕訳情報、経理担当者

や顧問税理士に対する質問等を組み合わせて把握することになります。

▌棚卸資産に関する会計方針等

項目	会計方針
受払管理の有無	在庫管理システムにより商品の入庫・出庫は管理されている。 日次で、入庫データ及び出庫データが登録され理論在庫を確定している。
評価方法	特段、低価法等は採用しておらず、原価法による評価を行っている。
棚卸資産の単価決定の方法	商品の品番ごとに月次の総平均法により決定している。
実地棚卸の方法	実地棚卸は決算時に行っている（年1回）。 在庫管理システムからアウトプットされたロケーション別の在庫リストを基に実際数量をカウントし、手書きで記入している。 理論在庫数量と実際数量が異なる場合には実際数量にシステムを修正している。 ただし、システム修正後には、手書きで記入したリストについては破棄している。
棚卸による差異の処理方針	棚卸による差異は決算時に在庫処分損として売上原価として処理している。

（3）　対象会社の財務指標をまとめる

　対象会社の在庫に関する各種情報をまとめていきます。通常、財務数値の分析は1期間や2期間を比較するだけでは、異常値を把握しづらいものです。一般的には3期間から5期間程度の残高を比較することにより、残高の異常性の有無を確認していきます。

　はじめに、例えば以下のような形で、決算報告書や残高試算表等を基に勘定科目残高の比較分析のための資料を作成します。

棚卸資産残高推移

（千円）	X1/3末	X2/3末	X3/3末	X4/3末	X5/3末
商品（①）	10,000	12,000	11,500	13,000	13,294
原材料（②）	1,000	1,300	1,400	1,350	1,500
仕掛品（③）	13,500	15,000	20,000	40,000	45,000
製品（④）	25,000	30,000	36,000	55,000	57,000
棚卸資産合計	49,500	58,300	68,900	109,350	116,794

出所：決算報告書、残高試算表

　同様に決算報告書等から把握できる関連数値を基に、回転期間分析のための資料を作成することも可能です。

棚卸資産回転期間分析

（千円）	X1/3末	X2/3末	X3/3末	X4/3末	X5/3末
当期商品仕入高（⑤）	56,020	60,402	57,642	66,020	68,201
原材料費（⑥）	10,080	15,201	16,274	16,974	17,329
当期製品製造原価（⑦）	273,000	285,034	360,642	480,001	430,001
商品回転期間（①/（⑤/12））	2.14カ月	2.38カ月	2.39カ月	2.36カ月	2.34カ月
原材料回転期間（②/（⑥/12））	1.19カ月	1.03カ月	1.03カ月	0.95カ月	1.04カ月
製品回転期間（（③+④）/（⑦/12））	1.69カ月	1.89カ月	1.86カ月	2.37カ月	2.85カ月

出所：決算報告書、残高試算表

　その他、前述までの基礎的な数値の動向や業種等の特徴を踏まえ、対象会社から提供されている資料を基に、「製品・商品種類別」や「ロケーション（保管場所）別」等に数値を集計していきます。

　通常この段階では、最終的な報告に使用する表よりも少し細かく分析のための基礎資料を作成することも有用です。

棚卸資産種類別の残高推移

（千円）	X1/3末	X2/3末	X3/3末	X4/3末	X5/3末
商品	10,000	12,000	11,500	13,000	13,294
ABC	4,500	5,000	4,800	5,000	4,500
CDE	1,500	2,100	3,000	4,500	6,000
〜					
その他	3,000	2,900	3,100	2,000	1,900
製品	25,000	30,000	36,000	55,000	57,000
甲製品	1,200	1,300	1,250	1,100	900
乙製品	800	900	640	5,500	800
〜					
その他	10,600	18,000	28,000	40,000	43,000
棚卸資産合計	35,000	42,000	47,500	68,000	70,294

出所：商品明細、製品別残高明細

棚卸資産ロケーション別残高推移

（千円）	X1/3末	X2/3末	X3/3末	X4/3末	X5/3末
商品	10,000	12,000	11,500	13,000	13,294
本社倉庫	2,000	2,200	1,800	2,060	2,300
第一倉庫	6,000	7,500	5,300	6,000	4,800
預け在庫（FG商事）	1,500	2,100	3,000	4,500	6,000
その他	500	200	1,400	440	194
製品	25,000	30,000	36,000	55,000	57,000
本社倉庫	100	150	130	145	180
第一倉庫	5,400	6,000	7,800	10,500	9,900
第二倉庫	6,000	7,420	8,600	17,200	19,220
不明	9,450	10,500	12,040	15,320	19,800
その他	4,050	5,930	7,430	11,835	7,900
棚卸資産合計	35,000	42,000	47,500	68,000	70,294

出所：商品明細（倉庫別）、製品別残高明細（倉庫別）

STEP2　情報を分析・検証する

　STEP1 である程度情報が取りまとまってきたら、集計した情報等を基に分析及び検証をします。

（1）　製品残高の増加要因を分析する

　棚卸資産の勘定科目としての残高を見ていきましょう。5 期間を比較した場合には、X1/3 末に 49,500 千円であった、棚卸資産残高が X5/3 末には 116,794 千円と 5 年間で倍以上に残高が増加しています。そこで、まず増加要因を分析するために売上高の増減と比較することとしました。その結果は下表の通りであり、売上高も棚卸資産の増加に比例して増加しているため、一見して特に異常点は見当たらないとも考えられます。

▎棚卸資産残高推移

（千円）	X1/3 末	X2/3 末	X3/3 末	X4/3 末	X5/3 末
商品（①）	10,000	12,000	11,500	13,000	13,294
原材料（②）	1,000	1,300	1,400	1,350	1,500
仕掛品（③）	13,500	15,000	20,000	40,000	45,000
製品（④）	25,000	30,000	36,000	55,000	57,000
棚卸資産合計	49,500	58,300	68,900	109,350	116,794
売上高	65,024	72,462	85,103	143,201	160,252

出所：決算報告書、残高試算表

　また、棚卸資産残高が急増している理由を勘定科目別にみていくと、商品や原材料が概ね横ばいであるのに対して、仕掛品や製品の残高が大きく増えていることがわかります。

　通常、棚卸資産の残高は会社の事業活動の拡大とともに残高も大きくなる傾向があります。そのため、この棚卸資産残高の増加が正常なものであるのか、特定の原因があるのか、特定の理由による場合には、事業や財務への影響があるのかどうかを検討していくことになります。

　そこで、STEP1 で取りまとめた棚卸資産の回転期間から異常性を確認してい

きたいと思います。

　下表の通り、棚卸資産の回転期間はやはり製品の回転期間が大きく伸びています。すなわち、X1/3末においては1カ月に投入した製造原価の1.69カ月分の残高であったのが、X5/3末においては2.85カ月まで伸びています。

　この理由について、分析を進めていくことになりそうです。

┃ 棚卸資産回転期間分析

（千円）	X1/3 末	X2/3 末	X3/3 末	X4/3 末	X5/3 末
当期商品仕入高（⑤）	56,020	60,402	57,642	66,020	68,201
原材料費（⑥）	10,080	15,201	16,274	16,974	17,329
当期製品製造原価（⑦）	273,000	285,034	360,642	480,001	430,001
商品回転期間（①/（⑤/12））	2.14 カ月	2.38 カ月	2.39 カ月	2.36 カ月	2.34 カ月
原材料回転期間（②/（⑥/12））	1.19 カ月	1.03 カ月	1.03 カ月	0.95 カ月	1.04 カ月
製品回転期間（（③+④）/（⑦/12））	*1.69 カ月*	*1.89 カ月*	*1.86 カ月*	*2.37 カ月*	*2.85 カ月*

出所：決算報告書、残高試算表

　製品回転期間の長期化を確認するための手段として、対象会社に対して質問することは一つの手段となります。

　ただし、対象会社からの回答に対しては、鵜呑みにするのではなく、また、過度に批判的にならないことが重要です。

　質問をする際には、例えば次のように棚卸資産の回転期間が延びる要因を想定しておくことが重要です。回転期間が長期化することは、必ずしも悪い要因だけではなく、正常な取引の結果である場合もありますし、不良在庫や架空在庫の兆候を示していることもあるためあくまで、固定観念にとらわれすぎないことが大事になります。

▶製品の販売拡大が進んでいることから一定の供給量を確保するために在庫
　数量を増加させている。

▶製品の販売状況が芳しくなく、不良在庫が積みあがっている。

▶新規の取引や商流の変化により、在庫保有期間が長くなっている。

▶架空在庫を計上することによる利益調整を行っている。

　また、DDに対応する対象会社の担当者は財務に明るくない可能性も十分にあります。このような場合には、こちらから積極的に情報を引き出し、仮説と

その検証を進めることになります。

　さらに、財務 DD を行う専門家としては、対象会社からの回答を基にその正しさを証拠や他の経営数値等をもって確認し、専門家として納得できるかどうかが重要になります。

(2)　特定の商品残高の増加要因を分析する

　STEP1 でまとめた商品の種類別の残高増減をみていきましょう。商品の種類別の残高を見た場合には、X1/3 末に主力製品であった「ABC」については概ね横ばいで推移していますが、「CDE」については、5 期間で残高が 4 倍にもなっています。

　商品の残高自体は大きく増加していないため、対象会社では、直近の 5 期間で商品販売の事業環境が大きく変わったのではないかという兆候がみてとれます。

▌棚卸資産種類別の残高推移

（千円）	X1/3 末	X2/3 末	X3/3 末	X4/3 末	X5/3 末
商品	10,000	12,000	11,500	13,000	13,294
ABC	4,500	5,000	4,800	5,000	4,500
CDE	*1,500*	*2,100*	*3,000*	*4,500*	*6,000*
〜〜〜					
その他	3,000	2,900	3,100	2,000	1,900
製品	25,000	30,000	36,000	55,000	57,000
甲製品	1,200	1,300	1,250	1,100	900
乙製品	800	900	640	5,500	800
〜〜〜					
その他	10,600	18,000	28,000	40,000	43,000
棚卸資産合計	35,000	42,000	47,500	68,000	70,294

出所：商品明細、製品別残高明細

　また、同様に STEP1 でまとめたロケーション別の残高も見てみます。そうすると、FG 商事に対する預け在庫も同様に急増しています。この残高をみると、上述の「CDE」商品の残高と一致しており、関係がありそうです。

棚卸資産ロケーション別残高推移

（千円）	X1/3末	X2/3末	X3/3末	X4/3末	X5/3末
商品	10,000	12,000	11,500	13,000	13,294
本社倉庫	2,000	2,200	1,800	2,060	2,300
第一倉庫	6,000	7,500	5,300	6,000	4,800
預け在庫（FG商事）	*1,500*	*2,100*	*3,000*	*4,500*	*6,000*
その他	500	200	1,400	440	194

　そこで、既に対象会社から入手していた「商品明細（倉庫別）」からロケーションが預け在庫となっているものを抽出し、内容を確認したところ予想通り、商品「CDE」が保管されていました。

　そこで、対象会社に対して商流の変化の背景や預け在庫となっている理由に関する質問をするとともに、当該取引に関する販売先や、商品の保管先との契約書の開示を求めることとしました。

　対象会社によると、X1/3期よりFG商事を代理店とした新規の商流ビジネスを開始しており、順調に取引が拡大してきているとのことでした。

(3)　棚卸残高の妥当性を検証する

　次に棚卸資産が実際に存在するか、つまり実在性に関する検証をします。

　棚卸資産の残高は、外部預け在庫等一部の場合を除いて預金等と異なり第三者が基準日における残高を証明してくれるものではありません。また、棚卸資産は通常短期間で回転するため、調査日時点で、基準日における棚卸資産が実際に存在したか否かを直接的に検証することは困難となります。

　そのため、調査の手法としては対象会社の内部管理体制として棚卸資産残高をどのように確認し、確定させているかそのプロセスを確認することになるかと思います。

　まず、対象会社に対して、決算時における在庫の棚卸の実施の有無を質問します。棚卸を実施していない場合には、そもそも貸借対照表残高が実地棚卸残高に基づき計上されていないことが問題となり、基準日における真実の棚卸資産残高が不明であるという結論になります。その場合には、その旨を買い手に報告するとともに、可能な限りどの程度の棚卸残高であったか推定できないか

を検討することになります。特に中小企業の経理実務においては、棚卸資産の実地棚卸や正確な受払管理が行われていないことも多くみられるため、当然に「実地棚卸が実施されている」「月次で棚卸を実施している」「受払記録による在庫の理論残高が把握できる」といった前提に立たずに調査を進めていくことが重要です。

実地棚卸を実施している場合には、例えば直近の実地棚卸の結果を閲覧することでその管理体制を理解します。実地棚卸が適切な管理体制のもと、実施されている場合には対象会社の棚卸資産残高の信頼性が高まります。

なお、実地棚卸を行っていたとしても、原始記録を適切に保管していない場合もあります。また、仮に保管していても、適切に棚卸が実施したことが疑われるような資料のみが保管されていることもあります。

また、過去の実地棚卸結果の資料を手に実際の棚卸資産の保管場所を視察し、棚卸資産の保管状況等を確認することで、棚卸資産管理に関する心証が変わる

┃【実地棚卸表の例】

棚　卸　表

No.1

| 実施日時 | 20XX年　3月　31日 | | | | 場所 | | 第1倉庫 | |

No	品名	型番	帳簿数量	実地棚卸数	備考	実施者	検査員
1	A商品	ABC-10110	30	29	破損品1点	山田	田山
2	B商品	ABS-20134	52	52		山田	田山
3	B商品(改良型)	BTS-26427R	140	140		山田	田山
4	C商品	TTS-35591	509	509	滞留在庫	山田	田山
5							
79							
80	XYZ商品	ASX-18437	65	40	差異原因不明	山田	田山
81	ZZY商品	CDE-16405	92	92		山田	田山
82							
83							

こともあります。

このように過去の一時点である基準日における実際の棚卸資産残高を直接的に確認することは困難であるため、様々な資料の閲覧や質問、視察等を通して間接的に基準日における棚卸資産残高を検証していくことになります。

なお、外部倉庫に棚卸資産を預けている場合には預け先が発行する、預り証や在庫証明書を入手することで基準日時点における実在性の検証が可能であることもあります。ただし、保管業者の管理水準によっては在庫証明書が万能な証拠ではないことにも留意は必要です。

(4) 棚卸資産の評価を検証する

次に棚卸資産の評価について検討を進めていきます。棚卸資産の評価に関する会計基準としては企業会計基準第9号「棚卸資産の評価に関する会計基準」があります。買い手が上場会社である場合には、会計方針統一の観点からも、当該基準に照らしてどのような影響があるかといった検討も必要になります。しかし、買い手も非上場会社であった場合には、会計基準の厳密な適用については買い手の重要な着眼点とはならないことが多くあります。

一方、非上場会社が買い手となる場合においても、在庫が実際に価値のあるものであるか、不良在庫を抱えていないかという観点からは検討が必要です。

ただし、財務調査を行う私たちは在庫評価の専門家でないことが多く、客観的な価値評価を行うことは難しいことが多くあります。そのため、財務DDにおいては、棚卸資産の価値が帳簿価額より下落している可能性の有無、その端緒に関する分析を実施することになります。分析結果に対して意見を付することに問題はありませんが、価値評価の専門家でないため、最終的な評価に関する意思決定や考え方を買い手と調整して調査を進めることも効果的です。

あらためてSTEP1でまとめた回転期間分析の表を見てみると、製品の回転期間が大幅に伸びていました。前述の回転期間分析の結果にもよりますが、その原因が品質や陳腐化が起きている不良在庫の存在や、需要に比して過剰に在庫を保有している滞留在庫の存在等によるものであれば、特に帳簿金額による評価を行うことに問題がないか検討が必要になります。

▌棚卸資産回転期間分析

（千円）	X1/3 末	X2/3 末	X3/3 末	X4/3 末	X5/3 末
当期商品仕入高（⑤）	56,020	60,402	57,642	66,020	68,201
原材料費（⑥）	10,080	15,201	16,274	16,974	17,329
当期製品製造原価（⑦）	273,000	285,034	360,642	480,001	430,001
商品回転期間（①/（⑤/12））	2.14 カ月	2.38 カ月	2.39 カ月	2.36 カ月	2.34 カ月
原材料回転期間（②/（⑥/12））	1.19 カ月	1.03 カ月	1.03 カ月	0.95 カ月	1.04 カ月
製品回転期間（（③+④)/（⑦/12））	1.69 カ月	1.89 カ月	1.86 カ月	2.37 カ月	2.85 カ月

出所：決算報告書、残高試算表

　製品の回転期間が伸びている兆候が見られたため、製品在庫について、倉庫別の残高明細より、滞留期間ごとに棚卸資産の合計残高を以下のように集計しました。

▌X5/3 末における製品の滞留期間

（千円）	90 日以内	90 日超	3 カ月超	1 年超	2 年超
製品					
本社倉庫	180	–	–	–	–
第一倉庫	9,300	300	200	100	–
第二倉庫	13,170	150	800	5,000	100
不明	6,000	800	–	3,000	10,000
その他	6,096	300	854	150	500
棚卸資産合計	34,746	1,550	1,854	8,250	10,600

出所：商品明細（倉庫別）、製品別残高明細（倉庫別）

　これを基に対象会社に在庫を販売できる可能性について質問したところ、滞留期間 2 年超の在庫に関しては販売することができる可能性は低いとのことでした。また、滞留期間 1 年超の在庫については、販売する可能性はあるものの、恒常的な需要がある製品ではないため、顧客の生産状況により注文が来る可能性はあるとのことであり、残りの在庫については基本的には販売可能なものであると考えているとのことでした。

　質問への回答を受け、報告書においては滞留期間 2 年超の在庫についてはその残高の総額を棚卸資産の評価損として実態純資産の調整項目とし、その他の滞留在庫については、留意点としての報告にとどめることとしました。

棚卸資産 (抜粋)

Summary

・製品の過剰在庫 XXX 千円については廃棄される可能性が高いため、帳簿価額と適正在庫金額との差額 XXX 千円について実態純資産の調整項目とした。

・基準日における帳簿残高と棚卸に基づく実際残高との差額 XXX 千円について実態純資産の調整項目とした。

・在庫管理は決算時に実地棚卸が行われているのみであり、期中では受払管理や定期的な在庫の棚卸が行われていない。

▌棚卸資産残高推移

(千円)	X1/3 末	X2/3 末	X3/3 末	X4/3 末	X5/3 末
商品 (①)	10,000	12,000	11,500	13,000	13,294
原材料 (②)	1,000	1,300	1,400	1,350	1,500
仕掛品 (③)	13,500	15,000	20,000	40,000	45,000
製品 (④)	25,000	30,000	36,000	55,000	57,000
棚卸資産合計	49,500	58,300	68,900	109,350	116,794
売上高	65,024	72,462	85,103	143,201	160,252

出所：決算報告書、残高試算表

▌棚卸資産回転期間分析

(千円)	X1/3 末	X2/3 末	X3/3 末	X4/3 末	X5/3 末
当期商品仕入高 (⑤)	56,020	60,402	57,642	66,020	68,201
原材料費 (⑥)	10,080	15,201	16,274	16,974	17,329
当期製品製造原価 (⑦)	273,000	285,034	360,642	480,001	430,001
商品回転期間 (①/(⑤/12))	2.14 カ月	2.38 カ月	2.39 カ月	2.36 カ月	2.34 カ月
原材料回転期間 (②/(⑥/12))	1.19 カ月	1.03 カ月	1.03 カ月	0.95 カ月	1.04 カ月
製品回転期間((③+④)/(⑦/12))	1.69 カ月	1.89 カ月	1.86 カ月	2.37 カ月	2.85 カ月

出所：決算報告書、残高試算表

▌棚卸資産種類別の残高推移

(千円)	X1/3 末	X2/3 末	X3/3 末	X4/3 末	X5/3 末
商品	10,000	12,000	11,500	13,000	13,294
ABC	4,500	5,000	4,800	5,000	4,500
CDE	1,500	2,100	3,000	4,500	6,000
その他	3,000	2,900	3,100	2,000	1,900
製品	25,000	30,000	36,000	55,000	57,000
甲製品	1,200	1,300	1,250	1,100	900
乙製品	800	900	640	5,500	800
その他	10,600	18,000	28,000	40,000	43,000
棚卸資産合計	35,000	42,000	47,500	68,000	70,294

出所：商品明細、製品別残高明細

[在庫管理]

▶棚卸資産は主に XX 関連の XX を取り扱っている商品と XX 向けの XX 製品を製造するための原材料、仕掛品、製品を保有している。

▶対象会社では日々の棚卸資産の受払管理は行っておらず、期末に棚卸を実施することで、棚卸資産残高を確定させているとのことである。

[棚卸資産残高]

▶製品の残高が X1/3 末から X5/3 末にかけて、32,000 千円と大きく増加している。また、製品の回転期間も 5 年間で 1.69 カ月から 2.85 カ月と長期化が進んでいる。これは XX による需要の急拡大を見越して製品在庫を増加させていたものであるとのことである。ただし、対象会社によると調査日時点において当該製品の販売は当初想定の半分以下にとどまっており、今後は販売縮小傾向となる見込みであるとのことである。

▶上記を踏まえ、XX から適正在庫を XX のように見積もったところ、基準日における製品の適正在庫残高は 20,000 千円であると推定され、過剰在庫は廃棄される可能性が高いとのことである。そのため、帳簿価額と適正在庫金額との差額 XXX 千円について実態純資産の調整項目とした。

▶商品在庫は、……。

▶左下表は棚卸資産の種類別の残高の推移をまとめたものである。……。

　（中略）

▶ X5/3 末の実地棚卸の記録と貸借対照表残高を照合したところ商品の残高がXXX 千円過少に計上されていた。これは XX のためであるとのことである。したがって、基準日における帳簿残高と実際残高との差額 XXX 千円について実態純資産の調整項目とした。

有形・無形固定資産

(1) 調査の着眼点（概要）

　有形固定資産とは、建物、構築物、機械及び装置、車両運搬具、工具器具備品、土地及び建設仮勘定等のように会社の事業活動のために長期にわたり使用する目的で保有される形のある資産のことです。また、無形固定資産とは、のれん、特許権、商標権及びソフトウェアのように、長期にわたり会社の収益力の源泉となる形のない資産のことです。

　有形・無形固定資産は、貸借対照表の総資産に占める割合が比較的大きいため、調査結果によっては対象会社の評価に重要な影響を与える可能性があります。また、設備投資の状況を把握することで将来の設備投資計画の予測に資する情報の収集や、遊休資産等がある場合には売り手への売却交渉等を検討する場合もあります。このように固定資産の調査項目は多岐にわたるため慎重な検討が必要になってきます。

(2) 実在性を確認する

　対象会社において貸借対照表に計上されている有形・無形固定資産が実際に存在する資産であるかを確認します。

　例えば、過去において廃棄した事実があるにもかかわらず、除却処理を失念していた場合は貸借対照表に実際には現物が存在しない資産が計上されてしまうことになります。このような実在しない固定資産が計上されていることにより、対象会社の純資産価値は本来のあるべき残高より過大に表示される結果になっています。そのため、実態純資産を評価するにあたって、このような実際

に存在しない有形・無形固定資産が発見された場合には、減額修正する必要があります。

(3) 減価償却計算が適正に行われているか検討する

固定資産は、その取得に要した支出額で貸借対照表に計上され、耐用年数にわたって所定の減価償却方法により毎期計画的・規則的に減価償却を行うことによって費用化されていきます。

固定資産の貸借対照表残高は、適正な減価償却を行うことで適切な残高となります。本来であれば減価償却計算に影響を与える耐用年数や償却方法等については各企業が個々の状況を考慮して自主的に決定すべきものとなります。しかし、実務上は多くの企業が法人税法に定められた耐用年数、償却方法を用いているのが現状です。企業会計の観点からも、このような事情に鑑み、法人税法に規定する普通償却限度額を正規の減価償却費として処理する場合においては、不合理と認められる事情がない限りこれを認めています。

ただし、法人税法における減価償却に関する定めは普通償却限度額に関して定めるものであり、償却限度額以下の減価償却費の計上を否定するものではありません。そのため、中小企業においては過年度に減価償却費を過少に計上した結果、固定資産残高が過大に表示されている場合もありますので留意する必要があります。

また、租税特別措置法に規定する特別償却（一時償却及び割増償却）が行われている場合があります。この場合には普通償却限度額を超えた償却が税務上認められているため、正規の減価償却を実施したあるべき固定資産の残高よりも帳簿上の残高が過少に表示されることになるため留意が必要です。

(4) 固定資産に対する所有権、抵当権、質権等の資産の使用や処分に関する権利関係について確認する

重要な固定資産について、登記簿謄本や取得時の契約書等の資料を確認することも有用な手続きとなります。土地や建物といった不動産については登記を行うことで所有権を第三者に対して対抗できる手段となるため、不動産に係る

権利関係が一覧できます。例えば、登記簿謄本を閲覧することで、登記上の所有者が対象会社と異なる事実や、その他付随する権利が存在する事実が判明することがあります。

また、売買契約書等を閲覧することで、資産の処分に制限や買い戻し特約等があるか等を確認することもできます。

資産の使用や処分に対する制限が固定資産にあった場合には、買い手のM&A後の計画に影響を与えることがあるためそのような資産がある場合には内容を調査し、報告することが重要となります。

▌不動産登記簿謄本の例

表 題 部 （土地の表示）			調整	余白		不動産番号	△△△△△△△△△△△△△	
地図番号	余白		筆界特定	余白				
所　在	△△△△区□□□一丁目					余白		
①地　番	②地　目	③　地　積　　m²			原因及びその日付〔登記の日付〕			
1番2	宅地			300：00	1番から分筆			
				：	（平成 20 年 10 月 14 日）			
所 有 者	△△△△区□□□一丁目1番1号民事記子							

権 利 部（甲区）（所 有 権 に 関 す る 事 項）			
順位番号	登 記 の 目 的	受付年月日・受付番号	権 利 者 そ の 他 の 事 項
1	所有権保存	平成 20 年 10 月 15 日 第△△△号	所有者　△△△△区□□□一丁目1番1号 　　　　民事記子
2	所有権移転	平成 20 年 10 月 27 日 第△△△号	原因　平成 20 年 10 月 26 日売買 所有者　△△△△区□□□一丁目1番2号 　　　　法務太郎

権 利 部（乙区）（所 有 権 以 外 の 権 利 に 関 す る 事 項）			
順位番号	登 記 の 目 的	受付年月日・受付番号	権 利 者 そ の 他 の 事 項
1	抵当権設定	平成 20 年 11 月 12 日 第△△△号	原因　平成 20 年 11 月 4 日金銭消費貸借同日 　　　設定 債権額　金 4,000 万円 利息　年 2・6 ％（年 365 日日割計算） 損害金　年 14・5 ％（年 365 日日割計算） 債務者　△△△△区□□□一丁目1番2号 　　　法務 太郎 抵当権者　△△△△区□□□一丁目1番6号 　　　株 式 会 社 ○ ○ 銀 行

114

（5）　固定資産の含み損益の有無を検討する

　対象会社において保有している固定資産について、帳簿価額と適正な時価が大きく乖離するような場合には、実態純資産の算定にあたって時価による評価を行うことになります。

　固定資産の含み損益は、対象会社の実態純資産額に大きな影響を与えることもあるため、重要な調査項目となります。

　固定資産の時価を把握するにあたっては、不動産鑑定評価等の第三者による評価額が存在するものや、中古市場が存在するもの、客観的な評価を取得することが難しいもの等様々な情報が存在するため、財務 DD の実施にあたっては、そのような情報の中から最も合理的な評価方法を選択し、評価していくことになります。

　また、固定資産の評価額としては「正味売却価額」（市場における売却価額）と「使用価値」（固定資産を使用し続けることにより生み出す収益に基づく価値）の 2 つの考え方があります。買い手が M&A 後に売却を予定するような資産であれば、正味売却価額により評価することが適切であると考えられます。一方で、長期間にわたって継続使用見込みの固定資産を正味売却価額で評価することによりかえって買い手の意思決定をミスリードしてしまうこともあります。

　参考までに、財務 DD の実務において利用される時価（評価額）の例としては以下のようなものがあります。

- ・不動産鑑定評価額
- ・公示価格
- ・固定資産税評価額や、固定資産税評価額を基礎に補正計算した金額
- ・路線価や、路線価を基礎に補正計算した金額
- ・査定書による査定額
- ・近隣の売買事例より推計した価格
- ・適正償却後帳簿価額
- ・中古市場における取引価格

（6）　減損の検討を実施する

　固定資産の減損とは、資産の収益性の低下により投資額の回収が見込めなくなった状態であり、減損処理とは、そのような場合に一定の条件の下で回収可能性を反映させるように帳簿価額を減額する特殊な会計処理となります。

　減損会計は、一般に非上場の中小企業においては適用されていることは稀です。一方で上場会社等の減損会計を適用している会社においては、将来の回収不能見込額を一時の損失として計上する必要があり、上場会社等が買い手となる場合には、M&A の実行後に対象会社に対して減損会計の適用が求められることになります。減損会計はその影響が大きくなることも少なくないため、慎重に検討をする必要があります。

　また、減損会計は、固定資産についてその投資と回収という点に着目して検討をする点では、非上場の中小企業においても有用な情報となります。すなわち、対象会社が保有している固定資産と、それが直接生み出す収益を比較・検討することは、対象会社の収益性を理解するうえで重要なプロセスでもあります。

（7）　遊休資産等のように対象会社の事業運営に直接必要のない資産の有無を確認する

　対象会社において保有している固定資産について、その保有目的を確認します。固定資産の保有目的には「事業用」「遊休（未稼働）」「投機・資産運用」等の目的があります。

　事業用の固定資産で現に事業供用されているのであれば、前述した固定資産の減損の検討において投資回収が行われるかという視点で評価を行うと考えることができます。

　一方、現在遊休となっている固定資産については、それが未使用・未稼働となった経緯や、今後の利用見込み・処分見込み等を確認します。今後も遊休見込みであるのであれば買い手としては、当該資産について M&A 後にどのように取り扱うのかを検討することが必要となります。

　また、投機目的や資産運用目的で当該資産を保有している場合にも、現状における資産運用の状況を確認するとともに、買い手としては、当該資産について投資継続の可否を含め M&A 後にどのように取り扱うのかを検討することが必要となります。

(8)　過去の設備投資（CAPEX：Capital Expenditure）の状況を分析し、将来の設備投資への影響を検討する

　対象会社の固定資産の状況を分析することで、対象会社の設備投資の状況や将来の設備投資の必要性に関する情報を入手できる場合があります。

　例えば、対象会社の固定資産の使用年数や耐用年数の分析を通して、対象会社の保有している主要な固定資産が長期にわたって使用されており、老朽化や設備・技術の陳腐化が起きている可能性が示唆されることがあります。この場合には、M&A 後の事業継続において近い将来一定の設備投資を行うことが必要である可能性があるため、より詳細な事実確認を対象会社に対して行うことが必要となります。

　また、過去の設備投資の状況を分析することで、大型設備投資の規模やサイクル、毎期の維持更新費用の程度を把握することもできます。

　設備投資は多額になることも少なくなく、買い手にとって将来の事業計画策定や資金繰り予測に資する重要な情報を提供することもあるため留意が必要です。

(9)　資産除去債務について確認する

　資産除去債務とは、有形固定資産の取得、建設、開発又は通常の使用によって生じ、当該有形固定資産の除去に関して法令又は契約で要求される法律上の義務及びそれに準ずるものです。例えば、不動産賃貸借契約に基づく退去時の原状回復義務を負っている場合や、アスベストや PCB 等のようにその除去を法律上要求されている場合の撤去費用や除去費用をいいます。

　有害物質を取り扱っている工場を保有している場合や、店舗を賃借し内部造作を設置することでサービス提供し、多店舗展開しているような業種では、資

産除去債務による影響が大きくなることも多いため注意が必要です。

　買い手が上場企業等のように「資産除去債務に関する会計基準」を適用している場合には、M&A 後の会計方針の変更を見据え、影響度を調査することは有用です。また、買い手が上場企業等のように「資産除去債務に関する会計基準」を適用しているわけではない場合においても、将来の潜在的な債務を把握するという意味で重要な調査項目になってきます。

STEP 1　情報を収集し整理する

(1)　対象会社のビジネスモデル、商流を理解し、有形・無形固定資産におけるリスク等を理解する

　対象会社の会社案内やホームページ、FA や仲介会社より提供されている企業概要書、取引契約書等を閲覧し、対象会社のビジネスモデルや商流を理解します。これらを理解することで、対象会社の属する業種や業界における固定資産の一般的なリスクについて検討します。

　例えば、対象会社（3 月決算。基準日は×6 年 3 月期）は、居酒屋チェーンを営んでいる会社であったとします。また、展開しているブランドは 1 つであり、営業利益は基準日を含む過去 2 期黒字となっているとします。

　一般的に飲食事業を行っている会社は、それぞれの店舗ごとに給排水設備や厨房設備、内装等の一定以上の設備投資を行います。また、多店舗展開を行っている場合には固定資産残高が多額になる傾向にあります。また、店舗の収益性によっては固定資産の減損を検討すべきものがある可能性があります。

　対象会社の基礎的な情報を把握することにより、例えば固定資産に関して以下のようなリスクを認識することがあります。

▶固定資産台帳に記載されている固定資産の一部は、除却漏れ等の事情で実在していない。

▶償却資産について、過去に減価償却を停止、若しくは減価償却費の一部のみ計上していることにより固定資産残高が適切に表示されていない。

▶不採算店舗においては、将来回収可能と予測されるキャッシュ・フローが固定資産の帳簿価額を下回り、固定資産の減損が生じている。

▶保有している土地について大きく時価と帳簿価額が乖離している。

▶店舗において特殊な内装や設備等の工事を行っており、将来の退去時には多額の原状回復費用が発生する可能性がある。

固定資産台帳の例

（事業者名）株式会社××××

資産No 名称 取得年月日 所在	取得価額 直接圧縮額 圧縮後取得価額 圧縮後積立金	供用年月日 償却方法 償却可能限度額 改訂取得価額	期首償却超過額 期首償却不足額 期首圧縮積立金 期首帳簿価額	増加年月日 増加事由 期中増加取得価額 期中増加帳簿価額	減少年月日 減少事由 期中減少取得価額 期中減少帳簿価額
100001 本社建物 X年○月△日 本社	1,500,000,000 1,500,000,000	X年○月△日 定額法	 1,350,000,000		
建物計	1,500,000,000 1,500,000,000		 1,350,000,000		
100002 パーティションA X年○月△日 本社	XXXXXXXX XXXXXXXX	X年○月△日 定額法	 XXXXXXXX		
100003 パーティションB X年○月△日 本社	XXXXXXXX XXXXXXXX	X年○月△日 定額法	 XXXXXXXX		
100017 大型冷房設備D X年○月△日 本社	XXXXXXXX XXXXXXXX	X年○月△日 定額法	 XXXXXXXX		
建物附属設備計	XXXXXXXX XXXXXXXX		 XXXXXXXX		
100018 社用車A X年○月△日 本社	XXXXXXXX XXXXXXXX	X年○月△日 200%定率法	 XXXXXXXX		
車両運搬具計	XXXXXXXX XXXXXXXX		 XXXXXXXX		
100019 照明器具A X年○月△日 本社	XXXXXXXX XXXXXXXX	X年○月△日 200%定率法	 XXXXXXXX		
100020 照明器具B X年○月△日 本社	XXXXXXXX XXXXXXXX	X年○月△日 200%定率法	 XXXXXXXX		
100040 テレビC X年○月△日 本社	XXXXXXXX XXXXXXXX	X年○月△日 200%定率法	 XXXXXXXX		
工具器具備品計	XXXXXXXX XXXXXXXX		 XXXXXXXX		
100041 本社土地 X年○月△日 本社	XXXXXXXX XXXXXXXX	X年○月△日	 XXXXXXXX		
100042 大阪更地 X年○月△日 旧本社	XXXXXXXX XXXXXXXX	X年○月△日	 XXXXXXXX		
土地計	XXXXXXXX XXXXXXXX		 XXXXXXXX		
有形固定資産合計	XXXXXXXX XXXXXXXX		 XXXXXXXX		
100043 基幹システム X年○月△日 本社	XXXXXXXX XXXXXXXX	X年○月△日 定額法	 XXXXXXXX		
ソフトウェア計	XXXXXXXX XXXXXXXX		 XXXXXXXX		
無形固定資産合計	XXXXXXXX XXXXXXXX		 XXXXXXXX		

減価償却計算表
×6 年 3 月 31 日

耐用年数 保証率 償却率 償却月数	調整前償却額 償却保証額 普通償却限度額 増加割合　増加償却額	特別償却区分　割合 特別償却限度額 償却限度額計 当期減損損失額	当期償却超過額 当期損金認容額 経費区分 償却実施額	圧縮積立取崩額 期末圧縮積立金 期末取得価額 期末帳簿価額	期末償却超過額 期末償却不足額 期末減損累計額 償却累計額	摘要
50	7,500,000					××銀行抵当権あり
0 3	7,500,000	7,500,000	販管費 7,500,000	1,500,000,000 1,342,500,000	157,500,000	
	7,500,000					製造費
	30,000,000	7,500,000	7,500,000	1,500,000,000 1,342,500,000	157,500,000	販管費　7,500,000 営業外
XXXX XXXX XXXX 3	XXXXXXXXX XXXXXXXXX	XXXXXXXXX	XXXXXXXXX	XXXXXXXXX XXXXXXXXX	XXXXXXXXX	
XXXX XXXX XXXX 3	XXXXXXXXX XXXXXXXXX	XXXXXXXXX	XXXXXXXXX	XXXXXXXXX XXXXXXXXX	XXXXXXXXX	
XXXX XXXX XXXX 3	XXXXXXXXX XXXXXXXXX	XXXXXXXXX	XXXXXXXXX	XXXXXXXXX XXXXXXXXX	XXXXXXXXX	
	XXXXXXXXX XXXXXXXXX	XXXXXXXXX	XXXXXXXXX	XXXXXXXXX XXXXXXXXX	XXXXXXXXX	製造費 販管費　XXXXXXXXX 営業外
XXXX XXXX XXXX 3	XXXXXXXXX XXXXXXXXX	XXXXXXXXX	XXXXXXXXX	XXXXXXXXX XXXXXXXXX	XXXXXXXXX	
	XXXXXXXXX XXXXXXXXX	XXXXXXXXX	XXXXXXXXX	XXXXXXXXX XXXXXXXXX	XXXXXXXXX	製造費 販管費　XXXXXXXXX 営業外
XXXX XXXX XXXX 3	XXXXXXXXX XXXXXXXXX	XXXXXXXXX	XXXXXXXXX	XXXXXXXXX XXXXXXXXX	XXXXXXXXX	
XXXX XXXX XXXX 3	XXXXXXXXX XXXXXXXXX	XXXXXXXXX	XXXXXXXXX	XXXXXXXXX XXXXXXXXX	XXXXXXXXX	
XXXX XXXX XXXX 3	XXXXXXXXX XXXXXXXXX	XXXXXXXXX	XXXXXXXXX	XXXXXXXXX XXXXXXXXX	XXXXXXXXX	
	XXXXXXXXX XXXXXXXXX	XXXXXXXXX	XXXXXXXXX	XXXXXXXXX XXXXXXXXX	XXXXXXXXX	製造費 販管費　XXXXXXXXX 営業外
				XXXXXXXXX XXXXXXXXX		××銀行抵当権あり
				XXXXXXXXX XXXXXXXXX		
				XXXXXXXXX XXXXXXXXX		
	XXXXXXXXX XXXXXXXXX	XXXXXXXXX	XXXXXXXXX	XXXXXXXXX XXXXXXXXX	XXXXXXXXX	製造費 販管費　XXXXXXXXX 営業外
XXXX XXXX 3	XXXXXXXXX XXXXXXXXX	XXXXXXXXX	XXXXXXXXX	XXXXXXXXX XXXXXXXXX	XXXXXXXXX	
	XXXXXXXXX XXXXXXXXX	XXXXXXXXX	XXXXXXXXX	XXXXXXXXX XXXXXXXXX	XXXXXXXXX	製造費 販管費　XXXXXXXXX 営業外
	XXXXXXXXX XXXXXXXXX	XXXXXXXXX	XXXXXXXXX	XXXXXXXXX XXXXXXXXX	XXXXXXXXX	製造費 販管費　XXXXXXXXX 営業外

(2) 対象会社で計上されている有形・無形固定資産の店舗別の残高の推移を確認する

　対象会社は、多店舗展開をしている飲食業であり、店舗別の投資額や固定資産残高が重要であることから、固定資産台帳を基に店舗別の有形・無形固定資産の残高を集計したところ、以下の通りとなりました。

▌店舗別の有形・無形固定資産残高推移

（千円）	X3/3末	X4/3末	X5/3末	X6/3末
ABC 店				
建物	-	-	-	-
建物附属設備	6,336	6,019	5,718	5,432
車両運搬具	3,455	2,557	1,892	1,400
工具器具備品	4,443	3,687	3,061	2,540
土地	-	-	-	-
ソフトウェア	-	-	-	-
合計	14,234	12,263	10,671	9,372
CDE 店				
建物	16,916	16,409	15,916	15,439
建物附属設備	9,961	9,463	8,989	8,540
車両運搬具	8,884	6,574	4,865	3,600
工具器具備品	9,340	7,752	6,434	5,340
土地	65,000	65,000	65,000	65,000
ソフトウェア	-	-	-	-
合計	110,101	105,198	101,204	97,919
EFG 店				
建物	-	-	-	-
建物附属設備	-	-	532	447
車両運搬具	-	-	-	-
工具器具備品	-	-	6,200	5,425
土地	-	-	-	-
ソフトウェア	-	-	5,432	4,346
合計	-	-	12,164	10,218
〜〜〜〜〜〜〜〜				
本社/その他				
建物	15,343	14,576	13,847	13,155
建物附属設備	4,532	3,626	2,900	2,320
車両運搬具	7,432	4,955	3,303	2,202
工具器具備品	534	356	237	534
土地	250,000	250,000	250,000	250,000
ソフトウェア	6,453	5,163	4,130	4,223
合計	284,294	278,676	274,417	272,434
固定資産計	XXXXX	XXXXX	XXXXX	XXXXX

出所：「固定資産台帳」

5

有形・無形固定資産

（3）　時価に関する情報を入手する

　対象会社が保有する土地について、時価に関する情報を入手することとします。対象会社では保有している不動産について不動産鑑定評価を行ったことはないとのことでした。一般的に土地の固定資産税評価額は公示価格の約70％とされることから、買い手とも相談し、本調査においては、簡便的に直近の固定資産税の算出において用いられる固定資産税評価額を0.7で割り戻した金額を基準日時点の時価とみなすこととしました。

▌土地の明細

勘定科目	所在地	地番	用途	面積（m²）	X6/3末簿価	固定資産税評価額	評価額＊1	評価差額	共同担保
土地	東京都……	＊＊＊＊＊	本社	＊＊＊	150,000	171,429	244,898	94,898	A
	東京都……	＊＊＊＊＊	CDE店	＊＊＊	65,000	54,365	77,665	12,665	－
	大阪府……	＊＊＊＊＊	遊休	＊＊＊	100,000	43,349	61,926	△38,074	－
土地計				315,000	269,143	384,489	69,489		

出所：「勘定科目内訳書」「全部事項証明書」「X5年度土地・家屋名寄帳」「固定資産税評価額」
＊1　簡便的に固定資産税評価額を0.7で割り戻した金額を評価額とみなしている

▌固定資産税の納税通知書添付の課税明細書（サンプル）

いわゆる『固定資産税評価額』

令和●●年度　課税明細書

土地の所在	登記地目	登記地積	価格	固定前年度課税標準等	都計前年度課税標準等	小規模地積	負担水準（％）	
	現況地目	現況地積	固定本則課税標準額	固定課税標準額	都計課税標準額	一般住宅地積	固定	都市
	非課税地目	非課税地積	都市本則課税標準額	固定資産税（相当）額	都市計画税（相当）額	非住宅地積		
○○町○丁目　○番　○	宅地	180.32	171,428,571	~略~	~略~	~略~	~略~	~略~
	宅地	180.32		~略~	~略~	~略~		
				~略~	~略~	~略~		

（4）　担保等に供されている固定資産の確認

　対象会社が保有する土地及び建物について登記簿謄本を閲覧したところ、本社が所在する土地については、以下のように抵当権が設定されていました。

123

┃ 担保

登記の目的	債務者	順位	受付年月日	根抵当権者	極度額 （千円）	債権の範囲	担保
根抵当権設定	対象会社	1番抵当	XX/XX/XX	○×銀行	XXXXXX	証書貸付取引	A

出所：「全部事項証明書」

（5） 減価償却計算が適正に行われているかを確認する

まず、対象会社に対して、過去に減価償却を税務上の償却限度額よりも少ない金額で計上したことがあるかを質問したところ、過去にそのような処理をした可能性はあるが明確にどの資産について、いつの時点で、どれぐらいの金額といった具体的な記憶や記録はないとのことでした。

そこで、固定資産台帳を通査したところ、取得年月日より耐用年数を超えて保有しているにもかかわらず帳簿残高が一定金額以上ある固定資産が散見されました。そのため、対象会社における固定資産残高は「正規の減価償却」を行った場合の「あるべき帳簿価額」より過大に表示されている可能性が高いと判断し、本調査においては固定資産の過去の減価償却計算を再計算することで、基準日における固定資産のあるべき帳簿価額を算出することとしました。その結果は以下の通りです。

┃ あるべき帳簿価額の算出（サマリ）

（千円）	X6/3 末 （基準日）	あるべき 帳簿価額＊	調整額
有形固定資産			
建物	58,255	23,383	△ 34,872
建物附属設備	24,328	12,473	△ 11,854
車両運搬具	34,293	34,293	－
工具器具備品	44,323	44,323	－
無形固定資産			
ソフトウェア	8,569	8,569	－
合計	169,767	123,041	△ 46,726

出所：「固定資産台帳」

＊固定資産台帳上の取得日、取得価額、償却方法、耐用年数を
　基に当社が独自に再計算

（6）　店舗別損益を取りまとめる

　固定資産はそれを利用することで収益を生み出し、投資を回収することから、対象会社の運営している店舗別の損益実績等を以下の通りまとめました。

▌店舗別損益の推移

（千円）	X3/3 期	X4/3 期	X5/3 期	X6/3 期
ABC 店				
売上高	4,312	3,497	3,217	2,491
営業利益	122	△ 132	△ 2,431	△ 5,421
減価償却費	2,231	1,970	1,593	1,298
営業 C/F（営業利益＋減価償却費）	2,353	1,838	△ 838	△ 4,123
CDE 店				
売上高	13,154	10,962	15,161	12,193
営業利益	3,379	2,149	1,283	2,653
減価償却費	5,560	4,903	3,992	3,286
営業 C/F（営業利益＋減価償却費）	8,939	7,052	5,277	5,939
EFG 店				
売上高	–	–	124	5,030
営業利益	–	–	△ 838	△ 2,432
減価償却費	–	–	212	1,947
営業 C/F（営業利益＋減価償却費）	–	–	△ 626	△ 485
本社/その他				
売上高	542	846	235	1,239
営業利益	△ 1,221	△ 124	△ 459	△ 3,489
減価償却費	6,182	5,620	4,257	1,983
営業 C/F（営業利益＋減価償却費）	4,961	5,496	3,798	△ 1,506

出所：「部門別損益」

（7）　遊休資産、事業運営に直接必要のない資産の有無を確認する

　対象会社の保有する固定資産について遊休の固定資産、休止中の固定資産、事業運営に利用されていない固定資産の有無について確認します。

　対象会社にヒアリングしたところ、対象会社が保有している大阪の土地については、遊休となっており、今後の利用見込みも現状では立っていないという回答を得ました。

STEP 2 情報を分析・検証する

STEP1 である程度情報が取りまとまってきたら，集計した情報等を基に分析及び検証します。

(1) 保有している固定資産の内容を把握する

① ABC店について

ABC店は、商業用ビルの1フロアを賃借し、そこに内装、給排水設備等を設置することで営業しています。そのため、一定規模の建物付属設備や工具器具備品に対する投資がなされています。また、固定資産台帳で確認したところ、ABC店で保有している主要な資産は、オープン時の7年前に取得されているものであり、その後大きな投資はなされていないことがわかりました。

このことから、ABC店は老朽化が進んでおり、その結果として集客効果も薄れてきており、収益性も著しく低下してきていることが想定されます。また、収益性を回復させるために、M&A後の遠くない時期に大規模な投資が必要となる可能性もあります。

この分析を踏まえ、対象会社に質問したところ、収益性が年々低下しており、修繕費用もかさんでいるとのことでした。また、現状では新規の投資や業態変更、撤退等の判断ができていない状態であるとの回答も得ました。

▍ABC店の有形・無形固定資産残高推移

(千円)	X3/3末	X4/3末	X5/3末	X6/3末
ABC店				
建物	-	-	-	-
建物附属設備	6,336	6,019	5,718	5,432
車両運搬具	3,455	2,557	1,892	1,400
工具器具備品	4,443	3,687	3,061	2,540
土地	-	-	-	-
ソフトウェア	-	-	-	-
合計	14,234	12,263	10,671	9,372

▍ABC店損益の推移

(千円)	X3/3期	X4/3期	X5/3期	X6/3期
ABC店				
売上高	4,312	3,497	3,217	2,491
営業利益	122	△ 132	△ 2,431	△ 5,421
減価償却費	2,231	1,970	1,593	1,298
営業 C/F	2,353	1,838	△ 838	△ 4,123

② CDE店について

CDE店は、自社保有の土地の上に建物を建設し自社保有物件を店舗として利

126

用しています。そのため、CDE店で保有している固定資産の残高は多額になっています。

　CDE店の店舗別損益は他の店舗と比較してその規模が大きいことから、売上高も大きく、フラッグシップ店舗として一定の集客効果もあるため、過去の推移としては一定の売上高、営業利益を計上し続けています。

　ただし、過去4期の推移の営業キャッシュ・フロー（簡便的に営業利益＋減価償却費で計算）をみると、5百万円から9百万円程度で推移しており、緩やかに下降局面にあります。このキャッシュ・フローの水準と固定資産の残高とを比較すると、営業C/Fの約12倍から19倍程度の水準になっています。

　この水準が投資回収として十分かどうかの最終的な判断は買い手がすべきものでありますが、その意思決定に影響を与える可能性がある情報としては有用なものとなります。

　また、CDF店の所在している土地については含み益があったため、買い手の意思決定としては、M&A後に店舗を閉鎖し、不動産を売却するという選択肢も考えられます。

▌CDE店の有形・無形固定資産残高推移

（千円）	X3/3末	X4/3末	X5/3末	X6/3末
CDE店				
建物	16,916	16,409	15,916	15,439
建物附属設備	9,961	9,463	8,989	8,540
車両運搬具	8,884	6,574	4,865	3,600
工具器具備品	9,340	7,752	6,434	5,340
土地	65,000	65,000	65,000	65,000
ソフトウェア	-	-	-	-
合計	110,101	105,198	101,204	97,919

▌CDE店損益の推移

（千円）	X3/3期	X4/3期	X5/3期	X6/3期
CDE店				
売上高	13,154	10,962	15,161	12,193
営業利益	3,379	2,149	1,283	2,653
減価償却費	5,560	4,903	3,992	3,286
営業C/F	8,939	7,052	5,275	5,939

▌土地の明細

勘定科目	所在地	地番	用途	面積(m²)	X6/3末簿価	固定資産税評価額	評価額※	評価差額
土地	東京都····	＊＊＊＊＊	本社	＊＊＊	150,000	171,429	244,898	94,898
	東京都····	＊＊＊＊＊	CDE店	＊＊＊	65,000	54,365	77,665	12,665
	大阪府····	＊＊＊＊＊	遊休	＊＊＊	100,000	43,349	61,926	△38,074
土地計					315,000	269,143	384,489	69,489

出所：「勘定科目内訳書」「全部事項証明書」「X5年度土地・家屋名寄帳」「固定資産税評価額」
＊　簡便的に固定資産税評価額を0.7で割り戻した金額を評価額としている

③ EFG 店について

　EFG 店は X5 年 3 月期の期中に新しいコンセプトのもと出店された店舗となります。具体的には、店内のオペレーションをできる限り自動化し、従業員数や設備投資をできる限り抑えるためのテスト店舗としてオープンされたものでした。

　そのため、固定資産の残高としては他の店舗と比較し内装費用等を抑えているものとなっていました。一方、オペレーションを自動化するために開発したソフトウェアが計上されていることも特徴の一つとなっています。

　出店直後のため、EFG 店の売上高の水準は未だ低く、利益も赤字となっています。

　当該店舗については、出店後間もなく、テスト店舗であり、収益への貢献を一律に測りにくいことから、一般的には評価が非常に難しいものとなります。そのような中でも、買い手が評価に必要な情報や M&A 後の取り扱いを判断できるような情報を収集し、報告することが重要です。

▌EFG 店の有形・無形固定資産残高推移

（千円）	X3/3 末	X4/3 末	X5/3 末	X6/3 末
EFG 店				
建物	－	－	－	－
建物附属設備	－	－	532	447
車両運搬具	－	－	－	－
工具器具備品	－	－	6,200	5,425
土地	－	－	－	－
ソフトウェア	－	－	5,432	4,346
合計	－	－	12,164	10,218

▌EFG 店損益の推移

（千円）	X3/3 期	X4/3 期	X5/3 期	X6/3 期
EFG 店				
売上高	－	－	124	5,030
営業利益	－	－	△838	△2,432
減価償却費	－	－	212	1,947
営業 C/F	－	－	△626	△486

(2)　保有している土地について時価評価を実施する

　STEP1 で土地の時価に関する情報を収集しました。買い手と相談の上、本調査においては、所有している土地について、簡便的に直近の固定資産税評価額を 0.7 で割り戻した金額を基準日時点の時価とし、帳簿価額と比較することとしました。その結果は以下のように純額で 69,489 千円の含み益を有していることがわかりました。そのため、当該金額を実態純資産の調整項目として報告することとしました。

土地の明細

勘定科目	所在地	地番	用途	面積（m²）	X6/3末 簿価	固定資産税 評価額	評価額 ＊1	評価差額	共同担保
土地	東京都····	＊＊＊＊＊	本社	＊＊＊	150,000	171,429	244,898	94,898	A
	東京都····	＊＊＊＊＊	CDE店	＊＊＊	65,000	54,365	77,665	12,665	
	大阪府····	＊＊＊＊＊	遊休	＊＊＊	100,000	43,349	61,926	△ 38,074	－
土地計					315,000	269,143	384,489	69,489	

出所：「勘定科目内訳書」「全部事項証明書」「X5 年度土地・家屋名寄帳」「固定資産税評価額」
＊ 1　簡便的に固定資産税評価額を 0.7 で割り戻した金額を評価額とみなしている

（3）　過去の償却不足額を調整する

　STEP1 で固定資産の減価償却費計算において、過去に償却を停止している等の理由で償却不足額が生じていることが判明しています。そのため、本調査において減価償却累計額を再計算した固定資産の「あるべき帳簿価額」と帳簿価額の差額△ 46,726 千円について実態純資産の調整項目として報告することとしました。

あるべき帳簿価額の算出（サマリ）

（千円）	X6/3末 （基準日）	あるべき 帳簿価額＊	調整額
有形固定資産			
建物	58,255	23,383	△ 34,872
建物附属設備	24,328	12,473	△ 11,855
車両運搬具	34,293	34,293	－
工具器具備品	44,323	44,323	－
無形固定資産			
ソフトウェア	8,569	8,569	－
合計	169,768	123,041	△ 46,726

出所：「固定資産台帳」
＊固定資産台帳上の取得日、取得価額、償却方法、耐用年数を
　基に当社が独自に再計算

有形・無形固定資産（抜粋）

Summary

・土地に関して、時価と帳簿価額との差額 69,489 千円を、実態純資産の調整項目とした。

・過年度の減価償却不足額△ 46,726 千円を実態純資産の調整項目とした。

・本社建物及び本社土地については、○×銀行からの借入金に対して根抵当権が設定されている。

・対象会社が保有している大阪の更地は、遊休資産であり、今後の利用見込みは現状では立っていないとのことである。

有形・無形固定資産

（千円）	X3/3末	X4/3末	X5/3末	X6/3末	調整額	X6/3末 調整後残高
有形固定資産						
建物	84,056	74,386	65,828	58,255	△34,872	23,383
建物附属設備	25,786	35,324	32,112	24,328	△11,854	12,473
車両運搬具	36,349	49,793	45,267	34,293	–	34,293
工具器具備品	46,980	64,357	58,506	44,323	–	44,323
土地簿価	315,000	315,000	315,000	315,000	69,489	384,489
有形固定資産計	508,171	538,860	516,713	476,199	22,763	498,961
無形固定資産						
ソフトウェア	5,673	4,320	9,926	8,569	–	8,569
無形固定資産計	5,673	4,320	9,926	8,569	–	8,569
合計	513,845	543,179	526,639	484,767	22,764	507,531

出所：「固定資産台帳」

土地の明細

勘定科目	所在地	地番	用途	面積(m²)	X6/3末簿価	固定資産税評価額	評価額＊	評価差額	共同担保
土地	東京都……	＊＊＊＊＊	本社	＊＊＊	150,000	171,429	244,898	94,898	A
	東京都……	＊＊＊＊＊	CDE店	＊＊＊	65,000	54,365	77,665	12,665	–
	大阪府……	＊＊＊＊＊	遊休	＊＊＊	100,000	43,349	61,926	△38,074	–
土地計					315,000	269,143	384,489	69,489	

出所：「勘定科目内訳書」「全部事項証明書」「X5 年度土地・家屋名寄帳」「固定資産税評価額」

＊　簡便的に固定資産税評価額を 0.7 で割り戻した金額を評価額とみなしている

担保

登記の目的	債務者	順位	受付年月日	根抵当権者	極度額（千円）	債権の範囲	担保
根抵当権設定	対象会社	1番抵当	XX/XX/XX	○×銀行	XXXXXX	証書貸付取引	A

出所：「全部事項証明書」

[建物]
▶建物は本社ビル及び店舗用のビルである。
▶本社ビルについては、○×銀行からの借入金に対して根抵当権が設定されている。

[土地]
▶土地は本社及び店舗用地、大阪の更地を保有している。
▶大阪の土地については遊休となっており、今後の利用見込みも現状では立っていないとのことである。
▶本社土地については、○×銀行からの借入金に対して根抵当権が設定されている。
▶本報告書では、土地については、X05年度の固定資産税評価額の0.7で除した金額を時価と想定して評価し、帳簿価額との差額69,489千円について、実態純資産の調整項目とした。

[ソフトウェア]
▶ソフトウェアは店舗管理システム及び、店舗自動化のための業務用システムである。
▶X5/3期のソフトウェア残高が増加しているのは、店内のオペレーションをできる限り自動化をし、従業員数や設備投資をできる限り抑えるためのテスト店舗向けの新たなソフトウェアを開発したためである。

[減価償却]
▶対象会社では過去に減価償却を停止、若しくは償却限度内で過少に計上したことがあるとのことである。
▶本調査においては、当社が算定したあるべき帳簿価額と基準日の帳簿価額との差額△46,726千円を実態純資産の調整項目とした。

▌あるべき帳簿価額の算出（サマリ）

（千円）	X6/3 末 （基準日）	あるべき 帳簿価額＊	調整額
有形固定資産			
建物	58,255	23,383	△ 34,872
建物附属設備	24,328	12,473	△ 11,855
車両運搬具	34,293	34,293	－
工具器具備品	44,323	44,323	－
無形固定資産			
ソフトウェア	8,569	8,569	－
合計	169,768	123,041	△ 46,726

出所：「固定資産台帳」
＊固定資産台帳上の取得日、取得価額、償却方法、耐用年数を基に当社が独自に再計算

有形・無形固定資産 (抜粋)

Summary

・ABC 店及び EFG 店について、2 期連続営業赤字、かつ、営業キャッシュ・フローがマイナスとなっており減損会計を適用すると、減損損失が計上される可能性に留意する必要がある。

・ABC 店・EFG 店において、撤退を検討する必要がある点に留意が必要である。

・各店舗について、過去 3 年は大きな設備投資はない。

▌ 店舗別の有形・無形固定資産残高推移

（千円）	X3/3末	X4/3末	X5/3末	X6/3末
ABC 店				
建物	–	–	–	–
建物附属設備	6,336	6,019	5,718	5,432
車両運搬具	3,455	2,557	1,892	1,400
工具器具備品	4,443	3,687	3,061	2,540
土地	–	–	–	–
ソフトウェア	–	–	–	–
合計	14,234	12,263	10,671	9,372
CDE 店				
建物	16,916	16,409	15,916	15,439
建物附属設備	9,961	9,463	8,989	8,540
車両運搬具	8,884	6,574	4,865	3,600
工具器具備品	9,340	7,752	6,434	5,340
土地	65,000	65,000	65,000	65,000
ソフトウェア	–	–	–	–
合計	110,101	105,198	101,204	97,919
EFG 店				
建物	–	–	–	–
建物附属設備	–	–	532	447
車両運搬具	–	–	–	–
工具器具備品	–	–	6,200	5,425
土地	–	–	–	–
ソフトウェア	–	–	5,432	4,346
合計	–	–	12,164	10,218
本社/その他				
建物	15,343	14,576	13,847	13,155
建物附属設備	4,532	3,626	2,900	2,320
車両運搬具	7,432	4,955	3,303	2,202
工具器具備品	534	356	237	534
土地	250,000	250,000	250,000	250,000
ソフトウェア	6,453	5,163	4,130	4,223
合計	284,294	278,676	274,417	272,434
固定資産計	XXXXX	XXXXX	XXXXX	XXXXX

出所：「固定資産台帳」

▌店舗別損益の推移

（千円）	X3/3期	X4/3期	X5/3期	X6/3期
ABC 店				
売上高	4,312	3,497	3,217	2,491
営業利益	122	△ 132	△ 2,431	△ 5,421
減価償却費	2,231	1,970	1,593	1,298
営業 C/F	2,353	1,838	△ 838	△ 4,123
CDE 店				
売上高	13,154	10,962	15,161	12,193
営業利益	3,379	2,149	1,283	2,653
減価償却費	5,560	4,903	3,992	3,286
営業 C/F	8,939	7,052	5,275	5,939
EFG 店				
売上高	–	–	124	5,030
営業利益	–	–	△ 838	△ 2,432
減価償却費	–	–	212	1,947
営業 C/F	–	–	△ 626	△ 485
本社/その他				
売上高	542	846	235	1,239
営業利益	△ 1,221	△ 124	△ 459	△ 3,489
減価償却費	6,182	5,620	4,257	1,983
営業 C/F	4,961	5,496	3,798	△ 1,506

出所：「部門別損益」

［店舗別固定資産］

▶店舗別の固定資産の残高と、店舗別損益は左表の通りである。

▶ABC店は過去3期連続赤字である。売上が減少する他、修繕費用がかさみ、赤字幅が拡大しているとのことである。撤退等の判断はできていないとのことである。

▶CDE店は、フラッグシップ店舗として安定的に利益を計上している。

▶EFG店は、テスト店舗として設備投資を抑えてオープンされたものである。出店直後のため、営業赤字であるが、X7/3期には黒字化できる見込みとのことである。

▶本社/その他：本社売上はEC売上とのことである。移転によりコスト削減が可能との認識である。

有価証券投資

(1) 調査の着眼点（概要）

　貸借対照表上に計上される投資有価証券や出資金等の有価証券投資は、対象会社が保有する株式や社債、国債、投資信託について表示した勘定科目です。対象会社は投機目的、余剰資金の運用、株式持ち合い、取引関係の維持等、様々な目的により有価証券投資を行っていることがあります。

　有価証券投資は譲渡や払い戻しにより換金することが可能です。対象会社が事業に直接関係ない投資を行っている場合には、事業価値に加えて、有価証券の価値が企業価値に加算されることもあるため、財務 DD においてはその評価をどのように考えるかが重要となってきます。

　有価証券投資を調査するにあたっては、投資の実情や目的等を踏まえ、これらが実際に存在する資産であるのかどうか、有価証券が適切な金額で計上されているかどうかといったように対象会社の実態純資産への影響の観点から調査を進めていきます。

(2) 投資有価証券の主要な内訳を確認し、保有目的及び売却可能性を確認する

　まず対象会社が保有する有価証券・出資金等の主な内容を確認します。有価証券投資は、上場株式のような市場価格のある有価証券と市場価格のない有価証券があります。また、有価証券の保有目的も、純粋な投機目的であるのか、運用目的であるのか、投資先と事業上の関係性を継続するための投資であるのか等その保有目的も様々です。

　対象会社の行っている有価証券投資の状況を把握し、投資の目的や背景事情、M&A 後の売却可能性についても情報を収集します。

(3)　有価証券投資の実在性を確認する

　対象会社において保有している投資有価証券や出資金等の有価証券投資が実在し、対象会社の資産として帰属するものであるかを確認します。

　投資先が株券や出資証券等のように、投資者の権利を表章する証券を発行している場合にはその証券の現物を確認することで、投資の実在性を確認できます。

　証券の現物を発行していない時であっても、例えば証券会社が発行する取引報告書や、投資先等からの配当金計算書、社債原簿、投資契約書等によりその事実を確認できることもあります。

　調査を進めるにあたっては、どのような投資であるかを理解のうえで、金融商品に応じた証憑の確認をすることになります。

(4)　有価証券投資に対する評価を検討する

　対象会社が保有する有価証券等について、その保有目的や金融商品の種類に応じて、評価を検討します。

①　上場株式等の市場価格若しくはそれに準ずる価格のある有価証券等

　上場株式等の市場価格のある有価証券については、基準日時点の時価により株式を評価します。具体的にはインターネットなどから入手できるヒストリカルデータや証券会社から送付されてくる資料等により、基準日時点における株価等の時価情報を把握します。市場価格のある有価証券として代表的なものには上場株式がありますが、投資信託や社債等の金融商品であっても基準価格等のように時価や時価に準ずる情報が入手できることがあります。

②　市場価格のない有価証券等

　「金融商品に関する会計基準」では市場価格のない株式等について、取得原価をもって貸借対照表価額とし、財政状態の悪化により実質価額が著しく低下した場合には相当の減額をすることとされています。一般に実質価額（１株当

たりの純資産額に所有株式数を乗じた金額）が取得原価に対して 50 ％程度以上下落した場合には、回復可能性が認められる場合を除いて減損処理が行われます。

　財務 DD において、実態純資産額を適切に把握するという観点からは、必ずしも上記の会計基準による必要はありません。投資先の状況や依頼主である買い手の意向等を踏まえてより実質的な判断を行うことになります。

　その判断によっては、投資先の直近の財務諸表から把握される 1 株当たりの純資産額により評価する場合もあれば、帳簿価額により評価する場合、実質的に回収不能として 0 円で評価を行う場合等様々な方法が実務上行われています。

(5)　担保・質権設定状況を確認する

　有価証券投資の保有が事業運営上必須ではない場合には、依頼主である買い手は M&A 後に処分等を行うことで換金することを検討することがあります。また、実際に即時に換金しないにしても、いつでも換金可能な資産であるかどうかを把握することは重要です。

　前述のように、取引関係の継続に必要な投資である場合には、容易に換金可能ではありません。また、銀行等に借入金の担保として有価証券を差し入れている場合や、取引先の株式を実質的に取引保証金として取引先に差し入れている場合等、自由処分権に制約がある場合があります。対象会社への質問や担保差し入れ証の確認等によりその事実を把握することは重要です。

STEP1　情報を収集し整理する

(1)　対象会社で計上されている投資有価証券の残高を確認する

　対象会社の決算書や勘定科目内訳書、対象会社から提出された有価証券明細等を基に、対象会社の保有する投資有価証券に関する情報をまとめたところ以下の通りでした。

投資有価証券

（千円）	X3/3末		X4/3末		X5/3末	
	株式数（株）	残高	株式数（株）	残高	株式数（株）	残高
（非上場株式） ○○商事	100	13,500	100	13,500	100	13,500
（上場株式） □□ホールディングス △△製作所 ××製鋼	800 100 29,800	2,000 250 14,900	900 100 29,900	2,250 250 14,950	1,000 100 30,000	2,500 250 15,000
投資有価証券　計	－	30,650	－	30,950	－	31,250

出所：「決算報告書」「勘定科目内訳明細書」「取引報告書他」

(2)　有価証券の所有目的及び投資先との関係性を把握する

　対象会社が有価証券を保有している投資先について、対象会社との取引関係や、取締役の兼任の有無、株主の投資状況等の人的・資本的な関係、株式保有に至った経緯について対象会社に対して質問したところ以下のような回答を得ました。

	○○商事	□□ホールディングス	△△製作所	××製鋼
対象会社の事業との関連性	対象会社のオーナーの友人	特段関係性なし	同業他社	主要販売先
株式取得の背景	10年ほど前に、オーナーと旧知の仲であった○○商事の社長より、財務状況が苦しいため、出資をしてほしい旨依頼を受け、出資に応じたものである。	対象会社のオーナーが注目する事業を行っており、余資運用の範囲内で株式を取得している。	最新の業界動向等を把握するために上場している同業他社の株式を一部保有することとした。	主要販売先の取引先持株会へ参加しており、毎年100株ずつ取得する契約となっている。
役員兼務状況	−	−	−	−
人的・資本関係	−	−	−	−
処分可能性	非上場株式であることから市場での売却は困難であり、相対により売却先を見つけるしかない。取得の経緯を踏まえると○○商事のオーナーに買い取ってもらうことも難しいのではないかと思われる。	投資目的の保有であるため、自由に処分は可能である。	情報収集目的の保有であるため、自由に処分は可能である。	取引先持ち株会の規約上毎期取得する株式数は定まっているものの、特段処分に関する取り決めはない。そのため処分は可能であると思われるが、××製鋼との関係性には注意が必要と思われる。

(3) 評価に関する情報を入手する

上場有価証券については、取引報告書及びインターネットからの情報に基づき、基準日における時価を計算しました。

▌投資有価証券の時価評価

	保有株式数（株）	X5/3末帳簿価額（千円）	1株当たり価額（円）	基準日株価（円）	X5/3末時価評価（千円）	評価差額（千円）
上場株式						
□□ホールディングス	1,000	2,500	2,500	1,500	1,500	△1,000
△△自動車	100	250	2,500	5,000	500	250
××製鋼	30,000	15,000	500	1,500	45,000	30,000
上場株式　計	−	17,750	−	−	47,000	29,250

出所：「決算報告書」「勘定科目内訳書」「取引報告書他」「インターネットサイト◇◇の時価情報」

　非上場株式○○商事の直近の財務諸表を入手し、下記の通り 1 株当たりの純資産額を計算し、持分純資産額を計算しました。

	○○商事
①保有株式数（株）	100
② X5/3 末 帳簿価額（千円）	13,500
③直近 BS の純資産額（千円）	40,000
④発行済み株式総数（株）	500
⑤ 1 株当たり純資産額（円）（③÷④）	80,000
⑥持分純資産額（千円）（⑤×①）	8,000

出所：「○○商事決算報告書」

STEP2 　情報を分析・検証する

　STEP1 である程度情報が取りまとまってきたら、集計した情報等を基に分析及び検証をします。

（1）　有価証券の残高が各種証憑と一致しているか確認する

　貸借対照表上に計上している有価証券保有株式数等の残高について、取引報告書や配当金計算書等との一致を検証します。

　下記のように、□□ホールディングス及び△△製作所については○○証券会社を通じて株式を取得しているため、○○証券会社から送付されてきた取引残高報告書と照合しました。

　また、××製鋼については取引先持株会を経由して株式を取得していることから、上記の取引残高報告書には記載がありません。そのため、毎期の配当の際に持株会より送付されてくる年間配当金計算書と照合することとしました。

　非上場株式である○○商事については、上場していないことから、取引残高報告書のような書類はなく、また配当実績もないことから配当金計算書や支払調書についてもありませんでした。しかし、株式取得時に作成した株式申込証に取得株式数の記載があったため、当該書類と照合しました。

　上記の手続の結果、対象会社が認識していた株式数との相違はありませんでした。

▌投資有価証券の時価評価

	保有株式数 （株）	X5/3末 帳簿価額 （千円）	1株当たり 価額（円）	基準日 株価（円）	X5/3末 時価評価 （千円）	評価差額 （千円）
上場株式						
□□ホールディングス	1,000	2,500	2,500	1,500	1,500	△ 1,000
△△自動車	100	250	2,500	5,000	500	250
××製鋼	30,000	15,000	500	1,500	45,000	30,000
上場株式　計	-	17,750	-	-	47,000	29,250

出所：「決算報告書」「勘定科目内訳書」「取引報告書他」「インターネットサイト◇◇の時価情報」

▌取引残高報告書（サンプル）

取引残高報告書

保有証券一覧　　　　　　　　　　　　　　　　　　　　　　　　　○○証券株式会社 ××支店

■当社お預り証券一覧(詳細)

商品分類		証券詳細		取得状況		現在状況	
商品 種別	銘柄コード	銘柄名称	数量	取得単価(円)		現在値	参考評価額（円）
	通貨			取得日			
国内 株式	X620 JPY	□□ホール ディングス	1,000 株	2,500		1,500	1,500,000
国内 株式	X580 JPY	△△自動車	100 株	2,500		5,000	500,000

▌配当金計算書（サンプル）

××製鋼　持株会　XX年分

年間配当金計算書

XX年X月X日

持株会名　：×製鋼取引先持株会
銘柄　　：××製鋼

住所　　東京都○○市△-△

支払日	種類	決算期	株　　数	配当金の額	所得税	地方税	税引後配当金	備考
月　　日		年　月						
X　　X	略	X　X	30,000株	○○円	△円	△円	○○円	

（2）　基準日時点の時価評価を行い、評価差額を算出する

　STEP1 で把握した通り、上場株式については基準日時点の時価、非上場株式については直近の貸借対照表に基づく持分純資産額で評価することとし、以下の通り、基準日における帳簿残高 31,250 千円に対して、評価後の残高は 55,000 千円となっており評価差額23,750千円については実態純資産の調整項目として報告することとしました。

▌投資有価証券

（千円）	X3/3 末		X4/3 末		X5/3 末		X5/3 末 評価後残高	評価差額
	株式数（株）	残高	株式数（株）	残高	株式数（株）	残高		
（非上場株式） ○○商事	100	13,500	100	13,500	100	13,500	8,000	△ 5,500
（上場株式） □□ホールディングス	800	2,000	900	2,250	1,000	2,500	1,500	△ 1,000
△△製作所	100	250	100	250	100	250	500	250
××製鋼	29,800	14,900	29,900	14,950	30,000	15,000	45,000	30,000
投資有価証券　計		30,650		30,950		31,250	55,000	23,750

出所：「決算報告書」「勘定科目内訳明細書」「取引報告書他」「インターネットサイト◇◇の時価情報」

投資有価証券 （抜粋）

Summary

・対象会社の保有する有価証券に関して、時価と帳簿価額との差額 23,750 千円を、実態純資産の調整項目とした。

・□□ホールディングス株式及び△△製作所株式はいずれも非事業性資産と考えられ、その売却についての制約もない。

▌投資有価証券

（千円）	X3/3 末		X4/3 末	
	株式数（株）	残高	株式数（株）	残高
（非上場株式） ○○商事	100	13,500	100	13,500
（上場株式） □□ホールディングス △△製作所 ××製鋼	800 100 29,800	2,000 250 14,900	900 100 29,900	2,250 250 14,950
投資有価証券 計	－	30,650	－	30,950

出所：「決算報告書」「勘定科目内訳明細書」「取引報告書他」「インターネットサイト◇◇の時価情報」

▌投資有価証券の時価評価

	保有株式数（株）	X5/3 末帳簿価額（千円）	1 株当たり価額（円）
上場株式 　□□ホールディングス 　△△自動車 　××製鋼	1,000 100 30,000	2,500 250 15,000	2,500 2,500 500
上場株式 計	－	17,750	－

出所：「決算報告書」「勘定科目内訳書」「取引報告書他」「インターネットサイト◇◇の時価情報」

	○○商事
①保有株式数（株）	100
② X5/3 末 帳簿価額（千円）	13,500
③直近 BS の純資産額（千円）	40,000
④発行済み株式総数（株）	500
⑤ 1 株当たり純資産額（円）（③÷④）	80,000
⑥持分純資産額（千円）（⑤×①）	8,000

出所：「○○商事決算報告書」

X5/3末		X5/3末評価後残高	評価差額
株式数（株）	残高		
100	13,500	8,000	△ 5,500
1,000	2,500	1,500	△ 1,000
100	250	500	250
30,000	15,000	45,000	30,000
	31,250	55,000	23,750

基準日株価（円）	X5/3末時価評価（千円）	評価差額（千円）
1,500	1,500	△ 1,000
5,000	500	250
1,500	45,000	30,000
－	47,000	29,250

[投資有価証券]

▶対象会社の所有する投資有価証券は左表の通りである。

▶保有している有価証券の基準日時点の株式数について取引残高報告書や配当金計算書等の証憑書類と照合し、すべて一致していることを確認した。

▶○○商事の株式は10年程前に、対象会社のオーナーと旧知の仲であった○○商事の社長より財務的な出資を要請され、増資に応じたものである。

▶□□ホールディングス株式は余資運用目的、△△製作所株式は情報収集目的に保有しているものであり、その売却には、特段の制約はないとのことであるため、非事業性の資産であると考えられる。

……。

▶対象会社が保有する投資有価証券について時価評価を行ったところ…略…となり、評価差額23,750千円を実態純資産の調整項目とした。

保険積立金

（1） 調査の着眼点（概要）

　保険積立金は、養老保険等の保険契約に従って支払った保険料の一部ないしは全部を資産として計上したものです。保険商品は、多種多様な契約が開発され、かつ保険契約の核となる保険部分と中途解約や満期時に返戻金が発生する積立部分があり複雑な商品となっています。厳密には保険商品ごとに保険部分と積立部分を区分し、どのように会計処理するかを検討することが必要ではありますが、この区分計算が極めて困難であることから、実務上は法人税法の規定に基づき会計処理されている場合が多くあります。

　保険商品のうち、満期返戻金や解約返戻金があり、一部ないしは全部が損金として認められるような商品については、将来の退職金への備えや節税効果等の観点から中小企業において多く導入されていました。一方、返戻金については一定の資産価値の存在が認められ、財務 DD の中ではこれらの情報をもとに評価が行われることが多くあります。

　また、保険商品は複雑であり、様々な保険商品が開発されているため、法人税法上の取り扱いが不明確な商品や、法人税法に照らして誤った会計処理が採用されている場合も少なからず存在し、潜在的な税務リスクが存在していることもある点に注意が必要と言えます。

（2） 保険契約の会計処理方針について理解する

　対象会社が契約している保険契約についてどのような会計処理が行われているのかを理解します。多くの場合、保険契約は法人税法の規定に従って処理を

行っているため、以下では法人税法に基づく主要な保険契約に関する会計処理を見てみたいと思います。ただし、保険契約にかかる法人税法や通達上の取り扱いは極めて複雑であるため、以下の記載はあくまで一例であることにご留意ください。

▌契約者：法人、被保険者：役員・従業員の場合の経理処理例（参考）

	満期保険金 受取人	死亡保険金 受取人	経理処理
定期保険※ （いわゆる掛捨型の保険）	―	法人	損金算入
		遺族	損金算入
終身保険 （いわゆる積立型の保険）	―	法人	資産計上
		遺族	役員報酬・給与
養老保険 （定期保険と終身保険を 組み合わせた保険）	法人		資産計上
	本人	遺族	役員報酬・給与
	法人	遺族	1/2 資産計上 1/2 損金計上
	遺族	法人	1/2 役員報酬・給与 1/2 損金計上

※定期保険等の保険料に相当多額の前払部分の保険料が含まれる場合を除く

（3）　保険契約（主に生命保険）を網羅的に把握する

　保険契約（とりわけ、満期や中途解約により返戻金が発生するもの）について適切に評価をするためには、まずは保険契約を網羅的に把握することが必要です。対象会社によって加入済みの保険が一覧化されている場合にはその資料を利用できますが、対象会社によって一覧が作成されていないような場合には、貸借対照表に計上されている保険積立金や損益計算書の保険料等の勘定分析を基礎情報として把握することもあります。特にいわゆる全損型の保険（保険料の総額が損金として処理することが認められる保険）で返戻金があるものについては、純資産評価に与える影響も大きく特に注意が必要です。

　なお、生命保険の他に火災保険・地震保険にも解約返戻金があるものもあり、それらの財務DD上での取り扱いについて、買い手と相談した上でどのようにするのか検討する必要がある点にも留意が必要です。

（4）　保険契約の内容を把握する

　保険契約の内容は、保険会社により様々な保険商品が開発され、複雑な設計となっていることも少なくありません。財務 DD にあたっては、重要な保険について、保険証券、その他資料を閲覧し、少なくとも保険の対象、契約者・被保険者・受取人、解約返戻金の有無等を把握することが有用です。

　このようにして把握した情報から、会計処理の妥当性、保険契約に伴う保険積立金等の評価方針等の検討を進めていきます。

（5）　付保の理由や解約の可否について検討する

　対象会社が加入している保険について、その保険の内容を踏まえて付保の理由、保険金額の妥当性等について調査を進めます。

　中小企業においては、保険契約が法人税等の節税対策やオーナー経営者の相続税対策・株価対策として利用される側面もあることから、対象会社の規模や事業特性等に照らして現在加入している保険契約が必要であるのか、付保は十分であるのか、過度な保障内容になっていないのか等を検討することが重要です。

　また、依頼主である買い手が不要であると考える保険契約については、M&A 後に解約することの可否や、解約時の違約金等の存在等もあらかじめ確認しておくことが必要です。

（6）　保険積立金の評価を行う

　対象会社が加入している保険について、満期若しくは解約等によって返戻金があるものについて、その評価額を検討します。

　前述の通り、単に保険契約といっても保険商品ごとに保険部分と積立部分が存在し、さらに特約等を組み合わせることで保険契約自体が複雑な金融商品となっています。厳密には、保険事故の発生可能性や、満期までの継続可能性、中途解約の可能性、返戻金の増加割合等種々の要素を考慮して時価を検討することが必要と考えられます。しかし、「金融商品会計に関する実務指針」や「金

融商品の時価等の開示に関する適用指針」では保険契約と密接な関係にあり、区分計算が極めて困難であることを理由に保険契約を金融商品会計や時価開示の対象外としています。そのため、財務 DD においても保険契約の時価を直接的に求めることは非常に困難であると考えられます。

とはいえ、返戻金のある保険契約に加入しており、帳簿価額と返戻金額に大きな乖離がある場合には、対象会社の実態純資産額を適切に表しているといい難く一定の評価方法による評価が必要とされる場合が一般的です。具体的には通常は基準日における解約返戻金の金額を入手若しくは試算して、その金額により評価する実務が多く行われています。

なお、基準日における解約返戻金の金額は、保険会社からの証明書や保険会社からの口頭による回答、保険設計時の設計資料、保険証券等から入手することができます。

（1）　対象会社の加入している保険、付保の状況を理解する

　対象会社の決算書や勘定内訳書、対象会社が作成した保険一覧、保険証券等から対象会社が契約している生命保険契約の概要と保険積立金の残高の推移を以下の通りまとめました。

❙ 生命保険契約明細

（単位：千円）

保険会社	保険種類	証券番号	契約者	被保険者	受取人	年間保険料	保険料の支払方法	保険積立金残高			
								X2/3末	X3/3末	X4/3末	X5/3末
○○生命	がん保険	2850042658	対象会社	A	対象会社	4,000	月払	10,000	12,000	14,000	16,000
△△生命	平準定期保険	1085064455	対象会社	A	対象会社	4,000	月払	8,000	10,000	12,000	14,000
□□生命	死亡保険	3005844400	対象会社	A	対象会社	1,000	月払	–	–	–	–
□□生命	普通養老保険	1000506	対象会社	B	対象会社	1,000	月払	4,000	4,500	5,000	5,500
□□生命	普通養老保険	1000507	対象会社	C	対象会社	1,000	月払	4,000	4,500	5,000	5,500
□□生命	普通養老保険	1000508	対象会社	D	対象会社	1,000	月払	4,000	4,500	5,000	5,500
□□生命	普通養老保険	1000509	対象会社	E	対象会社	1,000	月払	–	500	1,000	1,500
□□生命	普通養老保険	1000510	対象会社	F	対象会社	1,000	月払	–	500	1,000	1,500
合計	–	–	–	–	–	–	–	30,000	36,500	43,000	49,500

出所：「保険証券」「解約返戻金証明書」「勘定内訳書」

　上記の保険契約について、加入の経緯と目的について対象会社に対して質問をした結果以下のような回答を得ています。

　被保険者であるＡは対象会社の代表取締役社長です。Ａを被保険者として加入した保険は、自身にもしものことが起きた際に会社に一定額の保険金を入金させることで事業活動の維持継続のための資金とする目的で加入した保険であるとのことでした。また、副次的な効果として仮に保険事故が起きなくとも、将来の退職金にかかる原資として積み立て、保険料の損金算入による節税効果を得るためといった観点からも加入した保険であるとのことでした。

　一方Ａ以外が被保険者となっている保険は、いずれも対象会社の従業員に対する退職金の原資として積み立てているとともに、保険料の損金算入による節税効果を得る目的で加入しているものであるとのことでした。また、退職金の原資としての積み立てを行っている旨は従業員に対して伝えているとのことでした。

(2)　その他生命保険以外に加入している保険、付保の状況を理解する

　対象会社への質問及び保険料の総勘定元帳の閲覧により、対象会社は本社事務所、工場建物、所有する機械等への火災保険、自社製品の製造物責任（PL：Product Liability）に起因した損害賠償責任に備えた PL 保険に加入しているとのことでした。

　なお、いずれの保険もいわゆる掛け捨ての保険であり中途解約等に伴う返戻金はないとのことです。

　対象会社としては、これらの保険については必要十分な保険内容であると認識しているとのことでした。

STEP2　情報を分析・検証する

　STEP1 である程度情報が取りまとまってきたら、集計した情報等を基に分析及び検証をします。

(1)　保険契約の内容を確認し検証する

　STEP1 でまとめた保険契約について、保険証券や契約時の保険の設計資料を閲覧し、保険契約の内容を理解しました。

　内容としては特殊な保険契約はなく、通常の定期保険や養老保険等でした。また、設計時の資料や保険会社から提示されていた資料等も参考に会計処理についても検討しましたが、法人税法の規定に照らして税務処理が問題となるような会計処理を行っているものはありませんでした。

(2)　基準日時点における解約返戻金金額を試算する

　STEP1 で把握した保険契約について基準日時点の解約返戻金金額で評価を行うこととし、調査期間中に保険会社から返戻金金額の証明書を入手できたものは証明額で、それ以外の保険は保険証券の記載事項から基準日における解約返戻金の金額を試算しました。

保険証券（サンプル）

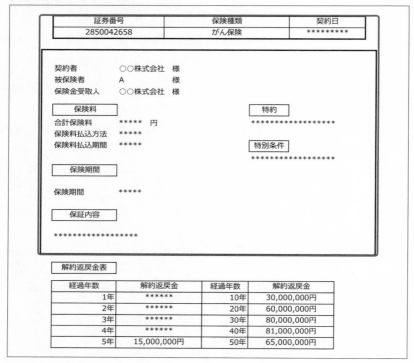

証券番号	保険種類	契約日
2850042658	がん保険	*********

契約者　　　　○○株式会社　様
被保険者　　　A　　　　　様
保険金受取人　○○株式会社　様

保険料

合計保険料　　　***** 円
保険料払込方法　*****
保険料払込期間　*****

特約

****

特別条件

****

保険期間

保険期間　　　*****

保証内容

****

解約返戻金表

経過年数	解約返戻金	経過年数	解約返戻金
1年	******	10年	30,000,000円
2年	******	20年	60,000,000円
3年	******	30年	80,000,000円
4年	******	40年	81,000,000円
5年	15,000,000円	50年	65,000,000円

この結果、基準日時点の解約返戻金による評価額合計は80,000千円と試算され、基準日における帳簿残高49,500千円との差額30,500千円については実態純資産の調整項目として報告することとしました。

生命保険契約明細

（単位：千円）

保険会社	保険種類	証券番号	契約者	被保険者	受取人	年間保険料	保険料の支払方法	X2/3末	X3/3末	X4/3末	X5/3末	X5/3末評価額	評価差額
○○生命	がん保険	2850042658	対象会社	A	対象会社	4,000	月払	10,000	12,000	14,000	16,000	30,000	14,000
△△生命	平準定期保険	1085064455	対象会社	A	対象会社	4,000	月払	8,000	10,000	12,000	14,000	26,000	12,000
□□生命	死亡保険	3005844400	対象会社	A	対象会社	1,000	月払	-	-	-	-	-	-
□□生命	普通養老保険	1000506	対象会社	B	対象会社	1,000	月払	4,000	4,500	5,000	5,500	8,000	2,500
□□生命	普通養老保険	1000507	対象会社	C	対象会社	1,000	月払	4,000	4,500	5,000	5,500	8,000	2,500
□□生命	普通養老保険	1000508	対象会社	D	対象会社	1,000	月払	4,000	4,500	5,000	5,500	8,000	2,500
□□生命	普通養老保険	1000509	対象会社	E	対象会社	1,000	月払	-	500	1,000	1,500	-	△1,500
□□生命	普通養老保険	1000510	対象会社	F	対象会社	1,000	月払	-	500	1,000	1,500	-	△1,500
合計	-	-	-	-	-	-	-	30,000	36,500	43,000	49,500	80,000	30,500

出所：「保険証券」「解約返戻金証明書」「勘定内訳書」

保険証券（サンプル）

証券番号	保険種類	契約日
2850042658	がん保険	＊＊＊＊＊＊＊＊＊

契約者　　　　○○株式会社　様
被保険者　　　A　　　　　　様
保険金受取人　○○株式会社　様

保険料

合計保険料　　＊＊＊＊＊　円
保険料払込方法　＊＊＊＊＊
保険料払込期間　＊＊＊＊＊

特約

＊＊＊＊＊＊＊＊＊＊＊＊＊＊＊＊＊＊＊

特別条件

＊＊＊＊＊＊＊＊＊＊＊＊＊＊＊＊＊

保険期間

保険期間　　　＊＊＊＊＊

保証内容

＊＊＊＊＊＊＊＊＊＊＊＊＊＊＊＊＊＊＊

解約返戻金表

経過年数	解約返戻金	経過年数	解約返戻金
1年	＊＊＊＊＊＊	10年	30,000,000円
2年	＊＊＊＊＊＊	20年	60,000,000円
3年	＊＊＊＊＊＊	30年	80,000,000円
4年	＊＊＊＊＊＊	40年	81,000,000円
5年	15,000,000円	50年	65,000,000円

解約返戻金証明書（サンプル）

○○株式会社　御中

△△生命保険株式会社

解約返戻金証明書

基準日現在、下記のとおりであることを証明いたします。

記

（基準日：×5年3月31日）

証券番号	第1085064455
契約日	××年×月×日
保険契約者	○○株式会社　様
保険種類（主契約）	平準定期保険
解約返戻金	26,000,000円
未経過保険料	＊＊＊＊＊＊＊＊＊＊＊＊＊＊＊＊＊

以上

保険積立金 （抜粋）

Summary

・保険積立金の基準日時点の帳簿価額と評価額との差額30,500千円を純資産の調整項目とした。

・代表取締役Ａを被保険者とする生命保険契約について、本取引実行後の取り扱いについて検討する必要がある。

[保険積立金]

▶下表は、対象会社が契約している生命保険に関して保険内容と会計処理、基準日における解約返戻金額をまとめたものである。

▶基準日時点の解約返戻金による評価額合計は80,000千円と試算され、基準日における帳簿残高49,500千円との差額30,500千円については実態純資産の調整項目とした。

▶なお、対象会社の契約している生命保険のうち代表取締役Ａを被保険者として加入したものは、自身に不測の事態がおきた時のための事業継続資金確保の目的や

■ 生命保険契約明細

保険会社	保険種類	証券番号	契約者	被保険者	受取人
○○生命	がん保険	2850042658	対象会社	A	対象会社
△△生命	平準定期保険	1085064455	対象会社	A	対象会社
□□生命	死亡保険	3005844400	対象会社	A	対象会社
□□生命	普通養老保険	1000506	対象会社	B	対象会社
□□生命	普通養老保険	1000507	対象会社	C	対象会社
□□生命	普通養老保険	1000508	対象会社	D	対象会社
□□生命	普通養老保険	1000509	対象会社	E	対象会社
□□生命	普通養老保険	1000510	対象会社	F	対象会社
合計	－	－	－	－	－

出所：「保険証券」「解約返戻金証明書」「勘定内訳書」

　　退職金の原資とする目的で加入したものであり、本取引の実行にあたっては、その取り扱いを検討する必要がある。また、その他の契約は……。

［その他保険契約］

▶上記の生命保険の以外にも対象会社は本社事務所、工場建物、所有する機械等への火災保険及び自社製品の製造物責任に起因した損害賠償に備えるための PL 保険に加入している。

▶これらの保険は……。

（単位：千円）

年間保険料	保険料の支払方法	保険積立金残高					
		X2/3 末	X3/3 末	X4/3 末	X5/3 末	X5/3 末評価額	評価差額
4,000	月払	10,000	12,000	14,000	16,000	30,000	14,000
4,000	月払	8,000	10,000	12,000	14,000	26,000	12,000
1,000	月払	–	–	–	–	–	–
1,000	月払	4,000	4,500	5,000	5,500	8,000	2,500
1,000	月払	4,000	4,500	5,000	5,500	8,000	2,500
1,000	月払	4,000	4,500	5,000	5,500	8,000	2,500
1,000	月払	–	500	1,000	1,500	–	△ 1,500
1,000	月払	–	500	1,000	1,500	–	△ 1,500
–	–	30,000	36,500	43,000	49,500	80,000	30,500

有利子負債

(1) 調査の着眼点（概要）

　有利子負債とは、会社が利息をつけて返済しなければならない負債であり、銀行からの借入金や社債、コマーシャルペーパー（CP）等が該当します。

　財務 DD においては、貸借対照表に計上されている有利子負債が実際に存在しているのか、貸借対照表には対象会社の有利子負債が漏れなく計上されているかといった 2 点を中心に検証していくことになります。

　また、金融機関からの借入を行うにあたって通常の金銭消費貸借契約ではなく、シンジケートローンや、コミットメントライン契約、私募債、劣後ローン、資本性劣後ローン、プロジェクトファイナンス等様々な契約形態があります。また、金銭消費貸借契約と同時に金利スワップ契約等のデリバティブ取引を組み合わせる場合もあります。契約条件によっては、対象会社の事業活動に制約等が起きる場合もあるため慎重に検討する必要があります。

(2) 有利子負債は実在し、残高は網羅的に計上されているかを確認する

　基準日時点における有利子負債が実在し、残高が適切に計上されているかを確認します。例えば、基準日における金融機関からの残高証明書が入手できる場合には、残高証明書を確認することで有利子負債の帳簿残高との一致を確認することができます。残高証明書を入手できない場合には、金銭消費貸借契約の内容や金融機関からの返済予定表、返済の記録等を総合的に確認して残高に関する心証を形成することもあります。借入金の残高は将来の事業収益を原資として返済する必要がある金額を示すため、重要な検証項目でもあり、依頼主

である買い手との間で残高証明を必須とするか等の実施手続について合意をしておく必要があります。

(3)　有利子負債の返済条件等の契約内容を把握する

金融機関等からの有利子負債には通常の金銭消費貸借契約のほか、シンジケートローンや、コミットメントライン契約、私募債、劣後ローン、資本性劣後ローン、プロジェクトファイナンス等のように特殊な契約形態となっているものがあるため、契約の内容を把握します。

例えば、金融機関とコミットメントライン契約を締結している場合には、あらかじめ設定された期間内に一定の融資枠内であれば審査なしで融資を受けられる契約であるため、対象会社がどの程度まで資金を調達しており、極度額までどの程度の調達余力があるかを把握することで対象会社の将来の資金繰り計画の策定に有用な情報となります。また、コミットメントライン契約には期限が定められていることが多く、一定の期限が到来したら一括弁済を求められる可能性もあり、これも対象会社における将来の資金繰り計画の策定に重要な情報です。

また、通常の金銭消費貸借契約であっても特殊な契約条項が付される場合もあります。調査の中で特に注意すべき契約条項としては例えば以下のようなものがあります。

▶財務制限条項※1
▶期限前弁済における違約金条項
▶調達資金の資金使途に関する条項
▶資産の処分制限に関する条項
▶抵当権や質権設定した資産の一方的な処分が可能な条項
▶事業内容の変更制限に関する条項
▶一定の組織再編行為等の制限に関する条項
▶チェンジオブコントロール条項（COC条項）※2

※1　財務制限条項

　　金銭消費貸借契約において債権者が債務者に対して付与する条件であり、債務者の財政状態、経営成績、キャッシュ・フローの状況等に関連して定めた基準条件に抵触した場合には、債務者は期限の利益を喪失し金融機関に対して即座に貸付金の返済を行うこと等の措置が講じられるような定めとなります。

　　財務制限条項の種類としては例えば以下のようなものがあります。

　　・純資産残高の維持に関する事項

　　・利益金額の維持に関する事項

　　・自己資本比率に関する事項

　　・有利子負債に関する一定の指標に関する事項

　　・格付維持に関する事項

　　・配当制限に関する事項

※2　チェンジオブコントロール条項（COC 条項）

　　チェンジオブコントロール条項（COC 条項）とは株主の変更等の経営権の変動がある場合に、他方の当事者による事前の承諾を必要としたり、他方の当事者によって契約を解除することができたり、一定の違約金や手数料等を支払わなければならなかったりする規定となります。

①　返済スケジュール・債務償還年数を確認する

　基準日に計上されている有利子負債の返済条件や返済予定表をもとに、有利子負債の返済がどのようなペースで行われ、いつまでに完済されるかを把握します。特に多額の弁済期限が直近に迫っている場合には、M&A 以後の資金繰りの計画や資本政策を検討するうえで重要な情報となります。

②　保証・担保の有無を確認する

　有利子負債に係る保証及び担保の状況について、金銭消費貸借契約証書の閲覧や対象会社への質問等により確認します。

　例えば、対象会社が中小企業の場合、対象会社のオーナーが、対象会社の借入に対し、連帯保証を行っていることがあります。M&A 成立の条件として、買い手側に当該連帯保証の解除が求められ、その際に金融機関から代わりの保証人の提供を求められることがあるので、留意が必要です。

　また、買い手が M&A 実行の前提として、売り手の所有している不動産を売

却することを企図していたとします。一方、当該不動産が借入金の担保として提供されていた場合、M&A 後に当初の企図通りに売却することはできない可能性があります。結果、買い手は当案件の実行をあきらめることになるかもしれません。

　このように、有利子負債に係る保証・担保の有無は、M&A 実行を決定するうえで重要な要件の一つとなります。

③　M&A 後に繰上返済を検討している場合には、期限前返済に関する制限の
　　有無を把握する

　依頼主である買い手の意向によっては、M&A 後に対象会社の借入金をより金利の低い他の金融機関への借り換えを行うことや、グループ内金融に切り替えることがあります。

　このような場合には、M&A 後に既存の借入金残高について繰上返済を行うことになりますが、金銭消費貸借契約書で期限前返済に関する一定の制限を付する条項が締結されている場合には、その実行の障害となる可能性があります。例えば、繰上返済時には、ペナルティとして一定の手数料を支払う条項が設けられている場合があります。

④　買収対象となっていない関係会社（親会社、子会社、兄弟会社等）や役員
　　等からの借入金の有無を確認する

　対象会社に、買収対象となっていない親会社や子会社、兄弟会社、その他オーナーや役員等からの借入金がある場合があります。対象会社が同一のグループ内にある場合には、単なるグループ間での資金移動に過ぎないため、細かい契約条件や返済スケジュール等が定められずにいる場合があります。

　M&A 後は関係会社や役員等からの借入金に対して、M&A 実行時に一括して弁済するのか、新たな返済条件を合意して一定期間内に返済する計画とするのかなどを依頼主である買い手が自身の資金や対象会社の将来の資金繰り等を踏まえて検討することが重要となります。通常このような合意は M&A の契約締結の一部として同時に検討されることとなります。

STEP1　情報を収集し整理する

(1)　対象会社のビジネスモデル、商流を理解する

　対象会社の会社案内やホームページ、FA や仲介会社より提供されている企業概要書、取引契約書等を閲覧し、対象会社のビジネスモデルや商流を理解します。これらを理解することで、対象会社の属する業種や業界において一般的に有利子負債はどのように取り扱われ、どのようなリスクがあるのかということを検討します。また、単に資料等の閲覧だけでなく、対象会社の経営者に事業内容や商流をヒアリングすることによっても、気づきを得ることもあります。

　例えば、業種等により有利子負債に関して以下のようなリスクを認識することがあります。

> ▶多店舗展開するサービス業であり、出店にあたっての初期投資は金融機関からの調達に頼ることが多く、事業の収益性に対して、多額の有利子負債を抱えている可能性がある。

> ▶事業の性質上、売上債権の回収サイトよりも仕入債務の支払サイトの方が長く、一定の運転資金を常に確保する必要がある。

(2)　対象会社の財務指標をまとめる

　対象会社の有利子負債に関する財務情報をまとめます。一般的には 3 期間から 5 期間程度の残高を比較することにより、残高の異常性の有無を確認していきます。

　例えば以下のような勘定科目残高の比較分析の資料を作成します。

▎借入金残高推移

（千円）	X2/3 末	X3/3 末	X4/3 末	X5/3 末	X5/6 末
短期借入金					
A 銀行	20,000	–	–	–	–
短期借入金　計	**20,000**	**–**	**–**	**–**	**–**
1 年以内返済予定長期借入金					
A 銀行	8,400	8,400	3,500	7,200	7,200
B 銀行	9,600	9,600	9,600	15,600	15,600
1 年以内返済予定長期借入金　計	**18,000**	**18,000**	**13,100**	**22,800**	**22,800**
長期借入金					
A 銀行	11,900	3,500	–	18,600	16,800
B 銀行	50,400	40,800	31,200	55,600	51,700
代表取締役 C 氏	30,000	30,000	30,000	30,000	30,000
長期借入金　計	**92,300**	**74,300**	**61,200**	**104,200**	**98,500**
借入金　計	**130,300**	**92,300**	**74,300**	**127,000**	**121,300**

出所：勘定科目内訳書

(3)　基準日現在の有利子負債の状況を概括的に把握する

　対象会社の有利子負債について、基準日現在、どのような状況になっているかを金銭消費貸借契約書等からまとめます。下表では、相手先別・契約別に契約条件等をまとめています。

▎X5/6 末における借入金の状況

（千円）	種類	当初元本	極度額	金利	元金返済額（千円/月）	借入日	返済期日	連帯保証人	担保の有無	X5/6 末	左記のうち 1 年内返済予定
短期借入金											
A 銀行	当座貸越	–	40,000	–	–	–	–	–	–	–	–
短期借入金　計	–	**–**	**–**	–	–	–	–	–	–	–	–
長期借入金（1 年以内返済予定長期借入金含む）											
A 銀行	証書貸付	30,000	–	1.20 %	600	X3/8/31	X8/9/30	–	あり	24,000	7,200
B 銀行	証書貸付	60,000	–	1.25 %	800	X2/3/31	X8/6/30	C 氏	なし	28,800	9,600
B 銀行	証書貸付	40,000	–	1.00 %	500	X5/3/31	X11/11/30	C 氏	なし	38,500	6,000
代表取締役 C 氏	契約書なし	30,000								30,000	
長期借入金　計	–	**160,000**								**121,300**	**22,800**

出所：契約書、返済予定表、C 氏へのヒアリング

当座貸越契約書の例

XX年XX月XX日

当座貸越契約書

株式会社A銀行御中

住所 東京都中央区京橋XXXXXXXX
本人 株式会社XXXXXX　　　　　　　　　　　　㊞

住所
連帯保証人　　　　　　　　　　　　㊞

住所
連帯保証人　　　　　　　　　　　　㊞

私は、貴行との当座貸越取引について、別に差し入れた銀行取引約定書の各条項のほか、後記約定を承認の
うえ、下記要項にもとづき取引を行います。

記

貸越極度額	金 40,000,000円 也		
貸越利率	年　0.55000%（年365日の日割計算）		
	（但し、上記貸越利率については、第1条に定める通りとします）		
貸越極度額	X9年X月X日		
利息支払い日	毎月20日　ただし、銀行の休日の場合には、翌営業日を引落日とします。		
入金及び返済用預金	科目	口座番号	名義
口座	普通	XXXXXXXXX	本人
		入金及び返済用預金口座の取引印　㊞	

約定

（4）　保証及び担保提供の状況を把握する

　対象会社の借入金に関して、連帯保証人の有無や担保提供の有無について、契約書や登記簿謄本及び対象会社への質問により確認を行った結果、連帯保証人については、B銀行からの借入金について代表取締役Cが連帯保証人になっている。また、A銀行からの借入金について対象会社が保有する本社建物及び対象会社が代表取締役C氏から賃貸している土地に対して根抵当権が設定されていることがわかりました。下表では、その結果をまとめています。

X5/6 末における借入金の状況

（千円）	種類	当初元本	極度額	金利	元金返済額（千円/月）	借入日	返済期日	連帯保証人	担保の有無	X5/6 末	左記のうち1年内返済予定
短期借入金											
A 銀行	当座貸越	–	40,000	–							
短期借入金　計	**–**	**–**	**–**	**–**	**–**			**–**	**–**	**–**	**–**
長期借入金（1 年以内返済予定長期借入金含む）											
A 銀行	証書貸付	30,000	–	1.20 %	600	X3/8/31	X8/9/30		あり	24,000	7,200
B 銀行	証書貸付	60,000	–	1.25 %	800	X2/3/31	X8/6/30	C 氏	なし	28,800	9,600
B 銀行	証書貸付	40,000	–	1.00 %	500	X5/3/31	X11/11/30	C 氏	なし	38,500	6,000
代表取締役 C 氏	契約書なし	30,000	–							30,000	–
長期借入金　計	**–**	**160,000**	**–**	**–**	**–**			**–**	**–**	**121,300**	**22,800**

出所：契約書、返済予定表、C 氏へのヒアリング

担保物件一覧

所在地	種類/地目	構造	床面積（m²）/地籍（m²）		所有者	順位	根抵当権者	極度額（千円）	債権の範囲
建物 東京都中央区京橋 XXXXXXXX	作業所・居宅	鉄骨造亜鉛メッキ網板ぶき 4 階建	1 階 2 階 3 階 4 階	220.56 174.24 174.24 136.34	対象会社	1 番抵当	A 銀行	100,000	信用金庫取引、手形債権、小切手債権、電子記録債権
土地 東京都中央区京橋 XXXXXXXX	宅地	—	198.07		代表取締役C 氏	1 番抵当	A 銀行	100,000	信用金庫取引、手形債権、小切手債権、電子記録債権

出所：登記簿謄本、A 銀行との根抵当権設定契約証書

連帯保証人がわかる金銭消費貸借契約書の例

▌担保提供がわかる登記簿謄本の例

表題部（主である建物の表示）		調整	XX年XX月XX日	不動産番号	XXXXXXXXXXXX
所在地番号	余白				
所在	東京都中央区京橋△△△△		余白		
	東京都中央区京橋XXXXXXXX		XX年XX月XX日変更		
			XX年XX月XX日登記		
家屋番号	XXX番		余白		
①種類	②構造	③床面積 ㎡	原因及びその日付（登記の日付）		
作業所・居宅	鉄骨造亜鉛メッキ網板ぶき 4階建	1階 220.56 2階 174.24 3階 174.24 4階 136.34	XX年XX月XX日新築		

権利部（甲区） （所有権に関する事項）			
順位番号	登記の目的	受付年月日・受付番号	権利者その他の事項
1	所有権保存	XX年XX月XX日 第XXXXX号	所有者 東京都中央区京橋XXXXXXXX 株式会社XXXXXXX 順位1番の登記を移記
	余白	余白	昭和63年法務省令第37号附則第2条第2項の規定により移記 XX年XX月XX日

権利部（乙区） （所有権以外の権利に関する事項）			
順位番号	登記の目的	受付年月日・受付番号	権利者その他の事項
1	根抵当権設定	XX年XX月XX日 第XXXXX号	原因 XX年XX月XX日設定 極度額 XXXXX 債権の範囲 XXXXX 債務者 東京都中央区京橋XXXXXXXX 　　　　株式会社XXXXX 根抵当権者 東京都新宿区XXXXXXXX 　　　　　　株式会社F銀行 共同担保 目録（さ）第XXXX号 順位X番の登記を移記
	余白	余白	昭和63年法務省令第37号附則第2条第2項の規定により移記 XX年XX月XX日
1	根抵当権設定	XX年XX月XX日 第XXXXX号	原因 XX年XX月XX日設定 極度額 100百万円 債権の範囲 信用金庫取引、手形債権、小切手債権、電子記録債権 債務者 東京都中央区京橋XXXXXXXX 　　　　株式会社XXXXX 根抵当権者 東京都中央区京橋XXXXX 　　　　　　株式会社A銀行 共同担保 目録（め）第XXXX号

(5)　その他特筆すべき条項の有無を確認する

　対象会社の長期借入金（1年以内返済予定長期借入金）に係る契約書について、内容を確認した結果として、契約条項には財務制限条項及びチェンジオブコントロール条項等の特殊な契約条項は発見されませんでしたが、B銀行との

契約書については、期限前弁済に係る以下の条項があることがわかりました。

第１条（借入要項）
　借主は、貴行へ別に差し入れたまたは貴行と合意した銀行取引約定書の各条項のほか、本契約の承認のうえ、貴行から次の要項により金銭を借入れることを約定しました。

繰上返済	下記Ａに定める手数料を支払う。
	A. 借主は、借入金の全部または一部の繰上返済をする場合には、あらかじめ貴行の承諾を受けるものとし、繰上返済日に貴行所定の手数料を支払うものとする。 B. 借主は、原則として、借入金の繰上返済の申し出はできないものとする。やむを得ない理由で、借入金の全部または一部の繰上返済をする場合には、貴行の承諾を受けるものとし、繰上返済日から最終弁済期までの期間が１年以上あるときは、繰上返済する金額の100分の２に相当する手数料（ただし、円未満は切捨）を繰上返済日に支払うものとする。
	上記、繰上返済についての説明を受け、その内容を十分理解し、本契約を締結したことを確認します。　　　借主印

STEP2　情報を分析・検証する

　STEP1である程度情報が取りまとまってきたら、集計した情報等を基に分析及び検証をします。

（1）　有利子負債の残高が各種証憑と一致しているか確認する

　貸借対照表に計上している有利子負債（対象会社の場合、借入金のみ）の残高について、残高証明書や金融機関から送付されてくる返済予定表との一致を確認します。
　例えば、下記のように、Ｂ銀行の当初元本40,000千円の借入金について金融機関から送付されてくる返済予定表との一致を確認しました。

X5/6 末における借入金の状況

（千円）	種類	当初元本	金利	元金返済額（千円/月）	借入日	返済期日	X5/6 末	左記のうち1年内返済予定
短期借入金								
A 銀行	当座貸越	–	–	–	–	–	–	–
短期借入金　計	–	–	–	–	–	–	–	–
長期借入金（1 年以内返済予定長期借入金含む）								
A 銀行	証書貸付	30,000	1.20 %	600	X3/8/31	X8/9/30	24,000	7,200
B 銀行	証書貸付	60,000	1.25 %	800	X2/3/31	X8/6/30	28,800	9,600
B 銀行	証書貸付	40,000	1.00 %	500	X5/3/31	X11/11/30	38,500	6,000
代表取締役C氏	契約書なし	30,000	–	–	–	–	30,000	–
長期借入金　計	–	160,000	–	–	–	–	121,300	22,800

出所：契約書、返済予定表、C 氏へのヒアリング

1/7

104-00XX
東京都中央区京橋XXXXXXXX

株式会社XXXXXX　御中

株式会社B銀行
京橋支店
〒 104-00XX
東京都中央区京橋XXXXXXXX
TEL：03-XXXX-XXXX

ご返済予定表

作成日	お借入れ日	証書期日	当初お借入額		
X5/4/4	X5/3/31	X11/11/30	40,000,000		
利率	変更前	返済回数	通貨	利払方法	片端/両端
1.00%	-	80	JPY	後払	両端
お取引番号			ご返済番号		
XXXXXXXXX-XXXXXXXX			XXX-普通-XXXXXXX		

お支払い日	お支払金額（a+b）／お借入れ残高	(a)元本返済額／(b)お利息額	お利息計算期間 日数／計算基礎元金	備考
X5/4/30	532,876／39,500,000	500,000／32,876	X5/04/01~X5/4/30 30/365／40,000,000	
X5/5/30	532,465／39,000,000	500,000／32,465	X5/05/01~X5/5/30 30/365／39,500,000	
X5/6/30	533,123／38,500,000	500,000／33,123	X5/05/31~X5/6/30 31/365／39,000,000	
X6/5/29	526,616／33,000,000	500,000／26,616	X6/05/01~X5/5/29 29/365／33,500,000	
X6/6/30	528,931／32,500,000	500,000／28,931	X6/05/30~X6/6/30 32/365／33,000,000	

　なお、代表取締役 C 氏からの借入金については、契約書及び返済予定表を入手する過程で、契約書を締結していないことがわかりました。

（2）　有利子負債の調達目的や調達余力等を分析する

　対象会社の借入金の調達目的について対象会社に質問したところ、過去に行った設備投資に関する資金を調達したものであり、運転資金については手元

資金で充分であり、金融機関からの借入金で運転資金を賄っていないとのことでした。

　また、将来の不測の資金需要に備え、A 銀行とは当座貸越契約を締結し、極度額40,000千円は確保しているとのことですが、過去数年において当座貸越を利用した実績はないとのことでした。

　また、金融機関との関係は良好とのことであり、今後新たな投資資金等の調達が必要になった場合にも A 銀行、B 銀行ともに検討してもらえるような関係性にあるとのことでした。

▋X5/6 末における借入金の状況

（千円）	種類	当初元本	極度額	金利	元金返済額 （千円/月）	借入日	返済期日	連帯 保証人	担保の 有無	X5/6 末	左記のうち 1 年内 返済予定
短期借入金											
A 銀行	当座貸越	-	40,000	-	-	-	-	-	-	-	-
短期借入金　計	-	-	-	-	-	-	-	-	-	-	-
長期借入金（1 年以内返済予定長期借入金含む）											
A 銀行	証書貸付	30,000	-	1.20 %	600	X3/8/31	X8/9/30	-	あり	24,000	7,200
B 銀行	証書貸付	60,000	-	1.25 %	800	X2/3/31	X8/6/30	C 氏	なし	28,800	9,600
B 銀行	証書貸付	40,000	-	1.00 %	500	X5/3/31	X11/11/30	C 氏	なし	38,500	6,000
代表取締役 C 氏	契約書なし	30,000	-	-	-	-	-	-	-	30,000	-
長期借入金　計	-	160,000	-	-	-	-	-	-	-	121,300	22,800

出所：契約書、返済予定表、C 氏へのヒアリング

有利子負債（抜粋）

Summary

・C氏からの借入を除き、帳簿残高が返済予定表と一致していることを確認した。

・B銀行の借入金については期限前弁済を行った場合、期限前弁済手数料を支払うことになっている。

・B銀行からの借入金について、代表取締役C氏が連帯保証人になっている。

・対象会社が保有する本社建物及び対象会社が代表取締役から賃貸している土地について、A銀行が根抵当権を設定している。

借入金残高推移

（千円）	X2/3末	X3/3末	X4/3末	X5/3末
短期借入金				
A銀行	20,000	0	0	0
短期借入金　計	20,000	0	0	0
1年以内返済予定長期借入金				
A銀行	8,400	8,400	3,500	7,200
B銀行	9,600	9,600	9,600	15,600
1年以内返済予定長期借入金　計	18,000	18,000	13,100	22,800
長期借入金				
A銀行	11,900	3,500	0	18,600
B銀行	50,400	40,800	31,200	55,600
代表取締役C氏	30,000	30,000	30,000	30,000
長期借入金　計	92,300	74,300	61,200	104,200
借入金　計	130,300	92,300	74,300	127,000

出所：勘定科目内訳書

X5/6末における借入金の状況

（千円）	種類	当初元本	金利	元金返済額（千円/月）	借入日	返済期日	X5/6末
短期借入金							
A銀行	当座貸越	-	-	-	-	-	-
短期借入金　計		-	-	-	-	-	-
長期借入金（1年以内返済予定長期借入金含む）							
A銀行	証書貸付	30,000	1.20%	600	X3/8/31	X8/9/30	24,000
B銀行	証書貸付	60,000	1.25%	800	X2/3/31	X8/6/30	28,800
B銀行	証書貸付	40,000	1.00%	500	X5/3/31	X11/11/30	38,500
代表取締役C氏	契約書なし	30,000	-	-	-	-	30,000
長期借入金　計	-	160,000	-	-	-	-	121,300

出所：契約書、返済予定表、C氏へのヒアリング

担保物件一覧

所在地	種類/地目	構造	床面積(m²)/地籍(m²)	所有者	順位	根抵当権者	極度額（千円）
建物 東京都中央区京橋XXXXXXXX	作業所・居宅	鉄骨造亜鉛メッキ網板ぶき4階建	1階　220.56 2階　174.24 3階　174.24 4階　136.34	対象会社	1番抵当	A銀行	100,000
土地 東京都中央区京橋XXXXXXXX	宅地	―	198.07	代表取締役C氏	1番抵当	A銀行	100,000

出所：登記簿謄本、A銀行との根抵当権設定契約証書

X5/6 末
0
0
7,200
15,600
22,800
16,800
51,700
30,000
98,500
121,300

左記のうち 1 年内返済予定
-
-
7,200
9,600
6,000
-
22,800

債権の範囲
信用金庫取引、手形債権、小切手債権、電子記録債権
信用金庫取引、手形債権、小切手債権、電子記録債権

［短期借入金］

▶基準日現在の残高はない。ただし、対象会社は、A 銀行において当座貸越契約（極度額：40,000 千円）の契約を締結しているが、過去数年において当座貸越を利用した実績はないとのことである。

［長期借入金・１年以内返済予定長期借入金］

▶A 銀行及び B 銀行からの借入金について、基準日における帳簿残高と返済予定表の金額が一致していることを確認した。

▶代表取締役 C からの借入金について、C 氏へのヒアリングの結果、当初元本額から基準日時点まで返済がないこと、利息もないことを確認した。

▶A 銀行及び B 銀行の長短分類について……。

▶対象会社にヒアリングしたところ、……。

［財務制限条項及びチェンジオブコントロール条項］

▶A 銀行及び B 銀行の金銭消費貸借契約書を閲覧し、財務制限条項及びチェンジオブコントロール条項がないことを確認した。

［期限前弁済手数料］

▶B 銀行の金銭消費貸借契約書によると、期限前弁済を行った場合、期限前弁済手数料を支払うことになっている。

［担保・保証］

▶B 銀行からの借入金について、代表取締役 C 氏が連帯保証人になっている。

▶対象会社が保有する本社建物及び対象会社が代表取締役 C 氏から賃貸している土地について、A 銀行が根抵当権を設定している

賞与引当金

（1）　調査の着眼点（概要）

　貸借対照表に計上される賞与引当金は、対象会社が従業員等に翌期に支払う賞与に備えて、当会計期間に帰属する部分について、当期の発生費用として処理するために見積もり計上する際に使用される勘定科目です。

　賞与は対象会社の業績や各従業員の対象会社への貢献度合いで支給額が決まるため、その引当金計上額を見積もることが難しいという特徴を有しています。また、賞与引当金は、税務上損金算入されないため、税務会計のみを行っている中小企業では計上されないという特徴も有しています。

　財務 DD においては、これらの特徴を踏まえながら、基準日に計上すべき賞与引当金を調査することになります。

（2）　賞与制度を理解する

　賞与制度とは、賞与を支払う際の会社のルールとなります。賞与制度を適切に理解することが、基準日に計上すべき賞与引当金を調査するうえでの第 1 歩となります。

　賞与制度は規程等で明文化されている場合もあれば、特に明文化されず慣習として存在している場合もあります。また、対象会社が主張する賞与制度と実際の運用は異なる場合もあります。そのため、規程等の閲覧と対象会社への質問、また実際の支給状況を把握しながら、賞与制度を理解することになります。

　賞与制度を理解するうえでのポイントは、以下の 4 点となります。

　① 　支給対象者の範囲

② 賞与の計算期間

③ 賞与の支給日

④ 賞与の計算方法

① 支給対象者の範囲

　支給対象者の範囲とは、賞与が実際に支給される従業員等です。職階や勤続月数等一定の要件を設け、要件を満たした従業員が「支給対象者の範囲」に含まれることになります。

　基準日において発生している賞与の見積りが正確だったとしても、賞与の支給対象者に過不足があると、賞与引当金の過大計上・計上漏れに直結します。そのため、支給対象者の範囲は正確に押さえる必要があります。

② 賞与の計算期間

　賞与の計算期間とは、賞与の計算を行ううえで基準となる勤務期間のことです。例えば日本では夏季賞与と冬季賞与が支給される会社を多く見ますが、それぞれの賞与を何月から何月までの従業員の労働に対する対価と考えているかは、会社によって異なります。これらの期間を賞与規程や評価制度の中で明確にしているケースもあれば、明文化されておらず経営者の認識としてでしか把握できない場合もあります。

　賞与引当金として基準日において発生している金額を見積もるという観点からは、基準日時点における賞与の計算期間の経過月数が重要な計算要素のひとつとなってきます。

③ 賞与の支給日

　賞与の支給日とは、賞与の支給対象者に実際に賞与が支払われる日のことです。

　賞与の支給対象者となる要件の１つに、実務上「支給日に在籍していること」という要件があることから、支給日を把握することは賞与制度を理解するうえで重要です。

　また、後述の「過去の支給実績を把握する」にもありますように、過去の賞与支給実績を把握することが賞与引当金に係る財務DDを行ううえで重要な着

眼点の1つとなります。その前提となる情報として、賞与の支給日を正確に把握する必要があります。

④　賞与の計算方法

　賞与の計算方法とは、対象会社が行っている賞与金額を見積もる際の一連の計算手続のことです。

　対象会社における賞与引当金の計算において、仮に支給対象範囲に問題がなく、基準日における賞与の計算期間の経過月数に問題が無くても、対象会社が採用している賞与の計算方法が実態純資産の調整の観点から非合理的であれば、その計算結果を利用することはできません。その合理的か、非合理的かの判断をするためにも、賞与の計算方法を正確に理解する必要があります。

(3)　過去の支給実績を把握する

　対象会社における過去の賞与の支給実績を把握することは、以下の3点に役立ちます。

①　賞与制度の運用状況の理解

②　見積の精度の検討

③　基準日以後、調査時点までの間に支給された賞与に関する見積

①　賞与制度の運用状況の理解

　対象会社が定める賞与制度を正確に理解したとしても、その賞与制度が実際に運用されていないのであれば、その賞与制度を前提とした賞与引当金の見積もりは適切なものとはなりません。

　過去の支給実績を把握することは、対象会社が定める賞与制度が実際の運用と相違ない形となっているかを確認する意味で有用です。

②　見積の精度の検討

　賞与引当金は見積勘定科目である以上、実際の支給額との間で差異が生じることは十分にあります。ただし、その差異が多額となると、適切な財政状態等を把握できないため、見積もりは一定の精度を確保する必要があります。

　そのため、賞与制度の理解を通して検討した賞与引当金の見積方法を過去の

賞与において適用した場合の見積額と、実際の支給額と大きな差が生じないようなロジックとなっていることを確認することで、見積の精度を一定以上に保つことができます。

なお、過去の支給実績との差異が大きい場合には、以下のような観点から見積方法を変更すべきか検討することが重要です。

  ・支給対象者の範囲や計算方法に誤りがある。

  ・支給時において、別制度による賞与金額の上乗せがある。

  ・利益調整のため、賞与引当金の金額を調整している。

③　基準日以後、調査時点までの間に支給された賞与に関する見積

　基準日と財務 DD の調査時点との関係にもよりますが、調査時点において既に基準日をまたぐ支給対象期間となる賞与の支給が完了している場合もあります。

　この場合、基準日における賞与引当金の見積額は、当該支給実績を基に計算することがより適切であると考えられますので、そのような場合には基準日後の支給の状況や支給額、基準日における負担割合等を検討することが重要です。

（1）　対象会社の賞与制度及び会計処理を理解する

　対象会社（3月決算。基準日は×5年6月末）の賞与制度を理解するため、賞与が規定されている規程がないか調査したところ、就業規則の第38条に以下のように定められていました。

就業規則（抜粋）

（賞与）

第38条　1　賞与は、原則として支給日に在籍する従業員に対し、会社の業績等を勘案して7月15日及び12月15日に支給する。ただし、会社の業績の著しい低下その他やむを得ない事由がある場合には、支給時期を延期、又は支給しないことがある。

　　　　2　前項の賞与の額は、会社の業績及び従業員の勤務成績等を考慮して各人ごとに決定する。

この就業規則第38条をもとに、以下の観点から追加の情報をさらに収集します。

①　支給対象者の範囲

　第1項は支給日に在籍する「従業員」を賞与の支給対象とする旨を定めています。就業規則ではこの賞与の支給対象たる「従業員」の定義が特に定められておらず、いわゆる「正社員」「パート・アルバイト」「嘱託」「派遣社員」「契約社員」といったどのような雇用形態の「従業員」を対象としているかが読み取れませんでした。

　そこで、対象会社に対して質問したところ、賞与の支給は、いわゆる「正社員」のみを対象としているとの回答を得ました。また、過去5期分の賞与台帳を閲覧したところ、支給対象者は支給日現在に「正社員」であるもののみとなっており、特段上記回答と不整合な箇所はありませんでした。

　以上から、支給対象者の範囲は、支給日に在籍する従業員（但し、役員やアルバイト等の臨時雇用者は除く）であることがわかりました。

② 支給の計算期間

　就業規則からは、賞与を 7 月 15 日と 12 月 15 日に支給することは確認できるものの、賞与の計算期間については読み取ることができませんでした。

　そのため、実際の運用について対象会社に質問したところ、以下の回答を得ました。

　　　夏季賞与支給対象期間　10 月 1 日から 3 月 31 日まで

　　　冬季賞与支給対象期間　 4 月 1 日から 9 月 30 日まで

③ 賞与の支給日

　就業規則によると、賞与は原則として年 2 回、7 月 15 日と 12 月 15 日に支給することとされています。

　また、対象会社への質問、会計帳簿及び賞与台帳を閲覧したところ、過去 5 期において、7 月 15 日と 12 月 15 日に就業規則に定められている通りの支給がなされていることを確認しました。

　ただし、上記に加え、年 1 回（3 月 31 日）、全従業員（役員を除く。アルバイト等の臨時雇用者含む）に対し、賞与が支給されていることがあることもわかりました。対象会社によると、いわゆる決算賞与として慣例的に支給しているとのことでした。

④ 賞与の計算方法

　就業規則には業績や勤務成績を考慮するとされていますが、具体的な計算方法について対象会社に質問したところ、以下の回答を得ました。

　　【夏季賞与】

　　概ねの賞与支給総額を 6 月末の取締役会で決定する。当支給総額を念頭に、支給時までに代表取締役が各部署から提出された人事考課を参考にしながら、各人への支給額を決定する。

　　【冬季賞与】

　　概ねの賞与支給総額を 11 月末の取締役会で決定する。当支給総額を念頭に、支給時までに代表取締役が各部署から提出された人事考課を参考にしなが

ら、各人への支給額を決定する。

【決算賞与】

代表取締役の判断で支給の有無を決定している。原則として、各正社員に一律100千円、アルバイト等の各臨時雇用者には一律50千円を支給している。

なお、取締役会議事録を閲覧したところ、過去5期の6月末及び11月末の取締役会において夏季・冬季に係る賞与支給予定総額の決議がなされていました。

また、対象会社の賞与に係る会計処理について、会計帳簿を閲覧したところ、賞与は支給時に費用処理されており、賞与引当金を計上していませんでした。

(2) 過去の支給実績を把握する

対象会社から入手した賞与台帳及び会計帳簿から過去の支給実績及び支給対象人数の推移をまとめると、以下の通りになりました。

なお、表中灰色部分は、該当事項がない、若しくは基準日時点において不明なため未記載とした部分となります。

▍実績額の推移

	X1/3 期	X2/3 期	X3/3 期	X4/3 期	X5/3 期	X5/6 期 （基準日）
夏季賞与（07 月支給）						
①支給日	X0/07/15	X1/07/15	X2/07/15	X3/07/15	X4/07/15	X5/07/15
②計算期間　始	9X/10/01	X0/10/01	X1/10/01	X2/10/01	X3/10/01	X4/10/01
③計算期間　終	X0/03/31	X1/03/31	X2/03/31	X3/03/31	X4/03/31	X5/03/31
④支給対象人数（名）	6	6	6	6	6	6
正社員	6	6	6	6	6	6
臨時従業員						
⑤実績額（千円）	2,950	3,190	2,900	2,800	2,956	3,050
正社員	2,950	3,190	2,900	2,800	2,956	3,050
臨時従業員						
⑥ 1 人当たり賞与（千円）	492	532	483	467	493	508
正社員	492	532	483	467	493	508
臨時従業員						
冬季賞与（12 月支給）						
①支給日	X0/12/15	X1/12/15	X2/12/15	X3/12/15	X4/12/15	X5/12/15
②計算期間　始	X0/04/01	X1/04/01	X2/04/01	X3/04/01	X4/04/01	X5/04/01
③計算期間　終	X0/09/30	X1/09/30	X2/09/30	X3/09/30	X4/09/30	X5/09/30
④支給対象人数（名）	6	6	6	6	6	
正社員	6	6	6	6	6	
臨時従業員						
⑤実績額（千円）	3,000	3,250	3,300	2,900	3,190	
正社員	3,000	3,250	3,300	2,900	3,190	
臨時従業員						
⑥ 1 人当たり賞与（千円）	500	542	550	483	532	
正社員	500	542	550	483	532	
臨時従業員						
決算賞与（03 月支給）						
①支給日	X1/03/31	X2/03/31	X3/03/31	X4/03/31	X5/03/31	X6/03/31
②計算期間　始						
③計算期間　終						
④支給対象人数（名）	8	8	8	8	8	
正社員	6	6	6	6	6	
臨時従業員	2	2	2	2	2	
⑤実績額（千円）	700	700	700	700	700	
正社員	600	600	600	600	600	
臨時従業員	100	100	100	100	100	
⑥ 1 人当たり賞与（千円）	88	88	88	88	88	
正社員	100	100	100	100	100	
臨時従業員	50	50	50	50	50	

出所：賞与台帳、仕訳帳

STEP2　情報を分析・検証する

　STEP1 である程度情報が取りまとまってきたら、集計した情報等を基に分析及び検証をします。

（1）　過去の支給実績を分析する

　STEP1 で集計した「実績額の推移」を基に以下のような分析をしました。

①　賞与制度の実際の運用状況の理解

　実際の支給状況から、対象会社からの回答で得られている通り夏季賞与、冬季賞与、決算賞与の 3 種類の賞与が支給されていることが確認できました。

　また、決算賞与については対象会社の回答どおり、慣例的に正社員一律 100 千円、臨時従業員一律 50 千円支給されている点も確認できました。

②　基準日に計上すべき賞与引当金の見積方法の検討

　まず、対象会社の支給する夏季賞与については、×4 年 10 月 1 日〜×5 年 3 月 31 日を賞与の計算期間として、×5 年 7 月 15 日に支給されます。基準日は ×5 年 6 月末となっているため、基準日時点において夏季賞与は未払の状態となっています。そのため、×5 年 7 月 15 日に支給する賞与の実額を賞与引当金（未払賞与）として調整することとしました。

　次に冬季賞与について検討しました。冬季賞与は、×5 年 4 月 1 日〜×5 年 9 月 30 日を賞与の計算期間として、×5 年 12 月 15 日に支給予定となっています。基準日においては賞与の支給額が確定していませんが、計算期間の中途に基準日がある状態です。賞与を給与の後払いと考えるならば、×5 年 4 月 1 日〜×5 年 6 月 30 日までの期間に対応する賞与は潜在的には発生しているものと考えられます。そのため、×5 年 12 月 15 日支給予定となっている賞与の金額を見積もり、基準日までの期間において発生していると見込まれる金額について賞与引当金として調整することにしました。

　また、決算賞与についても検討していきます。一般に決算賞与は、決算における業績の一部を従業員に還元する目的で支給されるものです。そのため、決

算賞与が支給されるのか否か、及びその支給額については決算の状況と経営者の裁量によるところが大きく、決算まで期間がある場合には合理的に見積もることが困難であることが多いものとなります。本事案の場合にも対象会社では決算賞与という名称を用い、決算に合わせて支給しているため合理的な見積もりが困難であるという整理をすることも考えられます。しかし、対象会社では、決算賞与について原則として、各正社員に一律 100 千円、アルバイト等の各臨時雇用者には一律 50 千円を支給という暗黙のルールによって計算されており、また過去の実績からは毎期、当該ルールの通りに支給されています。これらの事情から対象会社において決算賞与は給与の後払い的な性質を持っているものであると考えられるため、本調査においては 4 月から 3 月にかけて均等に発生し、4 月から基準日までの 3 カ月間に属する金額を賞与引当金として調整することにしました。

(2)　賞与引当金の計上額を見積もる

　上記（1）を前提に賞与引当金の金額を見積もります。

①　夏季賞与（×5 年 7 月 15 日支給済）

　夏季賞与については、×5 年 7 月 15 日に支給された実額を賞与引当金として計上することとします。夏季賞与の実際支給額は 3,050 千円であることから、3,050 千円を賞与引当金として計上します。

　また、賞与引当金を計算するうえで、実際支給額のみを考慮するのではなく、付随する費用も織り込むことが必要です。具体的には賞与の支給にともなって、社会保険料の会社負担分が発生することになります。そのため、社会保険料の会社負担分についても情報を把握したところ、夏季賞与に対する社会保険料の負担額は 485 千円となっていたため、当該金額についても賞与引当金として計上します。

②　冬季賞与（×5 年 12 月 15 日支給予定）

　対象会社に対して質問したところ、調査日時点において、×5 年 12 月 15 日支給予定の冬季賞与の支給額については決定されていないとのことでした。

　しかし、賞与制度や評価制度には大きな変更はなく、現状の業績においては

冬季賞与の支給総額は前年同期並みであろうとのことでした。

このような状況を踏まえ、前期の冬季賞与の実績支給額と同程度の金額が、×5年12月15日支給の冬季賞与においても支給されると見積もることとしました。

具体的に、以下のように基準日における賞与引当金の金額を見積もります。

A　前年同期（×4年12月15日）支給実績額：3,190千円

　　※支給対象人員数には変化がないため、同額を基準額とします。

B　賞与計算期間：6ヵ月（×5年4月1日～×5年9月30日）

C　経過月数：3ヵ月

D　基準日における引当額：A×（C/B）＝1,595千円

また、冬季賞与についても①夏季賞与と同様に賞与引当金に対応する社会保険料の会社負担額を見積もる必要があります。

社会保険料会社負担額の見積方法としては、いくつか考えられますが、直近の夏季賞与の実績をもとに比率を算出して計算することとしました。

E　夏季賞与実績支給額：3,050千円

F　夏季賞与に対する社会保険料会社負担分：485千円

G　賞与引当金に対応する社会保険料会社負担分：D×（F/E）＝254千円

③　決算賞与（×6年3月31日支給予定）

×6年3月31日支給見込みの決算賞与について、基準日における引当額を、×6年3月31日支給見込み額から試算します。

具体的に、以下のように基準日における賞与引当金の金額を見積もります。

A　支給基準額

・各正社員に一律100千円

・アルバイト等の各臨時雇用者には一律50千円

B　基準日における支給対象者数

・正社員：6名

・アルバイト等の各臨時雇用者：3名

C　決算賞与見込額

（ⅰ）正社員：100千円×6名＝600千円

（ⅱ）アルバイト等の各臨時雇用者：50千円×3名＝150千円

（ⅲ）（ⅰ）＋（ⅱ）＝750千円

D　基準日の引当額：C×（経過月数3カ月/計算期間12カ月）＝188千円

また、決算賞与についても②冬季賞与と同様に直近の夏季賞与の実績をもと
に比率を算出して社会保険料の会社負担分を計算することとしました。

E　夏季賞与実績支給額：3,050千円

F　夏季賞与に対する社会保険料会社負担分：485千円

G　冬季賞与に係る賞与引当金に対応する社会保険料会社負担分：

　　D×（F/E）＝30千円

④　基準日における賞与引当金見積額

上記①〜③をまとめた結果は以下の通りとなり、基準日における賞与引当金
として5,601千円の賞与引当金としての実態純資産の調整が必要となります。

▌賞与引当金の試算

（千円）	見積額
夏季賞与（×5年7月15日支給）	
①計算基準額	3,050
②社会保険料会社負担分	485
③引当金見積額	3,535
冬季賞与（×5年12月15日支給予定）	
①計算基準額	3,190
②計算期間	6カ月
③経過期間	3カ月
④基準日までの発生額	1,595
⑤社会保険料会社負担分	
A夏季賞与実績支給額	3,050
B夏季賞与に対する社会保険料会社負担分	485
C賞与引当金に対応する社会保険料会社負担分（④×（B/A））	254
⑥引当金見積額	1,849
決算賞与（×6年3月31日支給予定）	
①計算基準額	750
②計算期間	12カ月
③経過期間	3カ月
④基準日までの発生額	188
⑤社会保険料会社負担分	
A夏季賞与実績支給額	3,050
B夏季賞与に対する社会保険料会社負担分	485
C賞与引当金に対応する社会保険料会社負担分（④×（B/A））	30
⑥引当金見積額	217
合計	5,601

賞与引当金（抜粋）

Summary

・対象会社では、夏季賞与、冬季賞与、決算賞与の年3回賞与を支給している。

・決算賞与は業績により支給するものではあるものの、過去の実績では従業員に一律一定金額を支給している。

▌実績額の推移

	X1/3 期	X2/3 期	X3/3 期	X4/3 期	X5/3 期	X5/6 期 （基準日）
夏季賞与（07 月支給）						
①支給日	X0/07/15	X1/07/15	X2/07/15	X3/07/15	X4/07/15	X5/07/15
②計算期間　始	9X/10/01	X0/10/01	X1/10/01	X2/10/01	X3/10/01	X4/10/01
③計算期間　終	X0/03/31	X1/03/31	X2/03/31	X3/03/31	X4/03/31	X5/03/31
④支給対象人数（名）	6	6	6	6	6	6
正社員	6	6	6	6	6	6
臨時従業員						
⑤実績額（千円）	2,950	3,190	2,900	2,800	2,956	3,050
正社員	2,950	3,190	2,900	2,800	2,956	3,050
臨時従業員						
⑥1人当たり賞与（千円）	492	532	483	467	493	508
正社員	492	532	483	467	493	508
臨時従業員						
冬季賞与（12 月支給）						
①支給日	X0/12/15	X1/12/15	X2/12/15	X3/12/15	X4/12/15	X5/12/15
②計算期間　始	X0/04/01	X1/04/01	X2/04/01	X3/04/01	X4/04/01	X5/04/01
③計算期間　終	X0/09/30	X1/09/30	X2/09/30	X3/09/30	X4/09/30	X5/09/30
④支給対象人数（名）	6	6	6	6	6	
正社員	6	6	6	6	6	
臨時従業員						
⑤実績額（千円）	3,000	3,250	3,300	2,900	3,190	
正社員	3,000	3,250	3,300	2,900	3,190	
臨時従業員						
⑥1人当たり賞与（千円）	500	542	550	483	532	
正社員	500	542	550	483	532	
臨時従業員						
決算賞与（03 月支給）						
①支給日	X1/03/31	X2/03/31	X3/03/31	X4/03/31	X5/03/31	X6/03/31
②計算期間　始						
③計算期間　終						
④支給対象人数（名）	8	8	8	8	8	
正社員	6	6	6	6	6	
臨時従業員	2	2	2	2	2	
⑤実績額（千円）	700	700	700	700	700	
正社員	600	600	600	600	600	
臨時従業員	100	100	100	100	100	
⑥1人当たり賞与（千円）	88	88	88	88	88	
正社員	100	100	100	100	100	
臨時従業員	50	50	50	50	50	

出所：賞与台帳、仕訳帳

[**賞与制度の概要**]

▶就業規則第 38 条による賞与の概要は以下の通りとなっている。

・支給対象者：支給日に在籍する従業員（正社員のみ）

・支給日：夏季賞与は 7 月 15 日。冬季賞与は 12 月 15 日。

▶賞与の支給対象期間は就業規則には定められていないが、対象会社によると、支給対象期間は下記とのことである。

・夏季賞与支給対象期間：10 月 1 日から 3 月 31 日まで

・冬季賞与支給対象期間：4 月 1 日から 9 月 30 日まで

▶対象会社では就業規則に定められている賞与以外に決算賞与が支給されている。支給日は 3 月 31 日であり、役員を除く全従業員が対象である。決算賞与は決算の業績を受けて支給するものではあるものの、過去の実績は慣行として、一律正社員 1 名 100 千円、臨時雇用者 1 名 50 千円支給しているとのことである。

▶対象会社では賞与引当金を計上していない。

[**過去の支給実績の状況**]

▶過去 5 期及び基準日前後の対象会社における賞与の支給状況は左表の通りである。

▶なお、基準日以後×5 年 7 月 15 日に 3,050 千円の夏季賞与が支給されている。

賞与引当金 （抜粋）

Summary ─────

・賞与引当金の計上
漏れ 5,601 千円を、
実態純資産の調整項
目とした。

▌賞与引当金の試算

（千円）	見積額
夏季賞与（×5 年 7 月 15 日支給）	
①計算基準額	3,050
②社会保険料会社負担分	485
③引当金見積額	3,535
冬季賞与（×5 年 12 月 15 日支給予定）	
①計算基準額	3,190
②計算期間	6 カ月
③経過期間	3 カ月
④基準日までの発生額	1,595
⑤社会保険料会社負担分	
A 夏季賞与実績支給額	3,050
B 夏季賞与に対する社会保険料会社負担分	485
C 賞与引当金に対応する社会保険料会社負担分（④×(B/A)）	254
⑥引当金見積額	1,849
決算賞与（×6 年 3 月 31 日支給予定）	
①計算基準額	750
②計算期間	12 カ月
③経過期間	3 カ月
④基準日までの発生額	188
⑤社会保険料会社負担分	
A 夏季賞与実績支給額	3,050
B 夏季賞与に対する社会保険料会社負担分	485
C 賞与引当金に対応する社会保険料会社負担分（④×(B/A)）	30
⑥引当金見積額	217
合計	5,601

［賞与引当金の試算］

▶夏季賞与

基準日現在では夏季賞与は支給されていないものの、基準日において支給対象期間のすべてが経過しているため、×5 年 7 月 15 日の支給実績 3,535 千円を実態純資産の調整項目とした。

▶冬季賞与

対象会社によると支給対象範囲に変更がなく、また、支給総額も前年同期程度となる見込みである。このため、前年同期賞与支給実績額 3,190 千円を基礎とし、左記のように算定し、1,849 千円を実態純資産の調整項目とした。

▶決算賞与

基準日時点の人員構成は正社員 6 名、パート 3 名となっている。そのため決算賞与についても、基準日までの経過月数に応じた見込み額 217 千円を実態純資産の調整項目とした。

退職給付引当金

［調査のポイント］

(1) 調査の着眼点（概要）

　従業員が退職したことに起因して、当該従業員に退職金として一定の金銭等が支払われる退職金制度が導入されている会社があります。退職金（退職給付）の性質としては、「賃金の後払い的性格」「功労報償的性格」「退職後の生活保障的性格」といった性格があるといわれています。

　退職給付の性質を労働の対価として支払われる賃金の後払いであるという考え方に立った場合、将来支給される退職給付は、基本的に勤務期間を通じた労働の提供に伴って発生するものと捉えます。この考え方に基づけば、将来見込まれる退職給付のうち、認識時点までに発生していると認められる部分を見積もります。これを退職給付債務といいます。

　この退職給付債務から、年金資産（退職給付の支払いに充当することだけを目的に、企業外部に積み立てられた資産）を控除した残額を「退職給付引当金」といい、貸借対照表の負債の部に計上されます。

　法人税法では、退職給付引当金の繰入額（退職給付費用）を損金として認めていないため、企業会計基準第26号「退職給付に関する会計基準」を適用していないような中小企業においては、退職給付引当金が貸借対照表に計上されていないことも多くあります。

　また、対象会社が採用する退職金制度によって、退職給付引当金を計上すべきかどうかの判断も異なってきます。退職給付引当金が計上されておらず、計上の必要性があると判断される場合には金額的影響が大きくなり、対象会社の実態純資産を毀損する要因ともなりかねません。

　そのため、対象会社に退職金制度がある場合にはその内容を適切に把握することが重要になります。

(2)　退職金制度を理解する

　退職金制度には、大きく分けて「確定拠出型」の制度と「確定給付型」の制度の２つの種類があります。

　確定拠出型の制度とは、一定の掛金を外部に積み立て、事業主である企業が、当該掛金以外に退職給付に係る追加的な拠出義務を負わない退職給付制度をいいます。一方、確定給付型の制度とは、確定拠出制度以外の退職給付制度をいいます。

　また、退職金の支給方法によって、「退職一時金制度」と「退職年金制度」に分けられます。

　退職一時金制度は、従業員の退職時に退職金が一括で支払われる制度で、退職年金制度は、従業員の退職後の一定期間にわたり一定額を支払っていく制度です。

　これらの区分を基に主要な制度としては以下のような制度が存在します。企業はこれらの制度を組み合わせて独自の制度設計をしています。

① 　退職一時金制度

　従業員の退職時にあらかじめ定められていた退職金金額を一括して退職金として支給する制度となります。退職金支給の源泉は企業の内部留保であり、支給時には企業の保有している資産から退職金を支払うことになります。

② 　確定給付企業年金制度

　企業があらかじめ定められた一定額の退職金を支払うために外部に掛金を拠出して運用し、従業員の退職時にはその年金資産を原資に一定期間に渡って一定額を年金として支給する制度です。年金資産の運用次第では追加の拠出等のリスクが企業には生じます。

③ 　退職金共済制度

　企業が共済との間で、毎月一定の掛金を払って退職金の原資を社外に積み立て、従業員の退職時に共済からあらかじめ定められた退職金が支給される制度

です。例えば、中小企業退職金共済法に基づき設けられた中小企業のための「中小企業退職金共済制度」や商工会議所の運営する「特定退職金共済制度」等があります。

④　企業型確定拠出年金制度

　企業が毎月一定額の掛金を外部に拠出し、従業員が自身で掛金の運用方法を選択し、従業員の退職後に運用実績に応じた退職金を一定期間に渡って一定額の年金として支給する制度です。

　対象会社が確定拠出型の制度を採用している場合、対象会社は掛金以上の追加支払義務を負いませんので、会計処理としては掛金支払時に費用処理することになり、退職給付引当金の計上は不要となります。

　一方で確定給付型の制度を採用している場合には、将来の潜在的な債務たる退職給付債務、年金資産を適切に評価することで、将来会社が負担することとなる退職金の見込み額を退職給付引当金として計上することが必要になります。

　退職給付引当金に関する調査を行う場合には、まず退職金規程等の社内ルールを閲覧することで、対象会社における退職金制度の概要を理解することから始めます。また、中小企業においては退職金制度が規程等で明文化されていないにもかかわらず慣習として存在している場合もあるため、調査は対象会社への質問や過去の財務分析の結果等から得られている情報を総合的に判断して実態の把握に努める必要があります。

　また、中小企業においては退職給付引当金への繰入額が法人税法上損金算入されないという特徴も相まって、確定給付制度を採用していながらも退職給付引当金を未計上としている会社も多くあります。そのため、特に対象会社が採用している退職金制度が確定給付型の制度であった場合には、対象会社の実態純資産に大きな影響を与える可能性があるため留意が必要です。

　さらに、買い手が上場会社である場合や、M&A後に株式上場を目指している会社である場合には、対象会社のM&A後に対象会社の財務諸表は監査対象となる可能性があるため、M&A後の決算修正に関する情報をあらかじめ把握しておくことが重要になります。「退職給付に関する会計基準」が適用されていない場合には、会計方針の変更による影響がどの程度あるかを確認すること

が重要となります。

　ただし、財務 DD は限られた時間内で行うため、これまで「退職給付に関する会計基準」が適用されていなかった会社に会計基準が求める『原則法』により退職給付債務を計算することは、現実的でない場合も多くあります。この点、財務 DD の目的が買い手の投資意思決定に資する情報の提供ということを重視すれば、「退職給付に関する会計基準」を適用した場合にどの程度の影響があるのかを把握することが重要であり、精緻な計算を必ずしも求められていないこともあり、対象会社の状況や買い手の要望等を踏まえ柔軟な判断を行っていくことが重要となります。

　本書では退職給付会計に関する詳細な説明は割愛しますが、退職給付に係る会計基準では、確定給付制度の会計処理には『原則法』と『簡便法』を定めています。

　『原則法』によると、将来の退職給付見込み額のうち基準日までに発生している額について割引計算を行うことで退職給付債務を見積もり、そこから年金資産や未認識債務等を調整し計算します。

　一方『簡便法』は会計基準でいくつかの方法が示されていますが、そのうち、退職一時金制度については、従業員の比較的少ない小規模企業等において、期末自己都合要支給額方式（期末時点における自己都合に基づく要支給額を退職給付債務とする）方法も認められています。

(2)　過去の退職状況や退職金の支給実績を把握する

　対象会社における過去の退職者数や退職理由等の退職状況や退職金の支給実績を把握することは、対象会社の労働環境や労使関係等の状況を把握する一つの手段ともなります。また、退職金の支給実績は将来支給される可能性がある退職給付を予測する基礎にもなります。さらに、退職金の支給状況を分析することは、規程等で定められていないような退職金制度の存在を把握する手段にもなりえます。

(3) 基準日における退職給付引当金の残高を検討する

　理解した退職金制度に基づき、基準日における退職給付引当金残高の見積もりを行います。

　対象会社が既に退職給付引当金を計上している場合には、会計基準等に従って適切な見積もりが行われているか、計算方法や基礎情報の確認を行います。

　対象会社が退職給付引当金を計上していない場合には、調査を通して合理的と考えられる退職給付引当金の金額を見積もります。

　前述のように、財務DDにおいては必ずしも会計基準に従った会計上の見積もりを行うことが求められているわけでもなく、買い手の投資意思決定に有用な情報であれば、会計基準で定められていない方法や、一部簡便的な方法での見積もりをすることも認められます。その際には調査報告書においてどのような見積もりを行ったのかを記載することも重要です。

STEP1　情報を収集し整理する

対象会社の退職金制度や会計処理を理解する

　対象会社（3月決算。基準日は×5年6月末）の退職金制度を理解するため、退職金に関して定められた規程がないか調査したところ、就業規則の第8章第39条から41条に以下のような定めがありました。

就業規則（抜粋）

第8章　退職金

（退職金の支給）

第39条　　勤続2年以上の従業員が退職し、又は解雇されたときは、この章に定めるところにより退職金を支給する。ただし、第54条第2項により懲戒解雇された者には、退職金の全部又は一部を支給しないことがある。

（退職金の額）

第40条　　1　退職金の額は、退職又は解雇時の基本給の額に、勤続年数
　　　　　　　に応じて定めた別表の支給率を乗じた金額とする。

　　　　　　2　第6条により休職する期間は、会社の都合による場合を除
　　　　　　　き、前項の勤続年数に算入しない。

（退職金の支払方法及び支払時期）

第41条　　退職金は、支給の事由が生じた日から1ヶ月以内に、退職した
　　　　　　従業員（死亡による退職の場合はその遺族）に対して支払う。

また、第40条1項記載の別表は以下のようになっています。

▍退職金支給年率表

勤続年数（以上）	会社都合 支給率	自己都合 支給率	勤続年数（以上）	会社都合 支給率	自己都合 支給率	勤続年数（以上）	会社都合 支給率	自己都合 支給率	勤続年数（以上）	会社都合 支給率	自己都合 支給率
2	0.7	0.3	12	7.0	3.3	22	14.9	7.4	32	23.9	11.9
3	1.3	0.6	13	7.7	3.7	23	15.8	7.9	33	24.8	12.4
4	1.9	0.9	14	8.4	4.1	24	16.7	8.3	34	25.7	12.8
5	2.5	1.2	15	9.1	4.5	25	17.6	8.8	35	26.6	13.3
6	3.1	1.5	16	9.9	4.9	26	18.5	9.2	36	27.5	13.7
7	3.7	1.8	17	10.7	5.3	27	19.4	9.7	37	28.4	14.2
8	4.3	2.1	18	11.5	5.7	28	20.3	10.1	38	29.3	14.6
9	4.9	2.4	19	12.3	6.1	29	21.2	10.6	39	30.2	15.1
10	5.6	2.7	20	13.1	6.5	30	22.1	11.0	40以降	31.1	15.6
11	6.3	3.0	21	14.0	7.0	31	23.0	11.5			

出所：「就業規則」

また、上記規程の内容に加えて、対象会社に対する質問やその他資料の閲覧により以下のような事実を把握しました。

・　基準日における退職金の支給対象となる従業員数は11名である。

・　対象会社では、退職給付引当金の設定等は行っておらず、退職金の支給時に支給額を費用計上している。

STEP1である程度情報が取りまとまってきたら、集計した情報等を基に分析及び検証をします。

(1)　過去の支給実績を把握する

過去3期の退職金勘定の総勘定元帳を確認したところ、3年間で2名に対する退職金の支給がなされていました。

これは、従業員数の推移と整合しており、前述の退職金に関する規程が実際に運用され、退職金が支給されていることを確認しました。

また、当該2名の退職金の支給額について、上記規程に基づく退職金の見積額と実際支給額を比較したところ、見積額と実際支給額との間に大きな差異がありました。

当該差異について対象会社に対してその理由を質問したところ、対象会社では将来の従業員の退職金支給に備えるために、特定退職金共済制度（以下特退共）へ加入し、退職金の支給にあたっては特退共からの支給額を控除した金額を対象会社から退職者に支給しているとのことでした。

そこで、基準日時点における従業員の特退共の積立金額に関する資料の提供を受け、集計したところ510千円となっていました。

(2)　退職給付引当金の計上額を見積もる

対象会社から入手した資料を基に個人別の退職給付引当金を以下のように見積もることとしました。

①　対象者

基準日における正社員のみ（役員及びパートは対象外）

②　退職給付債務

基準日における基本給×支給倍率

※小規模であり、金額的な影響が大きくないと考えられることから基準日に

おける自己都合要支給額により見積もることとした。

③　年金資産

共済から送付されてきた基準日における個人別の積立額

④　退職給付引当金

未積立額＝②－③

対象会社から入手した情報を基に、基準日における退職給付引当金の金額を個人別に集計した結果は以下の通りとなり、基準日において 663 千円の退職給付引当金の実態純資産の調整が必要となります。

▌退職給付引当金

（単位：千円）

社員番号	氏名	生年月日	基準日	年齢(基準日現在)	給与体系	退職金支払義務	退職給付債務						年金資産	×5/6末退職給付引当金
							入社日	基準日	勤続年数	支給率	基準日基本給	期末要支給額(自己都合)	特定退職金共済制度積立金	
000101	A 氏	XX/11/9	X5/6/30	79年7ヶ月	パート	×	XX/12/21	X5/6/30	51年6ヶ月					
000102	B 氏	XX/6/10	X5/6/30	72年0ヶ月	役員	×	XX/5/21	X5/6/30	51年1ヶ月					
000103	C 氏	XX/2/1	X5/6/30	57年4ヶ月	正社員	○	XX/11/21	X5/6/30	15年7ヶ月	4.5	180	810	342	468
000104	D 氏	XX/3/23	X5/6/30	62年3ヶ月	役員	×	XX/3/1	X5/6/30	1年3ヶ月					
000105	E 氏	XX/6/12	X5/6/30	71年0ヶ月	パート	×	XX/3/22	X5/6/30	12年3ヶ月					
000106	F 氏	XX/5/27	X5/6/30	29年1ヶ月	正社員	○	XX/3/21	X5/6/30	6年3ヶ月	1.5	175	263	102	160
000107	G 氏	XX/7/1	X5/6/30	35年11ヶ月	正社員	○	XX/9/24	X5/6/30	3年9ヶ月	0.6	167	100	66	34
000108	H 氏	XX/11/15	X5/6/30	57年7ヶ月	パート	×	XX/3/21	X5/6/30	15年3ヶ月					
000109	I 氏	XX/3/3	X5/6/30	41年3ヶ月	パート	×	XX/2/5	X5/6/30	10年4ヶ月					
000110	J 氏	XX/11/3	X5/6/30	70年7ヶ月	パート	×	XX/11/5	X5/6/30	5年7ヶ月					
000111	K 氏	XX/10/6	X5/6/30	63年8ヶ月	パート	×	XX/6/17	X5/6/30	0年0ヶ月					
合計												1,173	510	663

出所：「就業規則第 8 章 39 条～41 条、別紙支給率」「×5 年 6 月期現在賃金台帳（役員 2 名除く 11 名）」「特定退職金共済制度の被共済者ごとの明細」

退職給付引当金（抜粋）

Summary

・退職給付引当金引当金の計上漏れ△663千円を、実態純資産の調整項目とした。

[退職金に係る規定]

▶対象会社では、就業規則において右記の通り、退職金制度を定めている。

[退職給付引当金の算定]

▶就業規則に基づき、「基準日の基本給×支給率」といった計算で基準日における自己都合要支給額を計算し退職給付債務を算定した。

▶対象会社は特定退職金共済制度に加入しているため、基準日で引当計上すべき未積立金額は上記退職給付債務から特定退職金共済制度への拠出金額累計額を引いた金額となる。

▶弊社が試算した結果、基準日における退職給付引当金のが金額は663千円となった。このことから、△663千円を実態純資産の調整項目とした。

▎退職給付引当金

社員番号	氏名	生年月日	基準日	年齢 （基準日現在）	給与体系
000101	A氏	XX/11/9	X5/6/30	79年7ヶ月	パート
000102	B氏	XX/6/10	X5/6/30	72年0ヶ月	役員
000103	C氏	XX/2/1	X5/6/30	57年4ヶ月	正社員
000104	D氏	XX/3/23	X5/6/30	62年3ヶ月	役員
000105	E氏	XX/6/12	X5/6/30	71年0ヶ月	パート
000106	F氏	XX/5/27	X5/6/30	29年1ヶ月	正社員
000107	G氏	XX/7/1	X5/6/30	35年11ヶ月	正社員
000108	H氏	XX/11/15	X5/6/30	57年7ヶ月	パート
000109	I氏	XX/3/3	X5/6/30	41年3ヶ月	パート
000110	J氏	XX/11/3	X5/6/30	70年7ヶ月	パート
000111	K氏	XX/10/6	X5/6/30	63年8ヶ月	パート
合計					

出所：「就業規則第8章39条～41条、別紙支給率」「×5年6月期現在

就業規則（抜粋）
第 8 章　退職金

（退職金の支給）

第 39 条　　勤続 2 年以上の従業員が退職し、又は解雇されたときは、この章に定めるところにより退職金を支給する。ただし、第 54 条第 2 項により懲戒解雇された者には、退職金の全部又は一部を支給しないことがある。

（退職金の額）

第 40 条　　1　退職金の額は、退職又は解雇時の基本給の額に、勤続年数に応じて定めた別表の支給率を乗じた金額とする。

　　　　　　2　第 6 条により休職する期間は、会社の都合による場合を除き、前項の勤続年数に算入しない。

（退職金の支払方法及び支払時期）

第 41 条　　退職金は、支給の事由が生じた日から 1 ヶ月以内に、退職した従業員（死亡による退職の場合はその遺族）に対して支払う。

（単位：千円）

退職金支払義務	退職給付債務						年金資産	×5/6 末退職給付引当金
	入社日	基準日	勤続年数	支給年率	基準日基本給	期末要支給額（自己都合）	特定退職金共済制度積立金	
×	XX/12/21	X5/6/30	51年6ヶ月					
×	XX/5/21	X5/6/30	51年1ヶ月					
○	XX/11/21	X5/6/30	15年7ヶ月	4.5	180	810	342	468
×	XX/3/1	X5/6/30	1年3ヶ月					
×	XX/3/22	X5/6/30	12年3ヶ月					
○	XX/3/21	X5/6/30	6年3ヶ月	1.5	175	263	102	160
○	XX/9/24	X5/6/30	3年9ヶ月	0.6	167	100	66	34
×	XX/3/21	X5/6/30	15年3ヶ月					
×	XX/2/5	X5/6/30	10年4ヶ月					
×	XX/11/5	X5/6/30	5年7ヶ月					
×	XX/6/17	X5/6/30	0年0ヶ月					
						1,173	510	663

賃金台帳（役員 2 名除く 11 名）」「特定退職金共済制度の被共済者ごとの明細」

その他引当金

(1) 調査の着眼点（概要）

　引当金とは、将来の特定の費用又は損失のうち、その発生の原因が当期以前の事象に起因し、その発生の可能性が高く、金額を合理的に見積もれる場合に当該見積額を貸借対照表の負債として計上するものです。

　引当金は、将来の潜在的な債務を貸借対照表に反映させることにより、対象会社の財政状態の実態を把握することができるとともに、適切な期間損益計算の観点からも重要な項目となります。

　特にM&Aという局面においては、買い手は将来の潜在的な債務を適切に把握できない場合にM&A後に思わぬ支出が必要となることがあります。また、法人税法上は、一部の引当金を除き引当金について損金算入を認めていません。そのため、税務会計による決算を行っている中小企業においては、本来計上すべき潜在的な債務である引当金が計上されていない可能性もあります。

　財務DDにおいては、資料の閲覧や質問等を通して、基準日において計上する必要がある引当金の有無や、基準日における見積金額の試算を行う観点から調査を進めていきます。

(2) 引当金の種類

　前述までの勘定科目で紹介した「貸倒引当金」「賞与引当金」「退職給付引当金」の他、一般に以下のような引当金があります。ただし、下記に例示されている引当金にとらわれることなく、冒頭で紹介したような引当金の定義を踏まえ、広くM&Aにおいて考慮すべき潜在的債務がないかという観点で調査に臨

むことが重要です。

① 　役員退職慰労引当金

② 　工事損失引当金

③ 　債務保証損失引当金

④ 　製品保証引当金

⑤ 　ポイント引当金

①　役員退職慰労引当金

　役員退職慰労引当金とは、役員（取締役・監査役・執行役等）に対する将来における退職慰労金の支払に備えて設定される引当金です。支給見積額のうち、基準日時点の要支給額を引当金として計上することになります。

　役員退職慰労金は退職する役員の在任期間中の役務の提供の対価として、役員の退任という事実に基づき支給されるものです。また、役員退職慰労金の支給は株主総会による承認決議を前提とするため、株主総会の承認決議前の段階では、必ず支給されるものではないことから法律上の債務ではありません。しかし、その発生可能性や合理的な金額見積もりが可能であるか等の事情を踏まえ、一定の要件を満たすならば引当金として計上することが必要になります。

　対象会社に役員退職金規程等の内規が存在し、当該内規に基づいて役員退職慰労金の金額が決定され、過去の支給実績等に照らして内規通りに支払われることが想定されるのであれば、当該内規に基づいた支給見込額を計算します。なお、仮に内規がない場合においても、支給額の算定方法等につき暗黙の了解がある場合には同様に引当金の要件を満たすこともあります。

　また、M&Aにおける特殊性として、以下のようなメリットがあることから、M&Aの対価の一部を役員退職慰労金として支払う場合があります。

・買い手にとって、買収対価をすべて株式の取得対価として支払う方法と、一部を役員退職慰労金として支払う方法は、いずれも売り手オーナーに対して対価を支払うという事実は変わりませんが、株式対価とした場合には、取得原資を買い手が用意する必要があるのに対し、役員退職慰労金の支給とした場合には、その支給原資は原則として対象会社から捻出されること

195

になります。

・買い手が法人であり、買収対価を株式の取得対価として支払う場合には、取得費用（譲渡対価＋付随費用）は、子会社株式として資産計上されるため、その一部ないしは全部を損金算入することはできません。一方、役員退職慰労金として支給する場合には一定額の範囲においては対象会社の損金として計上できます。

・売り手にとって、M&A 対価の一部を株式の対価ではなく、退職慰労金として受け取るメリットは、税負担を最小化し、対価の手取り額を最大化することにあります。

すなわち、株式譲渡所得は総収入金額（譲渡価額）から必要経費（取得費＋委託手数料等）を控除した額に対して、一律に 20.315 %（所得税及び復興特別所得税 15.315 %、住民税 5 %）を乗じた額を申告し納付する必要があります（申告分離課税）。一方、退職所得については、原則として、以下のように計算された退職所得に対して、他の所得と分離して超過累進税率により所得税等を計算します。この税率差があるため、一定金額まで役員退職慰労金を支給することが売り手にとっての手取り額の最大化につながるのです。

退職所得の金額＝（収入金額（源泉徴収される前の金額）－退職所得控除額）
×1/2

上記のような事情から M&A の交渉過程で内規の有無にかかわらず、買い手と売り手の合意により、役員退職慰労金の支給額が合意されている場合があります。このような場合には、当該金額をもって財務 DD における実態純資産の調整額としての役員退職慰労引当金の額とすることがあります。

また、対象会社に内規等があり、過去の支給実績があった場合であっても、M&A 後の役員退職金の支給ルールについて当該内規の計算方法と異なる方法による支給や、支給しない旨が合意されている場合には、実態純資産の調整額としての役員退職慰労引当金を計上しないという判断をする場合もあります。

【参考】役員退職金の損金算入限度額

　役員に対する報酬は原則として、定期同額給与等に該当するもののみが損金として認められますが、退職金の支給については、役員が業務に従事した期間、その退職の事情、対象会社と同種の事業を営む法人でその事業規模が類似するものの役員に対する退職給与の支給の状況等に照らし不相当に高額でないかぎり損金算入が認められています。

【参考】役員給与の損金不算入（法人税法 34 条抜粋）

34 条 1 項

　内国法人がその役員に対して支給する給与（退職給与で業績連動給与に該当しないもの、使用人としての職務を有する役員に対して支給する当該職務に対するもの及び第 3 項の規定の適用があるものを除く。以下この項において同じ。）のうち次に掲げる給与のいずれにも該当しないものの額は、その内国法人の各事業年度の所得の金額の計算上、損金の額に算入しない。

34 条 2 項

　内国法人がその役員に対して支給する給与（前項又は次項の規定の適用があるものを除く。）の額のうち不相当に高額な部分の金額として政令で定める金額は、その内国法人の各事業年度の所得の金額の計算上、損金の額に算入しない。

【参考】過大な役員給与の額（法人税法施行令 70 条抜粋）

　法第 34 条第 2 項（役員給与の損金不算入）に規定する政令で定める金額は、次に掲げる金額の合計額とする。

…（略）…

二　内国法人が各事業年度においてその退職した役員に対して支給した退職給与（法第 34 条第 1 項又は第 3 項の規定の適用があるものを除く。以下この号において同じ。）の額が、当該役員のその内国法人の業務に従事した期間、その退職の事情、その内国法人と同種の事業を

> 営む法人でその事業規模が類似するものの役員に対する退職給与の支
> 給の状況等に照らし、その退職した役員に対する退職給与として相当
> であると認められる金額を超える場合におけるその超える部分の金額

　実務上は、いわゆる功績倍率法（役員の退職の直前に支給した給与の額を基礎として、役員の法人の業務に従事した期間及び役員の職責に応じた倍率を乗ずる方法により支給する金額が算定される方法）に基づいて支給する場合には、損金算入が認められることになります。

　この功績倍率法による適正額の算定方法には一般に「平均功績倍率法」「1年当たり平均額法」「最高功績倍率法」があります。ただし、これらの計算方法は主として課税庁や裁判所等が判断する際に用いられる方法であり、実務上は同業の類似法人に関するデータを入手することの困難さやその選定の難しさ等があることから裁判に耐えうる適正額を支給時点において算出することは非常に難しいといえるのではないでしょうか。

　そのため実務上は、以下のような計算式によって計算された金額により算出されることが多いのではないでしょうか。

最終報酬月額　×　勤続年数　×　役位別係数※

※代表取締役であれば3倍、平取締役であれば2倍、監査役であれば1.5倍といった係数が実務上用いられているケースも多い。

---

②　工事損失引当金

　工事損失引当金とは、工事損失の発生可能性が高く、かつその金額を合理的に見積もることができる場合において、工事契約の全体から見込まれる工事損失から、当該工事契約に関して既に計上された損益の額を控除した残額について計上される引当金となります。対象会社が建設業やソフトウェア業等の場合には、留意が必要な引当金となります。

　なお、工事損失とは、工事原価総額等（工事原価総額のほか、販売直接経費がある場合にはその見積額を含む）が工事収益総額を超過することが見込まれ

る額をいいます。

　基準日時点にある工事案件のうち、現に赤字となっている若しくは赤字となる見込みが高い案件について、当該案件に係る赤字見込額を引当金として計上することになります。

③　債務保証損失引当金

　債務保証損失引当金とは、主たる債務者の財政状態の悪化等により、債務不履行となる可能性があり、その結果、保証人が保証債務を履行し、その履行に伴う求償債権が回収不能となる可能性が高い場合で、かつ、これによって生ずる損失額を合理的に見積もることができる場合に、対象会社である保証人において、当期の負担に属する金額について、計上される引当金です。

　例えば、対象会社がオーナー企業の場合、オーナーが個人的に懇意にしている会社・個人の借入金について、対象会社が債務保証している場合があります。この場合、主たる債務者は、「オーナーが個人的に懇意にしている会社・個人」となります。主たる債務者の財政状態が基準日時点において悪化している場合、対象会社は、主たる債務者の借入金相当額のうち、回収不能額について引当金を計上することになります。

④　製品保証引当金

　製品保証引当金とは、販売した製品・商品に瑕疵が生じた際に、顧客との間で無償保証契約（販売後の一定期間、製品・商品の修理や交換に無償で応じるもの）を締結している場合、当該契約の履行に要する支出に備え、製品・商品の販売時に計上される引当金です。対象会社が製造業や小売業の場合には留意が必要な引当金となります。

⑤　ポイント引当金

　対象会社がポイント制度（商品の販売時、顧客に対して販売価額などに応じてポイントを付与し、次回以降の商品の販売時に販売価額の割引や、ポイントを商品に交換するなど一定の特典を与える制度のこと）がある場合に留意する引当金となります。

　企業会計上は、顧客に付与されたポイントのうち、期末におけるポイントの未使用残高について、先述の引当金の計上要件を満たす場合に限り、将来使用

されると見込まれる額を引当金として負債計上します。財務 DD においても、
企業会計の考え方に準じて、基準日における引当額を計算することになります。

STEP1　情報を収集し整理する

（1）　対象会社の事業活動や関連法令、社内の諸規程、会社独自のルールや慣行等を理解する

　対象会社の会社案内やホームページ、FA や仲介会社より提供されている企業概要書、規程類等を閲覧し、対象会社のビジネスモデルやルール等を理解します。また、単に資料等の閲覧だけでなく、対象会社の経営者に事業内容や商流、社内制度等をヒアリングすることによっても、明文化されていない慣習や慣行等の気づきを得ることもあります。

　例えば上記のように会社の概況を理解した結果、以下のようなことを理解できました。

▶対象会社（3 月決算。基準日は×5 年 6 月期）は、OA 製品の卸売業である。

▶主たる販売先は個人ではなく、OA 製品を必要とする一般事業会社となっており、販売した製品について、瑕疵があった場合には、対象会社ではなくその製品を製造したメーカーが保証することになっている。

▶個人に対しても商品を販売しているが、先述のようにその割合は全体の売上高にくらべ僅少であり、主たる販売先ではない。なお、ポイント制度は採用していない。

▶規程類としては、就業規則、給与規程、退職金規程、役員退職金規程が存在し、運用されている。

▶退職金や役員退職金は過去の実績としては規程通り支給されている。また、対象会社にヒアリングしたところ、特段の事由がなければ現任の役員についても同様に支給する予定であるとのことである。

▶代表取締役の A 氏、監査役の D 氏は夫婦であり対象会社の株主である。

▶その他の役員は、従業員から登用された役員であり、A 氏、D 氏との血縁関係はない。

▶基本合意書において、対象会社の株式譲渡とともに A 氏、D 氏は退任し、

規程通りの退職金を支払う旨合意している。

上記を踏まえ、以下では役員退職慰労引当金の検討プロセスに関して詳述していきます。

(2)　引当金の計上根拠となる情報や資料を入手する

対象会社より、役員退職金規程の開示を受け、以下のような内容であることを確認しました。

19XX 年 X 月 X 日　制定

役員退職金規程

（適用範囲）

第一条　　取締役または監査役（以下役員という）が退職した際に株主総会の決議に基づいて支給する退職金については、この規程の定めるところによる。

（支給の方法）

第二条　　退職した役員に対しては株主総会の決議に基づき、この規程の定めにしたがって、取締役会の決議により、一時金によって支給する。

（支給額）

第三条　　1　一時金として支給する退職金の額は、各役員の退職時における職別基本額に、各職別在任年数（1 年未満は 1 年とする）を乗じて得た額の累計額とする。

　　　　　2　退職金の職別基本額とは、次の区分により得られた額の 2 倍とする。

　　　　　　　① 　取締役　　報酬月額の 70 ％

　　　　　　　② 　監査役　　報酬月額の 30 ％

上記規程より、役員退職金の計算は次のように計算されることを理解することができました。

　　退職金金額＝役員勤務年数(a)×職別基本給(d)

　　職別基本給(d)＝報酬月額(b)×係数(c)×2

　　　係数(c)：取締役は報酬月額の 70 ％、監査役は報酬月額の 30 ％

202

　また、賃金台帳、登記簿謄本、対象会社への質問への回答を通して、基準日時点における各役員の役職、勤続年数、報酬月額を把握し、以下のようにまとめました。

▌役員報酬個別支給表

（単位：千円）

対象者	役職	役職勤務年数	報酬月額
A 氏	取締役	20	2,000
B 氏	取締役	10	1,000
C 氏	取締役	10	800
D 氏	監査役	15	1,000

STEP2　情報を分析・検証する

　STEP1 である程度情報が取りまとまってきたら、集計した情報等を基に分析及び検証をします。

　役員退職金規程、役員報酬個別支給表に基づく、基準日時点の要引当額は、以下の通りと計算しました。

▌役員退職慰労引当金

（単位：千円）

対象者	役職	役職勤務年数 (a)	報酬月額 (b)	職別基本給			役員退職慰労引当金計上額 (f) = (a) × (e)
				(c)	(d)	(e) = ((b) × (c)) × (d)	
A 氏	取締役	20	2,000	70 %	2	2,800	56,000
B 氏	取締役	10	1,000	70 %	2	1,400	14,000
C 氏	取締役	10	800	70 %	2	1,120	11,200
D 氏	監査役	15	1,000	30 %	2	600	9,000
役員退職慰労引当金合計							90,200

出所：「役員退職金規程」「役員報酬個別支給表」

　上記合計額は、90,200 千円となり、当該金額を基準日時点において計上すべき役員退職慰労引当金として実態純資産の調整対象としました。

引当金（役員退職慰労引当金）

役員退職慰労引当金

Summary

・対象会社は役員退職金規程を定めているが、役員退職慰労引当金が未計上となっている。

・×5/6 月末における役員退職慰労引当金△ 90,200 千円を実態純資の調整項目とした。

対象者	役職	役職勤務年数 (a)	報酬月額 (b)	職別基本給 (c)	職別基本給 (d)	(e)=((b)×(c))×(d)
A 氏	取締役	20	2,000	70 %	2	2,800
B 氏	取締役	10	1,000	70 %	2	1,400
C 氏	取締役	10	800	70 %	2	1,120
D 氏	監査役	15	1,000	30 %	2	600
役員退職慰労引当金合計						

出所：「役員退職金規程」「役員報酬個別支給表」

19XX 年 X 月 X 日　制定

役員退職金規程

（適用範囲）
第一条　取締役または監査役（以下役員という）が退職した際に株主総会の決議に基づいて支給する退職金については、この規程の定めるところによる。

（支給の方法）
第二条　退職した役員に対しては株主総会の決議に基づき、この規程の定めにしたがって、取締役会の決議により、一時金によって支給する。

（支給額）
第三条　1　一時金として支給する退職金の額は、各役員の退職時における職別基本額に、各職別在任年数（1 年未満は 1 年とする）を乗じて得た額の累計額とする。
　　　　2　退職金の職別基本額とは、次の区分により得られた額の 2 倍とする。
　　　　　　①　取締役　　報酬月額の 70 %
　　　　　　②　監査役　　報酬月額の 30 %

（単位：千円）

役員退職慰労引当金計上額 (f) ＝ (a) × (e)
56,000
14,000
11,200
9,000
90,200

[役員退職金にかかる規程]

▶対象会社は左下表のとおり、役員退職金規程を定めている。（19XX 年 X 月 X 日制定）

▶過去の支給実績を確認したところ、対象会社においては過去の役員退任時に役員退職金規程に基づく支給額を役員退職金として支給しており、特段の事由がなければ現任の役員についても同様に支給する予定であるとのことである。

[役員退職慰労引当金]

▶対象会社の貸借対照表において、現状では役員退職慰労引当金は計上されていない。

▶基準日における役員退職慰労金のよう引当額を見積もったところ、左上表の通り、合計で 90,200 千円であると試算された。

▶上記より、基準日における役員退職慰労引当金の見込額 90,200 千円を実態純資産の調整項目とした。

偶発債務等のオフバランス項目

(1) 調査の着眼点（概要）

　オフバランス項目とは、対象会社の貸借対照表に計上されていない資産及び負債のことを指し、将来の一定の事由により対象会社の貸借対照表に影響を及ぼす可能性のある項目となります。

　買い手にとってオフバランス項目、特に偶発債務といった将来の潜在的な債務がある場合には M&A 後に顕在化することで想定外の負担を負うことになってしまう場合があります。そのため、財務 DD ではオフバランス項目の有無を把握し、必要に応じて純資産の評価に反映させる等の対応が必要になってきます。

　ただし、オフバランス項目は調査日や基準日時点においては貸借対照表等に計上されていない取引により生ずるものであるため、その網羅的な把握は非常に困難なものとなります。

　そのため、資料の閲覧や質問等を通して間接的にオフバランス項目が存在する可能性がある端緒がないかを確認していくことが中心的な調査となります。

(2) 議事録や稟議書、契約書等の資料を閲覧することで、偶発債務やオフバランス項目となっているような取引の有無を確認する

　対象会社から開示された様々な資料を閲覧することで、対象会社において偶発債務やその他オフバランス項目が存在していることの端緒の有無を確認していきます。

　例えば以下のような資料を閲覧することで偶発債務やその他オフバランス項

目の端緒を発見することがあります。

資料	想定されるオフバランス項目
株主総会議事録/取締役会議事録/その他会議体議事録	事業再編に関する情報 係争案件・クレーム等に関する情報 特殊な契約に関する情報　等
稟議書	同上
契約書（販売契約、仕入契約、リース契約等）	製品保証による潜在的債務 買い戻し条件に伴う潜在的債務 チェンジオブコントロール条項による違約金や手数料債務 原状回復義務・環境債務 リース取引　等
現在進行中の訴訟に関する訴状や準備書面等	将来負担する可能性のある損害賠償債務　等
労働関係の諸規程や各種資料	未払労働債務　等
債務保証契約	保証債務　等
金融機関との間の契約（金銭消費貸借契約等）	保証債務 違約金債務 デリバティブ取引　等

（3）　代表的な偶発債務等のオフバランス項目が発生するような取引の有無を対象会社に対して質問する

　一般に偶発債務等のオフバランス項目の有無に関して、対象会社に対する質問書を提示し回答を入手する方法や、インタビューにより質問し回答を入手することで対象会社における認識の有無を確認する方法が用いられます。

　以下の項目は、代表的なオフバランス項目を列挙したものです。調査にあたってこれらの項目を参考に確認を進めていくことで、重要な偶発債務等のオフバランス項目を発見できる可能性があります。

想定されるオフバランス項目	チェック
対象会社が第三者に対して行っている保証・物上保証・同類似行為	
第三者が対象会社に対して行っている被保証・被物上保証・同類似行為	
手形の割引・裏書・債権譲渡	
担保提供資産	
リース契約	
特別償却や損金処理されて貸借対照表に計上されていない資産	
デリバティブ取引	
特殊条件付の金銭消費貸借契約	
環境債務	
資産除去債務	
契約済み未検収の資本的支出	
契約済み未処理の資産売却契約	
長期解約不能契約	
買戻条件付の契約	
製品保証、クレーム、PL（製造物責任）、リコール	
従業員との特殊な協定	
未払残業代の有無	
未加入社会保険料の有無	
労災・事故の有無	
係争事件	
租税リスクがある会計処理	
許認可違反や監督官庁からの行政処分、談合、独占禁止法違反等のコンプライアンスに関連するリスク	
経営者、株主が変わることによって不利な影響が予想される重要な契約（チェンジオブコントロール条項）	
計画中の事業再編、リストラクチャリング計画	

科目別分析 *Accounts* | **13**

運転資本の分析

（1）　調査の着眼点（概要）

　運転資本とは、企業の事業活動に投下されている資金のことをいい、明確な定義があるわけではありませんが M&A の局面においては、運転資本＝売上債権＋棚卸資産－仕入債務と定義することが一般的です。運転資本は対象会社の事業運営のために事業活動に投下され、現預金として回収され、さらに資金を事業活動に投下していくという一連の活動の中で短期的に回転していく資金になります。そのため、運転資本を分析することで事業上拘束されている資金（運転資金）を把握するとともに、短期の資金需要についても把握することができます。企業価値評価を将来のキャッシュ・フローを基準に考える場合には、運転資本の分析結果は将来のキャッシュ・フローを予測するための材料にもなります。

（2）　運転資本分析の目的

①　事業計画策定における将来の運転資本予測の判断材料を把握する

　企業価値評価を DCF 法等の方法で行う場合には、損益計画を基礎として作成される事業計画から生み出されるキャッシュ・フローを試算することが必要になります。このキャッシュ・フローを試算するにあたっては、運転資本の増減がどのように推移するかが重要な要素となります。

　そのため、過年度の運転資本の分析を通して、将来の事業計画における運転資本の予測に資する情報を入手することが運転資本分析の一つの目的となります。

② 適正な運転資本の把握

　運転資本の水準は日々変化し、また事業活動が月次で大きく変動する場合には運転資本の水準も変動していきます。すなわち、対象会社における短期的な運転資本がどのように動くのか、その特徴を把握することは対象会社の短期における資金繰りの予測に資する情報であり、M&A 実行時及び実行直後の資金繰り計画にも影響を及ぼすことから運転資本分析の重要な目的の一つになります。

(3)　年間運転資本の分析

　対象会社における過年度の運転資本を構成する各項目の残高を把握し、回転期間分析を行います。

　まず、運転資本項目の調査においては、滞留債権や不良在庫等のように正常な営業循環を外れている残高については、除外し調整を行います。

　また、回転期間の分母を売上高とする場合で、売上高についても調整が必要な時には調整を行います。このように、年間運転資本の分析においては、運転資本や売上高等を正常化したうえで分析を行います。

　運転資本の回転期間を分析することで、収益や費用の計上から現金の入出金までの期間が明らかになり、将来の事業計画の検討やキャッシュ・フロー計画の策定にも参考になります。

▌運転資本及び回転期間の推移

（千円）	X2/3 末	X3/3 末	X4/3 末	X5/3 末	X5/6 末
調整後売上債権合計（④：①+②+③）	8,124	8,994	7,763	11,310	12,851
売掛金（①）	7,024	7,874	7,643	10,210	10,961
受取手形（②）	1,100	1,120	1,230	2,210	3,000
滞留売掛金の調整（③）	–	–	△ 1,110	△ 1,110	△ 1,110
調整後棚卸資産合計 （⑩：⑤+⑥+⑦+⑧+⑨）	4,950	5,830	6,890	6,435	6,979
商品（⑤）	1,000	1,200	1,150	1,300	1,329
原材料（⑥）	100	130	140	135	150
仕掛品（⑦）	1,350	1,500	2,000	3,000	3,500
製品（⑧）	2,500	3,000	3,600	5,500	5,700
過剰在庫の調整（⑨）	–	–	–	△ 3,500	△ 3,700
調整後仕入債務合計（⑭：⑪+⑫+⑬）	△ 5,062	△ 5,497	△ 5,437	△ 7,710	△ 8,481
買掛金（⑪）	△ 4,512	△ 4,937	△ 4,822	△ 6,105	△ 6,481
支払手形（⑫）	△ 550	△ 560	△ 615	△ 1,605	△ 1,000
買掛金の計上漏れ調整（⑬）	–	–	–	–	△ 1,000
運転資本合計（⑮：④+⑩+⑭）	8,012	9,327	9,216	10,035	11,349
売上高（⑯）	65,024	72,462	72,033	73,255	20,046
調整後売上債権回転期間（④/（⑯/12））	1.50 カ月	1.49 カ月	1.29 カ月	1.85 カ月	1.92 カ月
調整後棚卸資産回転期間（⑩/（⑯/12））	0.91 カ月	0.97 カ月	1.15 カ月	1.05 カ月	1.04 カ月
調整後仕入債務回転期間（⑭/（⑯/12））	△0.93 カ月	△0.91 カ月	△0.91 カ月	△1.26 カ月	△1.27 カ月
調整後運転資本回転期間（⑮/（⑯/12））	*1.48 カ月*	*1.54 カ月*	*1.54 カ月*	*1.64 カ月*	*1.70 カ月*

出所：決算報告書、残高試算表
※ X5/6 末の回転期間の計算においては、各運転資本の金額を 3 で除している。

　また、運転資本回転期間と類似する概念として CCC（Cash Conversion Cycle）があります。CCC とは原材料等の調達を行い、仕入対価の支払いを行い、商品等を顧客に販売して対価を回収するまでにかかる期間を表します。

　具体的には以下のような式で表されます。すなわち、商品や原材料等を調達してから、売上を計上し、その後対価を回収するまでの日数は「売上債権回転日数」＋「棚卸資産回転日数」で表現されます。一方、商品や原材料等の調達からその対価の支払いまでの日数は「仕入債務回転日数」で表現されます。CCCは、この仕入対価の支払を行ってから売上対価の回収を行うまでの期間について、対象会社が手元資金を用意しなければならない期間となります。

$$CCC＝「売上債権回転日数」＋「棚卸資産回転日数」－「仕入債務回転日数」$$

▌CCC の概念図

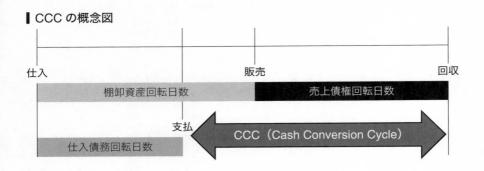

▌CCC の計算表の例
CCC（Cash Conversion Cycle）の分析

（千円）	X2/3末	X3/3末	X4/3末	X5/3末	X5/6末
売上債権回転日数	45.60日	45.31日	39.34日	56.35日	58.34日
棚卸資産回転日数	27.79日	29.37日	34.91日	32.06日	31.68日
仕入債務回転日数	△28.41日	△27.69日	△27.55日	△38.42日	△38.50日
CCC	44.97日	46.98日	46.70日	50.00日	51.52日

出所：決算報告書、残高試算表

（4） 運転資本の月次推移分析

　対象会社は日々事業活動を行っているため、例えば月次の売上高の水準に大きな季節変動がある場合など、対象会社の資金繰りや運転資本の分析をするうえでは一時点の残高のみを分析するのではなく、月次の推移として分析が必要となる場合もあります。

　月次推移で運転資本を分析することで以下のような情報を得ることができます。

▶事業運営上の必要運転資金の水準を把握する

▶季節性の資金需要とその原資の検討に資する情報を把握する

▶M&A日以後の資金繰りの予測に資する情報を把握する

▶年間の最大資金需要額とその時期に関する情報を把握する

　また、対象会社の株式価値の評価にあたって、一定時点の運転資本の水準が重要な要素となっている場合には、株価決定の基準日と譲渡対価の決済日までの運転資本の増減について、株式価格の調整事項として株式譲渡契約に織り込まれる場合もあります。

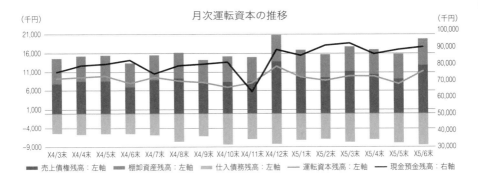

月次運転資本の推移

実態純資産額の算定

　貸借対照表分析の一つの目的として実態純資産（時価純資産、修正純資産）の把握があげられます。

　貸借対照表分析の結果、発見された純資産の調整項目について、基準日における簿価純資産にその影響額を加減することによって、実態純資産額の調整を行います。

　実態純資産額の調整項目としては、例えば以下のような項目があります。

▶会計処理の適用誤り（資産や負債の計上漏れ等）

▶会計方針の相違による調整

▶資産の評価損益（財務会計上時価評価を求められるものに限らず）

▶偶発債務や簿外債務の調整（引当金の計上を含む）

　調査の結果、純資産に影響する事項を集約することで、当初想定していた純資産額と対象会社の実態純資産との差が明らかになります。

　純資産額は必ずしも企業価値評価に影響を与えるものではありませんが、実務上は重要な投資判断に影響を与える事項になることも多く、重要な調査結果となります。

▌実態純資産額調整表

（単位：千円）		X5/3 末
帳簿上の純資産額	A	500,000
修正事項		
1　実体のない売上債権の評価損		△ 35,000
2　未払金の計上漏れ		△ 2,000
3　前払費用の計上漏れ		800
4　賞与引当金の計上漏れ		△ 20,000
5　棚卸資産の評価損		△ 40,000
6　回収不能な短期貸付金		△ 100,000
7　保険積立金の評価		50,000
8　・・・・・・・・		
修正額合計	B	△ 146,200
調整後純資産額	C＝A＋B	353,800

※上表の調整項目に対する税効果は考慮していない

実態純資産の把握

Summary

・X5/3末時点の簿価純資産は 500,000千円に対し、本件調査による発見事項を調整後の実態純資産は、353,800 千円と試算された。

❚ 実態純資産額調整表

（単位：千円）		X5/3 末
帳簿上の純資産額	A	500,000
修正事項		
1　実体のない売上債権の評価損		△ 35,000
2　前払費用の計上漏れ		800
3　賞与引当金の計上漏れ		△ 20,000
4　棚卸資産の評価損		△ 40,000
5　回収不能な短期貸付金		△ 100,000
6　保険積立金の評価		50,000
7　・・・・・・・・		・・・
修正額合計	B	△ 146,200
調整後純資産額	C＝A＋B	353,800

※上表の調整項目に対する税効果は考慮していない

216

［分析の前提］

▶金額が見積もれない調整項目については、金額欄に「＊＊＊」と記載をしている。

［調整事項の内容］

1．実体のない売上債権の評価損

　X5/3 末時点のワイケイ珈琲に対する売掛金 35,000 千円については、全て不明な残高とのことである。なお、ワイケイ珈琲に対する売上取引は恒常的に発生しておらず、X3/3 期以降はワイケイ珈琲に対する取引もないため、X5/3 末時点のワイケイ珈琲に対する売掛金は経理担当者の消込誤りの可能性が高いとのことであった。また、直近取引のある X2/3 期の請求書を依頼し、入金記録と請求書の突合を実施したものの、当該取引の売掛金は全て回収されており、X1/3 期以前から不明残が計上されている状況であった。したがって、X5/3 末時点のワイケイ珈琲に対する売掛金 35,000 千円について実態純資産の調整項目とした。

2．前払費用の計上漏れ

　対象会社において、前払費用は計上されていないが、X1/6 月締結の賃貸借契約書によると、本社家賃は前払いの契約となっている。そのため、X5/3 末時点において、計上が漏れとなっている前払費用 800 千円について正常収益力の調整項目とした。

3．賞与引当金の計上漏れ

　対象会社では賞与は支払時に費用計上され、引当金や未払費用は計上しておらず、X5/3 末時点においても賞与引当金は計上されていない。X5/3 末時点において、夏季賞与 40,000 千円（支給対象期間 1 月から 6 月）の支給が確定しているとのことである。したがって、X5/3 末に計上すべき賞与引当金 20,000 千円を実態純資産の調整項目とした。

4．棚卸資産の評価損

　対象会社の工場に保管されている棚卸資産 90,000 千円のうち、40,000 千円については、滞留しており販売可能性もないが、税務上損金計上ができないため評価損は計上していないとのことである。したがって、販売可能性のない棚卸資産 40,000 千円について、実態純資産の調整項目とした。

5．回収不能な短期貸付金

　対象会社に計上されている短期貸付金 100,000 千円については、従業員の横領により計上されたものとのことである。計上当初より返済がなされておらず、今後も回収見込みが無いとのことである。また、性質的には長期貸付金に分類されるべき貸付金である。したがって、短期貸付金 100,000 千円について実態純資産の調整項目とした。

6．保険積立金の評価

　X5/3 末時点の保険積立金 200,000 千円について、X5/3 末時点の解約返戻金は 250,000 千円であった。帳簿価額 200,000 千円と時価 250,000 千円との差額 50,000 千円について、実態純資産の調整項目とした。

III 損益計算書項目の調査

　財務 DD における損益計算書項目の調査は、例えば、以下のような目的で行われます。損益計算書項目の調査は、その目的によって調査の範囲や深度が大きく異なってくることから、第 1 部でも解説したように財務 DD のスコープを如何にするかを、依頼者との間で合意することがより重要になってきます。

▶対象会社の過去の損益計算書を分析することで、不自然な点や異常点の有無を発見すること

▶対象会社の過去の損益計算書を分析することで、対象会社において過去において発生した事象を把握すること

▶対象会社の過去の損益計算書に含まれる臨時的な要因、偶発的な要因等を把握し、それを除外することにより、対象会社の正常な収益力を把握すること

▶対象会社の損益について、様々な角度から分析を加えることで、対象会社の損益構造や利益の源泉を把握し、事業計画や成長戦略等の立案に有用な情報を入手すること

▶財務 DD 実施前に想定していた、M&A の実行によるシナジー効果が現実に発揮しうるかに関する情報を入手すること

▶ M&A 後の収益性の向上や費用削減、事業再生等の計画立案に有用な情報を入手すること

| 分析 | *Analysis* | 1 |

収益性分析

調査の着眼点（概要）

　対象会社の収益性を分析することは、依頼者である買い手が対象会社に対して期待する事業上の優位性やシナジー効果、将来の事業計画の蓋然性について確認する手段となります。

　収益性分析は、対象会社の売上高、原価、利益等に関して様々な角度から分析を加えていくことになります。例えば事業別、地域別、顧客の種類別、製品種類別等に売上高や原価、粗利益がどのような特徴を持っているか、対象会社の行っている事業の原価構造はどのようになっているか、損益分岐点はどのように判断すべきか、その他 KPI（重要業績評価指標：Key Performance Indicator）との関係で対象会社の行っている事業はどのように評価されるか等のように広範な分析が考えられます。

　ただし、この収益性分析は対象会社が行っている管理会計上の資料や情報に大きく依存してきます。仮に財務 DD の中で実施しようと考えていた分析方法があったとしても、対象会社がその分析の基礎となる情報を保有していない場合には実施が困難となります。また、仮に情報が対象会社の中に存在していたとしても短期間で調査を行う必要がある財務 DD においては、対象会社が日常的に管理し、分析していない切り口で分析を行う場合には、データの抽出方法の検討、データの正確性の検証、分析結果に対する理由等の検討が調査期間内に十分に行えないこともあるため留意が必要です。

　収益性分析にあたっては、対象会社の状況を適切に把握し、状況に応じて実施する手続を変更するなど柔軟な対応が重要となります。例えば以下のように

調査を進めていく方法が考えられます。

STEP1　情報を収集し整理する

　対象会社のビジネスモデル、その属する業界・業種等を企業概要書やマネジメントへのインタビューにより理解し、一般的に行われる管理方法等や分析の手法、切り口を検討します。

　この際に、対象会社が日常的に行っている管理会計の手法に関する理解や、対象会社の経営者が業績の把握等をどのように行っているのかということも重要な判断要素になってきます。

　また、収益性分析は財務情報との関係で検討されていくため、対象会社が行っている収益、費用に関する会計方針や原価計算制度の概要を把握することが重要となります。

STEP2　情報を分析・検証する

　STEP1である程度情報が取りまとまってきたら、集計した情報等を基に分析及び検証をします。

　まず、STEP1で把握した情報をもとに分析の方針を決定します。この際に依頼者である買い手と相談して分析手法を決めることも有用です。

　分析方針が決定したら、それに応じた資料やデータを対象会社から入手し、データの加工を行います。対象会社が日常的に分析や管理の対象としていないデータを利用する場合には、実施する分析の目的に応じた完全なデータとなっているか、正確なデータとなっているかといった点からデータの利用可能性を検証する必要があります。それを怠って分析を進めていくと誤った分析結果を導出することもあるため、特に慎重に検討することが必要です。

　また、対象会社の情報管理体制によっては入手したデータが完全に財務情報と一致しないこともあります。この場合でもその差異がどのような理由により生じているか、差異は多額となっていないか等を検討したうえで、依頼者であ

る買い手の意思決定を誤らせないものであれば、差異がある旨を明記のうえで分析を進めていくこともあります。

　以下では、収益性分析におけるいくつかの一般的な分析手法を見ていきたいと思います。

▍事業別/製品/サービス別分析の例

（千円）			X1/3 期	X2/3 期	X3/3 期	X4/3 期	X5/3 期
AAA 事業	甲商品	売上高	253,274	233,107	276,211	290,730	301,629
		売上原価	175,982	175,422	182,631	196,438	211,741
		粗利	77,292	57,685	93,580	94,292	89,888
		粗利率	30.5 %	24.7 %	33.9 %	32.4 %	29.8 %
	乙商品	売上高	102,422	125,637	112,468	142,911	164,612
		売上原価	72,326	79,412	87,223	113,631	105,264
		粗利	30,096	46,225	25,245	29,280	59,348
		粗利率	29.4 %	36.8 %	22.4 %	20.5 %	36.1 %
	丙商品	売上高	70,322	84,621	91,464	142,438	193,939
		売上原価	53,229	67,353	73,633	127,649	146,493
		粗利	17,093	17,268	17,831	14,789	47,446
		粗利率	24.3 %	20.4 %	19.5 %	10.4 %	24.5 %
	その他	売上高	30,454	32,732	33,754	29,464	27,412
		売上原価	23,274	24,557	29,012	23,463	20,634
		粗利	7,180	8,175	4,742	6,001	6,778
		粗利率	23.6 %	25.0 %	14.0 %	20.4 %	24.7 %
BBB 事業	○○サービス	売上高	123,522	112,476	106,412	99,264	94,631
		売上原価	53,237	62,029	62,746	63,282	48,264
		粗利	70,285	50,447	43,666	35,982	46,367
		粗利率	56.9 %	44.9 %	41.0 %	36.2 %	49.0 %
	その他サービス	売上高	24,622	25,638	27,411	23,264	22,474
		売上原価	22,474	21,473	22,465	21,941	18,461
		粗利	2,148	4,165	4,946	1,323	4,013
		粗利率	8.7 %	16.2 %	18.0 %	5.7 %	17.9 %
その他事業		売上高	105,067	164,454	107,696	119,518	87,454
		売上原価	91,243	115,214	102,869	119,388	78,126
		粗利	13,824	49,240	4,827	130	9,328
		粗利率	13.2 %	29.9 %	4.5 %	0.1 %	10.7 %
合計		売上高	709,683	778,665	755,416	847,589	892,151
		売上原価	491,765	545,460	560,579	665,792	628,983
		粗利	217,918	233,205	194,837	181,797	263,168
		粗利率	30.7 %	29.9 %	25.8 %	21.4 %	29.5 %

出所：セグメント別・製品別利益

(1) 事業別分析／製品別分析

　対象会社の事業の種類や、主要な商品・製品・サービス別の売上高、売上原価、粗利を分析する方法があります。

　対象会社の売上高、売上原価、粗利を事業や、商品等に展開することによって、対象会社にとって、どの事業や製品等が収益の源泉となっているか、過去の実績から成長性のある事業や製品等は何であるのか等の情報を読み取ることができます。

　依頼者である買い手が、対象会社の事業に着目して M&A を検討している場合、過去の対象会社の事業や製品等から生じた売上高や利益を分析することで M&A 後における事業運営や事業戦略に有用な情報を提供する場合があります。また、特定の事業や製品等に過度に利益面で依存している場合には、特定の事業や製品等の動向によって会社の業績が大きく影響を受ける可能性を示唆している場合もあります。

(2) 顧客別分析

　対象会社の売上高、売上原価、粗利について顧客別に集計し、分析する方法があります。顧客別分析を行うことで特定の顧客への依存度を理解することができます。売上高や利益の特定の顧客への依存度が高い場合には、将来重要顧客の購買動向が変化することによって会社業績に重大な影響を及ぼす可能性があります。また、対象会社が売上高や利益を依存している特定顧客が M&A により、取引の停止や取引規模の縮小等の反応を示す可能性がある場合には、M&A の実行可能性にも影響を及ぼします。

▌得意先別分析の例

（千円）		X1/3 期	X2/3 期	X3/3 期	X4/3 期	X5/3 期
ABC 社	売上高	249,264	302,642	274,649	284,654	226,433
	売上原価	184,640	221,568	221,568	265,882	180,947
	粗利	64,624	81,074	53,081	18,772	45,486
	粗利率	25.9 %	26.8 %	19.3 %	6.6 %	20.1 %
CDE 社	売上高	153,163	142,942	131,269	136,429	124,692
	売上原価	99,704	109,674	99,804	120,642	86,829
	粗利	53,459	33,268	31,465	15,787	37,863
	粗利率	34.9 %	23.3 %	24.0 %	11.6 %	30.4 %
EFG 社	売上高	84,641	93,252	86,283	153,303	246,423
	売上原価	42,222	46,283	45,292	77,215	137,222
	粗利	42,419	46,969	40,991	76,088	109,201
	粗利率	50.1 %	50.4 %	47.5 %	49.6 %	44.3 %
GHI 社	売上高	52,923	55,263	53,284	55,204	54,632
	売上原価	48,284	49,264	49,283	50,219	51,209
	粗利	4,639	5,999	4,001	4,985	3,423
	粗利率	8.8 %	10.9 %	7.5 %	9.0 %	6.3 %
IJK 社	売上高	33,270	21,640	27,301	24,360	35,279
	売上原価	23,272	16,129	20,010	18,262	26,384
	粗利	9,998	5,511	7,291	6,098	8,895
	粗利率	30.1 %	25.5 %	26.7 %	25.0 %	25.2 %
その他	売上高	136,422	162,926	182,630	193,639	204,692
	売上原価	93,643	102,542	124,622	133,573	146,392
	粗利	42,779	60,384	58,008	60,066	58,300
	粗利率	31.4 %	37.1 %	31.8 %	31.0 %	28.5 %
合計	売上高	709,683	778,665	755,416	847,589	892,151
	売上原価	491,765	545,460	560,579	665,792	628,983
	粗利	217,918	233,205	194,837	181,797	263,168
	粗利率	30.7 %	29.9 %	25.8 %	21.4 %	29.5 %

出所：得意先別売上高、得意先別利益推移

（3）　コスト構造分析

　例えば対象会社が製造業である場合には、製造原価の構成要素を分析することも一つの有用な分析方法であると考えられます。

　一般的に製造原価は「材料費」「労務費」「外注加工費」「経費」といった区分に分けられます。コスト構造分析では、対象会社の製品製造原価区分がどのような要素により構成されているかを把握し、それぞれの構成要素が製造原価に

おいてどの程度の割合を占めているかを見ていきます。これを把握することで、対象会社の原価の構造的な問題点を発見する端緒になる場合や、より詳細に分析すべき構成要素の検討を進めることができます。

┃ 原価構成比分析の例

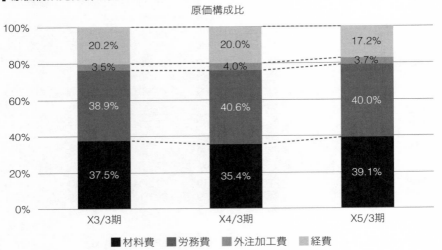

原価構成比

また、原価計算資料の閲覧や、製品単位当たりの原価構成等の分析をすることで、対象会社の製造原価がどのような要因で高騰し、どのような要因で低減することができるかといった検討にもつながります。

（4） 人件費分析

売上原価や販売費及び一般管理費に含まれる人件費は、会社の総費用に占める重要性が高い傾向も多く、操業度の変化に応じて発生額が増減するが、操業度が下がっても一定の金額は下回らないという準変動費としての性質を持っています。また、人件費は従業員数の増加がない場合でも昇給により増加する傾向にあり、また、高齢化していくため、人事戦略とも深く結びついてきます。

人件費を売上原価とするか、販売費及び一般管理費とするかの区分は必ずしも明確ではなく、対象会社の方針により変わってくるため、財務DDにおける

人件費の分析は通常は売上原価と販売費及び一般管理費に含まれる人件費を合わせて分析されることも多くあります。

このような中で、人件費について例えば以下のような調査が行われます。

① 労務・人事制度（給与制度含む）の理解

就業規則等の規程類や賃金台帳、雇用契約書、勤務記録等の閲覧により、対象会社における給与、賞与、退職金や福利厚生制度等の労務・人事に関する制度を理解します。

対象会社における諸制度を理解することで、対象会社の人件費の内容や、その特徴を把握することができます。

また、就業規則や給与規程等の給与計算に関するルールと実際の給与計算方法を比較することで、本来は支払うべきである未払労働債務の存在を把握することができる可能性があります。さらに、未払労働債務がある場合、後述する正常収益力に与える影響を検討する必要があります。

また、賞与規程や退職金規程を確認することで、将来の潜在的な債務の存在を把握することができます。

② 従業員の属性別（年齢、在職年数、資格等）の分析

例えば、対象会社の従業員をその属性別に分布状況をまとめることで、その会社における年齢や有資格者、熟練者の偏りやバラつきに関する発見を得ることがあります。

全体的に従業員の年齢層が高齢に偏っている場合には、将来の従業員が一斉に退職時期が到来することで、人員不足や技術力の低下等を引き起こす可能性があり、M&A後の人材戦略に対応策を織り込む必要性を検討することになります。

また、一定数の有資格者やスキルを有している人材が必要なビジネスである場合には、その有資格者等がどのような年齢層にどれぐらいいるのか、M&A後の人材交流や業務の発注を行った場合には対応が可能であるのか等、こちらもM&A後の事業計画やシナジー効果等の検証に有用な場合があります。

その他、在職年数を分析することで、離職率が高い会社であるのかどうか、離職率が高いのであればその原因はなにか致命的なものがあるのかどうかと

225

いった情報を入手する端緒ともなります。

┃ 従業員の年齢構成分析の例

従業員の年齢構成／平均給与（月額、千円）

年齢層	X4/3 末			X5/3 末		
	人数	構成比	平均給与	人数	構成比	平均給与
26 歳〜30 歳	2 人	5 %	201	2 人	5 %	202
31 歳〜35 歳	5 人	13 %	229	4 人	10 %	224
36 歳〜40 歳	9 人	23 %	253	8 人	20 %	262
41 歳〜45 歳	7 人	18 %	260	8 人	20 %	273
46 歳〜50 歳	6 人	15 %	302	6 人	15 %	307
51 歳〜55 歳	4 人	10 %	333	5 人	12 %	341
56 歳〜60 歳	4 人	10 %	352	5 人	12 %	353
60 歳〜	2 人	5 %	384	3 人	7 %	394
合計	39 人	100 %	278	41 人	100 %	280

出所：「社員住所録」「給与台帳」

③ 1人当たり人件費の分析

　人件費の増減は、従業員数の増減要因と1人当たりの人件費（単価）の増減要因に分かれます。

　人件費は減少していても、1人当たりの人件費が増加していれば、過重労働を課している可能性があると想定されます。また、M&A後に買い手との合併や人材交流等を想定している場合には、給与水準の大きな乖離はその弊害になる可能性もあり、M&A後の人事制度統合を検討する観点でも重要な情報となります。

　また、極端に給与水準が低い結果が出た場合には、集計している人件費以外に実質的な労働の対価として提供しているものはないかといった検討も重要になります。例えば、充実した福利厚生や退職金制度、社宅制度等のように損益計算書に表れていない価値を提供していることにより、低賃金であっても人材が流出していないということがあります。

▌1 人当たり人件費分析の例

（千円）		X1/3 期	X2/3 期	X3/3 期	X4/3 期	X5/3 期
給与手当（原価）		103,356	99,610	112,575	117,327	119,321
給与手当（SGA）		10,574	11,439	10,439	10,284	12,713
合計	A	113,930	111,049	123,013	127,611	132,034
期中平均人員数（人）	B	36.30	37.40	38.20	39.40	40.10
平均年齢（歳）		42.3	43.2	43.6	44.1	44.9
1 人当たり人件費	A÷B	3,139	2,969	3,220	3,239	3,293

*1　従業員には兼務役員及び顧問を含めていない。
*2　期中平均人員数の算定にあたっては、各月末の従業員数の平均により算出している。
出所：「決算報告書」「勘定科目内訳書」「賃金台帳」

(5)　損益分岐点分析

　依頼者である買い手にとって、対象会社の事業を引き継いだ後にどの程度の収益を生み出すのかは非常に重要な情報です。一方、事業活動は外部環境等の変化により、大きく受注状況や仕入価格等に影響を受けることがあります。このような状況において、対象会社の行っている事業はどの程度の売上高までであれば黒字を確保できるのか、どの程度まで売上高が落ち込んだ場合には赤字になる可能性があるのかといったことを把握することは、将来のリスクを把握するという点で重要です。このような観点から、対象会社における損益分岐点分析が行われます。

　損益分岐点とは、対象会社の売上高と費用の額がちょうど等しくなる売上高や販売数量等をいいます。損益分岐点を超えると、売上高が拡大すればするほど利益が増え、逆に損益分岐点を下回ると損失が拡大していきます。

　これは、費用（製造原価・販売費）には売上の増減に関係なく一定金額発生する費用である固定費と、売上の増減に比例して増減する費用である変動費があることにより生じます。すなわち、利益は売上高から費用を差し引くことで計算されますが、変動費については売上高の減少に比例して減少していきますのでそれ自体で赤字となることはなく、限界利益（売上高 − 変動費）が固定費の金額を下回った段階で赤字となります。つまり、限界利益＝固定費となる売

227

上高が損益分岐点売上高となるのです。

　このような中で、損益分岐点分析について例えば以下のような調査が行われます。

① 損益構造が異なる事業を営んでいる場合には、事業やサービス単位での分析を検討する

　損益分岐点売上高を全社的に分析することも可能ですが、原価構造が異なる複数の事業を行っている場合や、サービスや製品等で大きく原価構造が異なる場合には、損益分岐点分析の精度をより高くするために事業単位やサービス単位等で売上高や販売費及び一般管理費を分析することが有用です。

② 売上原価や販売費及び一般管理費の項目を固定費と変動費に分類する

　固定費の代表例としては、人件費・減価償却費・地代家賃・広告宣伝費などが挙げられます。一方、変動費の代表例としては、材料費・販売手数料・外注費などが挙げられます。実務上は、勘定科目ごとに固定費と変動費に分類することが一般的ですが、例えば、人件費のうち派遣社員給与・契約社員給与・残業手当などのように重要性に応じて一部を変動費とすることもあります。損益分岐点分析は高い精度での損益分岐点売上高を把握することが目的ではなく、対象会社の事業について大局的な観点で理解を深めることが重要です。

③ 集計した変動費及び、固定費に基づき損益分近点売上高を試算する

　上記②までで試算した固定費及び変動費に基づき、対象会社の過去の売上高との関係から変動費率（変動費/売上高）や限界利益率（1－変動費率）を算出することが可能です。

　さらに固定費を限界利益率で除することによって、損益分岐点売上高を試算することができます。

　これらにより算出した結果をもとに、損益分岐点を下図のように視覚化することも可能です。

固変分解の例

（千円）	固定/変動	X1/3 期	X2/3 期	X3/3 期	X4/3 期	X5/3 期	5 年平均
材料費	変動	188,411	226,093	248,702	243,728	280,287	237,444
労務費							
賃金手当	固定	138,293	152,123	155,229	158,839	163,321	153,561
賞与	固定	34,792	35,289	37,904	28,626	42,721	35,866
法定福利費	固定	27,654	30,210	31,027	32,126	33,642	30,932
退職手当	固定	5,000	0	6,450	1,050	0	2,500
外注加工費	変動	21,911	27,459	28,462	28,832	36,262	28,585
経費							
荷造運賃	変動	10,181	13,123	14,435	14,147	16,269	13,631
検査費	固定	1,203	1,304	1,120	1,936	2,121	1,537
動力費	固定	2,471	2,532	2,526	2,663	2,736	2,586
減価償却費	固定	6,639	6,845	6,725	6,653	7,012	6,775
福利厚生費	固定	1,410	1,528	1,520	1,620	1,826	1,581
旅費交通費	固定	4,649	4,672	4,821	5,963	4,725	4,966
水道光熱費	固定	1,730	1,826	1,826	1,732	1,936	1,810
修繕費	固定	3,064	3,756	4,026	2,726	3,758	3,466
支払手数料	変動	7,557	9,242	10,166	9,963	11,457	9,677
保険料	固定	2,923	3,065	3,072	3,326	5,262	3,530
租税公課	固定	5,146	5,521	5,422	5,927	5,322	5,468
業務委託費	固定	4,646	4,282	5,292	5,526	5,521	5,053
消耗品費	固定	5,017	5,902	4,825	4,420	5,202	5,073
その他	固定	4,042	4,720	6,021	5,291	4,293	4,873
合計		476,739	539,492	579,572	565,094	633,673	558,914
各種指標	変動費合計	228,060	275,917	301,766	296,670	344,275	289,337
	固定費合計	248,680	263,575	277,806	268,424	289,398	269,577
	固定費割合	48 %	51 %	52 %	52 %	54 %	52 %
	変動費割合	52 %	49 %	48 %	48 %	46 %	48 %
	売上高	692,910	725,212	752,821	734,121	799,256	740,864
	限界利益率	67 %	62 %	60 %	60 %	57 %	61 %
	損益分岐点売上高	370,684	425,439	463,664	450,463	508,380	442,321
	損益分岐点比率	53 %	59 %	62 %	61 %	64 %	60 %

▌損益分岐点分析の例

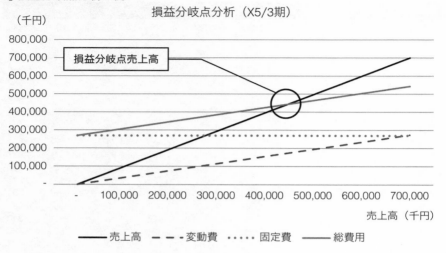

損益分岐点分析（X5/3期）

（千円）

損益分岐点売上高

売上高（千円）

―――― 売上高　― ― ― 変動費　‥‥‥ 固定費　―――― 総費用

分析　*Analysis* | 2

正常収益力の把握

　損益計算書分析の一つの目的として正常収益力の把握が挙げられます。正常収益力とは対象会社の過去の損益計算書に含まれる異常（一時的/臨時的）な項目を調整し、対象会社が本来の正常な状態であればどの程度の収益力を有しているかを表すものです。また、M&A 以前は経常的に発生していた収益や費用であっても、M&A に伴って発生が見込まれなくなるものや追加の支出が必要となるものがあります。正常収益力の把握は、依頼者である買い手が M&A 実行後の事業計画検討にあたって発射台となる情報を提供することを目的としているため、M&A 後に追加若しくは削減される収益や費用も調整することとなります。

　正常収益力調整では、売上高や営業利益に対しての調整を加えるほか、EBITDA（税引前利払前償却前利益：Earnings Before Interest Taxes Depreciation and Amortization）の調整を行う場合もあります。

　正常収益力調整の具体的な項目・区分は、例えば以下のようにまとめることができます。

1　正常化調整

　過年度の損益計算書に含まれる非継続的な取引（臨時・異常要因）の影響を除外して、対象会社が行っている事業の基礎的な収益力を計算します。正常化調整の具体例としては、以下のような項目が挙げられます。

A）　一時的に発生した取引であり非継続的であると判断された取引の影響を排除する

B）　事業年度ごとに異なる会計処理基準が適用されている場合には、過去

231

に遡って適切な会計処理基準を適用した場合の影響を調整する

C) 収益・費用の計上時期の適切性に関する検討をし、期間帰属のズレが起きている場合には調整する

D) 過年度の会計処理に誤りがあり、本来帰属すべき事業年度とは異なる事業年度で調整されている場合には、本来帰属すべき事業年度において会計処理の誤りが是正されるように調整する

E) 正常収益力調整の基礎数値を営業利益や EBITDA としている場合には、営業外項目・特別損益項目のうち、経常的に発生しており、対象会社の正常収益として把握すべき項目を調整する

2 プロフォーマ調整

依頼者である買い手が将来にわたって対象会社の事業を営んでいくための事業計画の策定や事業計画の評価に有用な情報を提供するために、上記 1 の正常化調整後の収益・利益に対して M&A 後に想定される費用や収益の減少、若しくは発生の要素を調整します。

プロフォーマ調整の具体例としては、以下のような項目があげられます。

A) M&A 後の事業計画により廃止することが見込まれている事業の損益を除外する

B) 削減予定の役員報酬や、その他経費を調整する

C) M&A 後に追加で必要となる人員に関する人件費など、スタンドアロンコストの影響を加味する

D) 会社分割等により、M&A 後に発生が見込まれない本社費用の除外や新たに発生する本社費用など、スキームによって起因する損益を加味する

E) M&A 後に対象会社の構造改革や事業再生計画が予定されている場合には当該計画における要因を調整する

正常収益力調整の例

（単位：千円）	X1/3 期	X2/3 期	X3/3 期	X4/3 期	X5/3 期
調整前売上高	583,159	583,085	684,178	588,915	594,822
売上高の調整					
1　特需による影響	–	–	△ 86,500	△ 4,672	–
2　撤退事業による影響	△ 87,263	△ 76,333	△ 42,221	–	–
3　・・・・・・・・	＊＊＊	＊＊＊	＊＊＊	＊＊＊	＊＊＊
調整額合計	△ 87,263	△ 76,333	△ 128,721	△ 4,672	0
調整後売上高	495,896	506,752	555,457	584,243	594,822
調整前営業利益	38,980	35,819	72,040	43,512	48,251
1　特需による影響	–	–	△ 30,275	△ 1,627	–
2　撤退事業による影響	6,251	9,274	2,341	–	–
3　賞与引当金の計上漏れ	△ 1,051	560	△ 1,352	△ 2,035	△ 2,642
4　・・・・・・・・	＊＊＊	＊＊＊	＊＊＊	＊＊＊	＊＊＊
調整額合計	5,200	9,834	△ 29,286	△ 3,662	△ 2,642
調整後営業利益	44,180	45,653	42,754	39,850	45,609

※上表の調整項目に対する税効果は考慮していない

正常収益力の把握

Summary

・対象会社の正常収益力は 39,850 千円〜45,653 千円と試算された。

▌正常収益力調整表

（単位：千円）	X1/3 期	X2/3 期
調整前売上高	583,159	583,085
売上高の調整		
1　特需による影響	−	−
2　撤退事業による影響	△ 87,263	△ 76,333
3　・・・・・・・・	＊＊＊	＊＊＊
調整額合計	△ 87,263	△ 76,333
調整後売上高	495,896	506,752
調整前営業利益	38,980	35,819
1　特需による影響	−	−
2　撤退事業による影響	6,251	9,274
3　賞与引当金の計上漏れ	△ 1,051	560
4　・・・・・・・・	＊＊＊	＊＊＊
調整額合計	5,200	9,834
調整後営業利益	44,180	45,653

※上表の調整項目に対する税効果は考慮していない

234

X3/3 期	X4/3 期	X5/3 期
684,178	588,915	594,822
△ 86,500	△ 4,672	–
△ 42,221	–	–
＊＊＊	＊＊＊	＊＊＊
△ 128,721	△ 4,672	0
555,457	584,243	594,822
72,040	43,512	48,251
△ 30,275	△ 1,627	–
2,341	–	
△ 1,352	△ 2,035	△ 2,642
＊＊＊	＊＊＊	＊＊＊
△ 29,286	△ 3,662	△ 2,642
42,754	39,850	45,609

[分析の前提]

▶金額が見積もれない調整項目については、金額欄に「＊＊＊」と記載をしている。

[調整事項の内容]

1．特需による影響

　X3/3 期及び X4/3 期は、疫病の発生により全国的な衛生用品不足に見舞われたため、対象会社の衛生用品販売が大幅に伸長した。

　疫病の発生により伸長したと推定される、当該衛生用品売上及び売上原価を正常収益力の調整項目とした。

2．撤退事業による影響

　対象会社は多角化戦略の一環として、X3/3 期まで飲食事業を展開していた。飲食事業では、カフェラテ専門店を県内で 7 店舗展開していたが、積極的な出店を行う一方、需要が取り込めず不採算事業であったため X3/3 期に撤退している。

　X3/3 期まで発生していた飲食事業に係る損益について、当初より発生していなかったものとして、正常収益力の調整項目とした。

3．賞与引当金の計上漏れ

　対象会社では賞与は現金主義で処理しており、支払時に費用計上され、引当金や未払費用は計上していない。

　X1/3 期期首から X5/3 末のあるべき賞与引当金を計上し、期末のあるべき賞与引当金から期首のあるべき賞与引当金を差し引くことで、あるべき賞与引当金繰入額を試算している。

　賞与計上額とあるべき賞与引当金繰入額との差額について、正常収益力の調整項目とした。

目的別DD
Analysis | 1

事業再生案件に関する留意点

　M&A の場面だけではなく、事業再生の場面でも財務 DD の実施が求められることがあります。以下では、事業再生に関する概要と事業再生における財務DD の留意点を解説していきます。

1　事業再生の概要

(1)　事業再生の類型

　会社の倒産手続としては①裁判所の下で法的手続を経て債権者と債務者の債権債務関係を調整・処理していく「法的整理」と、②裁判外で法的手続を経ずに債権者と債務者の債権債務関係を調整・処理していく「私的整理」に分類することができます。

　「法的整理」はさらに根拠となる法令によって民事再生手続（民事再生法）、会社更生手続（会社更生法）、特定調停（特定債務等の調整の促進のための特定調停に関する法律、私的整理に分類される場合もある）、破産手続（破産法）、特別清算手続（会社法）と細分されます。

　「私的整理」は上記の法的整理によることなく進めていく再生手続の総称であり、中小企業再生支援協議会による再生計画策定支援（支援協議会スキーム）、整理回収機構（RCC）による企業再生業務、事業再生実務家協会による特定認証 ADR 手続（事業再生 ADR）、地域経済活性化支援機構（REVIC）による事業再生支援、私的整理に関するガイドライン等のように一定の手続準則を示した機関の関与の下で行う場合と、そのような機関の関与なく債権者と債務者の間

の協議により手続を進めていく場合があります。

　また、倒産手続は会社若しくは事業を存続させ再建を図る「再建型」と、会社を消滅させる「清算型」に分類することもできます。

　一般に事業再生といわれるものはこの「再建型」の整理手続をいいます。

▎図 25　倒産手続の概要

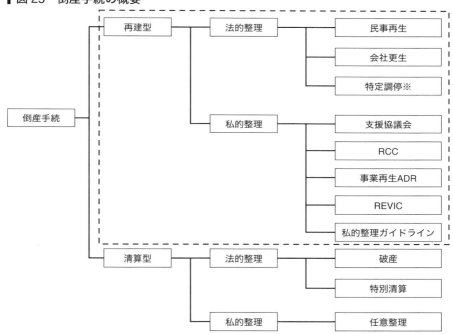

※私的整理に分類されることもある。

（2）　事業再生と財務 DD

　事業再生において様々な場面で財務 DD が実施されることがあります。代表的なケースとしては事業再生の方法を検討するために、対象会社自身や金融機関等の債権者、株主等から求められて実施する場合、スポンサー候補企業が行う場合があります。

　通常の M&A で行われる財務 DD と異なり、事業再生の場合には様々な利害関係者が現れてくることに特徴があるといえます。また、財務 DD の依頼者で

ある買い手の立場により財務 DD の目的も変容していくため、以下で述べるような依頼者の目的と調査内容、調査範囲を適切に理解したうえで財務 DD のスコープ等を決定することが重要となります。

① 対象会社目線での財務 DD の目的

　対象会社の目線で考えた場合、自社の窮境の状況を踏まえ、自社の財務状況の把握と財務の状況を踏まえた実行可能な再生計画の検討のために財務 DD を実施することがあります。財務 DD の結果を受け、自力再生が可能であるか、法的再生や私的再生をすべきであるか、又は再生を断念して清算等すべきであるかを判断することになります。

② 債権者目線での財務 DD の目的

　債権者の目線で考えた場合、対象会社に対する債権が回収可能であるのか、対象会社に対する金融支援（返済条件の変更、債権放棄等）を行うにあたっての支援が必要であるのか、支援の内容は過剰でなく適切な水準であるのか等を判断するために財務 DD の実施を求めることがあります。

③ スポンサー目線での財務 DD の目的

　スポンサーの目線で考えた場合、対象会社の実態純資産の把握や正常収益力の把握等といった通常の M&A の際に実施する財務 DD の内容と大きな相違はありませんが、事業再生のプロセスの一環として行われるため、債権者の目線を理解しておく必要があります。また、スポンサーとしての投資判断としては事業再生の場合には対象会社の収益性や資金繰り、債務の水準等についてより慎重な判断が必要となってきます。

2 事業再生における財務 DD の調査上の留意点

　前述のように通常の M&A と事業再生とでは対象会社のおかれている状況が異なり、事業再生の局面では再生債務者が再生していくために、私的整理及び法的整理ともに各利害関係者、特に金融債権者の協力が不可欠であり、金融債権者の金融支援内容（返済期限の猶予や債権放棄等）が大きな論点となってきます。

そのため、通常の M&A における財務 DD の主な目的と事業再生の局面における財務 DD の主な目的は以下のように異なってきます。

（通常の M&A）

① M&A を実行することの可否について有用な情報を提供すること

② 売買契約書作成に資する有用な情報を提供すること

③ 将来の事業計画作成に資する有用な情報を提供すること

（事業再生）

① 事業再生を実行することの可否について有用な情報を提供すること

② 事業再生のスキーム検討に資する有用な情報を提供すること

③ 事業再生計画の作成に資する有用な情報を提供すること

以上の目的の違いを踏まえ、事業再生における特徴として（1）事業再生における実態純資産評価、（2）資金繰り分析、（3）清算貸借対照表及び清算（破産）配当率の分析といった 3 つの観点を解説していきます。

（1）　事業再生における実態純資産評価

事業再生の局面においても対象会社の評価基準日における実態純資産がどのように評価されるかが重要になってきます。

特に事業再生では、対象会社を清算させるか、事業再生計画を実行するかという観点や換金可能な資産はないかという観点から、対象会社の貸借対照表については通常の M&A における財務 DD よりも慎重に検討することが必要となります。

また、事業再生固有の観点としては以下のような観点が挙げられます。

① 評価基準

事業再生の場合には、通常の財務 DD と異なり、事業再生がどのような手法を採るのかにより、資産の評価や負債の認識・評価について一定の評価方法によることが求められる場合があります。

例えば、「中小企業再生支援協議会の支援による再生計画の策定手順（再生計画検討委員会が再生計画案の調査・報告を行う場合）」（中小企業庁）の別紙にある「実態貸借対照表作成に当たっての評価基準」によって評価をすること

239

が求められる場合や、会社更生法や民事再生法に基づく再生プロセスの際に行われる「財産評定」に準じた方法で評価することが求められる場合もあります。

※財産評定

　再生計画や更生計画を策定し、債権者に対して再生計画等に対する同意形成を得るために、会社の財産の状態を正確に把握すること等を目的に、手続開始時点において会社に属する一切の財産を一定の基準で評定をすることをいいます。なお、民事再生においては処分価額（清算価値）、会社更生法においては時価による評価とされています。

■【参考】実態貸借対照表作成に当たっての評価基準（中小企業庁「中小企業再生支援協議会の支援による再生計画の策定手順」より抜粋）

（別紙）

実態貸借対照表作成に当たっての評価基準

項目	内容
一　目的	本基準は、債務者の実態的な財政状態を明らかにして債務者の再生可能性の判断に資する情報を提供し、また、再生可能と見込まれる債務者が引き続き事業を継続することを可能にしつつ、債務者に対して債務放棄等の金融支援を行う債権者の経済合理性を満たすような公正かつ適正な債務処理を行うための手続の一環として、公正な価額による債務者の有する資産及び負債の価額の評定を行うために定める。
二　評定の原則	「一　目的」に鑑み、本評定では、債務者の有する資産等から回収可能な価額（直接的な回収額以外の価額を含む）の算出に当たっては、原則として、時価により評定するものとし、時価として公正な評価額以外のその他の価額による場合には本基準に評定方法を定めるものとする。ただし、今後継続使用しない資産については、処分価額により評定することができる。 　また、債務者の負う負債等の金額を明らかにするため、別段の定めのない負債については、原則として一般に公正妥当と認められる企業会計の基準に準拠して評定するものとする。 　なお、本評定を行うに当たっては、適切な評定基準日を設定することとする。また、当初の評定から事業再生計画の成立までに事情の変更があった場合には、当該変更が評定に与える影響を適切に反映するものとし、当初の評定基準日が属する事業年度の決算期が到来する等相当の期間が経過する場合には適切に時点修正するものとする。
三　用語の定義	1　時価とは、原則として一定の信頼性をもって測定可能な公正な評価額をいう。ただし、代替的又特定的にその他の価額による場合がある。公正な評価額とは観察可能な市場価格をいい、市場価格が観察できない場合には合理的に算定された価額をいう。いずれの場合にも、公正な評価額とは、独立した当事者間による競売又は清算による処分以外の取引において、資産の購入又は売却を行う場合のその価額をいう。 2　処分価額とは、継続を前提とする企業が資産譲渡を行う場合の売却見積額又は回収見積額から売却又は回収等の処分により負担する可能性のある取引費用を控除した価額をいう。 3　正味実現可能価額とは、資産を通常の営業過程において販売する場合の即時換金額であり、売価（販売見込額）からアフター・コストを控除した価額をいう。 4　正味売却価額とは、資産又は資産グループの売却価額から処分費用見込額を控除した価額をいう。 5　一般債権とは、経営状態に重大な問題が生じていない債務者に対する債権をいう。 6　貸倒懸念債権とは、経営破綻の状態には至っていないが、債務の弁済に重大な問題が生じているか又は生じる可能性の高い債務者に対する債権をいう。 7　破産更生債権等とは、経営破綻又実質的に経営破綻に陥っている債務者に対する債権をいう。

241

各資産科目ごとの資産評定基準

科目	内容
四 売上債権	売上債権については、原則として、各債権金額から貸倒見積額を控除した価額により評定する。貸倒見積額の算定は次の通りとする。 1 一般債権については、原則として過去の貸倒実績率等合理的な基準により貸倒見積額を算定する。ただし、評定基準日以降の回収実績による算定も可能とする。 2 貸倒懸念債権については、当該債権額から担保処分見込額及び保証による回収見込額を控除し、残額について債務者の財政状態及び経営成績を考慮して貸倒見積額を算定する。 3 破産更生債権等については、当該債権額から担保処分見込額及び保証による回収見込額を減額し、その残額を貸倒見積額とする。また、清算配当等により回収が可能と認められる額は、担保処分見込額及び保証による回収見込額と同様に取扱う。 4 子会社等の関係会社に対する売上債権に係る貸倒見積額については、親会社等として他の債権者と異なる取扱いを受ける可能性がある場合には、これによる影響額を合理的に見積もるものとする。
五 棚卸資産	1 商品・製品については、正味実現可能価額から販売努力に対する合理的見積利益を控除した価額により評定する。 2 半製品・仕掛品については、製品販売価額から完成までに要する費用、販売費用及び完成販売努力に対する合理的見積利益を控除した価額により評定する。 3 販売目的の財貨又は用役を生産するために短期間に消費されるべき原材料については、再調達原価により評定する。 4 品質低下、陳腐化等により収益性の低下している棚卸資産については、正味売却価額、処分価額又は一定の回転期間を超える場合には規則的に帳簿価額を切り下げる方法による価額により評定する。
六 販売用不動産等	1 開発を行わない不動産又は開発が完了した不動産は、正味実現可能価額から販売努力に対する合理的見積利益を控除した価額により評定する。 2 開発後販売する不動産は、開発後の正味実現可能価額から造成・開発原価等、今後完成までに要する見込額と販売努力に対する合理的見積利益を控除した価額により評定する。 3 なお、合理的見積利益を見積もることが困難な場合には、合理的見積利益を控除しないことができる。 4 売価は、販売公表価格又は販売予定価格とするが、当該価格での販売見込みが乏しい場合は、観察可能な市場価格がある場合には当該市場価格とし、観察可能な市場価格がない場合には、不動産鑑定士の不動産鑑定評価額等、一般に公表されている地価若しくは取引事例価格又は収益還元価額等の合理的に算定された価額とする。
七 前払費用	1 期間対応等により今後継続する事業の費用削減に資することが明らかである場合には、役務等の未提供部分に相当する支出額により評定する。 2 今後継続する事業の費用削減に貢献するとは見込まれない場合には、契約解除により現金回収が見込まれる回収見込額により評定する。

八　貸付金	1 原則として、各債権金額から貸倒見積額を控除した価額により評定する。
	2 貸倒見積額は、貸付先の決算書等により財務内容を把握し、貸付先の経営状況及び担保・保証等を考慮した回収可能性に応じて算定する。ただし、決算書等の入手が困難な場合には、「四　売上債権」に準じて評定することができる。
	3 子会社等の関係会社に対する貸付金に係る貸倒見積額については、親会社等として他の債権者と異なる取扱いを受ける可能性がある場合には、これによる影響額を合理的に見積もるものとする。
	4 役員等への貸付金に係る貸倒見積額は、当該役員等の資産や収入の状況、保証債務の状況等を勘案し算定する。この場合、保証債務又は経営責任により役員等に経済的負担がある場合等には、保証による回収見込額等と重複しないように留意する。
	5 従業員に対する住宅取得資金等の貸付金に係る貸倒見積額は、当該従業員の資産の状況、退職金支払予定額等を勘案して算定する。
九　未収入金等	1 金銭債権としての性質を有するものは、原則として「四売上債権」に準じて評定する。
	2 仮払金のうち、本来費用処理されるべき額については評定額は零とする。役員等に対する仮払金は役員等に対する貸付金に準じて評定する。
十　事業用不動産	1 原則として、不動産鑑定士による不動産鑑定評価額及びこれに準じる評価額（以下「不動産鑑定評価額等」という）により評定する。この場合、不動産鑑定評価等における前提条件、評価方法及び評価額が、本評定基準の評定方法に照らして適合していることを確認する。
	2 重要性が乏しい等により、不動産鑑定評価額等を取得する必要がないと判断される場合には、不動産鑑定評価基準（国土交通事務次官通知）における評価手法を適用して評定した額、土地について地価公示等の土地の公的評価額に基づいて適正に評価した額、償却資産について適正に算定した未償却残高等を合理的に算定した価額として評定することができる。
	3 なお、事業内容等に照らして評定単位について特に留意するものとする。
十一　投資不動産	1 原則として不動産鑑定評価額等により評定する。
	2 重要性が乏しい等により、不動産鑑定評価額等を取得する必要がないと判断される場合には、不動産鑑定評価基準における評価手法を適用して評定した額、土地について地価公示等の土地の公的評価額に基づいて適正に評価した額又は償却資産について適正に算定した未償却残高等を合理的に算定された価額として評定することができる。
十二　その他償却資産	1 観察可能な市場価格がある場合には、当該市場価格により評定する。
	2 観察可能な市場価格がない場合には、原価法による価格（再調達原価を求めた上で当該資産の取得時から評定時点までの物理的、機能的、経済的減価を適切に修正した価額をいう）、収益還元法による価格又は適正に算定された未償却残高を合理的に算定された価額として評定する。
十三　リース資産	リース資産については、ファイナンスリース取引に該当する場合で、賃貸借取引に準じた処理が行われている場合に、リース債権を担保債権として取り扱う場合には、リース資産については、未払リース料相当額は負債として計上し、見合としてのリース資産を、その他償却資産に準じて評定する。

243

十四　無形固定資産	1　観察可能な市場価格がある場合には、当該市場価格により評定する。 2　観察可能な市場価格がない場合には、専門家による鑑定評価額や取引事例に基づき適正に評価した価格を合理的に算定された価額として評定する。 3　類似した資産がなく合理的な評定額を見積もることが出来ない場合には評定額は零とする。 4　本評定前に債務者が有償で取得したのれんは無形固定資産として評定するが、この場合、評定基準日において個別に明確に算定することができるものに限ることに特に留意する。
十五　有価証券（投資有価証券含む）	1　観察可能な市場価格がある場合には、当該市場価格により評定する。 2　観察可能な市場価格がない場合には、合理的に算定された価額により評定する。この場合、株式については日本公認会計士協会が策定した企業価値評価ガイドラインの評価方法等を参考とする。 3　観察可能な市場価格及び合理的に算定された価額が存在しない社債及びその他の債券については、当該債券について償却原価法を適用した価額から貸倒見積額を控除した価額により評定する。
十六　関係会社株式	1　観察可能な市場価格がある場合には、当該市場価格により評定する。 2　観察可能な市場価格がない場合には、合理的に算定された価額により評定する。この場合、日本公認会計士協会が策定した企業価値評価ガイドラインの評価方法等を参考とする。
十七　その他の投資	1　長期前払費用については、「七　前払費用」に準じて評定する。 2　敷金については、預託金額から契約により返還時に控除される額、原状回復費用見積額及び賃貸人の支払能力による回収不能額を控除した価額で評定する。 3　建設協力金については、「八　貸付金」に準じて評定する。なお、無利息等一般の貸付金と条件が異なる場合には、建設協力金に関する一般に公正妥当と認められる企業会計の基準に準拠して評定することができる。 4　差入保証金については、「八　貸付金」に準じて評定する。 5　ゴルフ会員権等については、会員権相場のあるゴルフ会員権等は、相場による価額により評定する。 　　会員権相場のないゴルフ会員権等は、入会金等に相当する部分は評定額は零とし、預託保証金に相当する部分は額面金額から貸倒見積額を控除した額により評定する。 6　貸倒見積額は預託先の信用状況、経営状況等を考慮して見積もる。 7　保険積立金については、評定時点において解約したと想定した場合の解約返戻金相当額により評定する。
十八　繰延資産	繰延資産については、原則として評定額は零とする。
十九　繰延税金資産及び繰延税金負債	繰延税金資産及び繰延税金負債については、原則として、繰延税金資産及び負債に関する一般に公正妥当と認められる企業会計の基準に準拠して評定する。この場合、事業再生計画の内容等に基づき回収可能性について特に慎重に判断する。なお、一時差異等の認識に当たっては、本評定基準による資産及び負債の評定額と課税所得計算上の資産及び負債の金額の差額を一時差異とみなすものとする。

244

二十　裏書譲渡手形及び割引手形	裏書譲渡手形及び割引手形については、割引手形買戻債務等を認識して負債計上し、見返勘定として回収見込額を手形遡及権として資産に計上する。又は、割引手形買戻債務等から回収見込額を控除した額を債務保証損失引当金として負債に計上する
二十一　貸倒引当金	1　個別引当の設定対象となった債権について、本基準に基づき別途評定が行われているときは、当該債権についての貸倒引当額を取り崩す。 2　一般引当の設定対象となった債権について、本基準に基づき別途評定が行われているときは、当該債権についての貸倒引当相当額を取り崩す。
二十二　退職給付引当金	1　退職給付に関する一般に公正妥当と認められる企業会計の基準に準拠して設定するが、未認識過去勤務債務及び未認識数理計算上の差異については評定時に認識して計上又は取り崩す。 2　退職が見込まれる従業員がある場合には支給予定額を計上する。 3　中小企業等で合理的に数理計算上の見積りを行うことが困難である場合は、退職給付に関する一般に公正妥当と認められる企業会計の基準に準拠して簡便な方法を用いることができる。
二十三　その他の引当金	1　引当金の設定対象となる資産及び負債について本基準に基づき評定が行われているときは、関連する引当金の額の見直しを行う。 2　関係会社の整理又は余剰人員の整理等事業再構築等に要する費用の見積額で、他の資産等の評定額に反映されていない額は事業再生計画に基づき「関係会社支援損失引当金」「事業再構築引当金」等の名称により引当金を計上する。
二十四　保証債務等	1　保証債務については、保証債務の総額を負債として計上し、同額の求償権を資産に計上し貸倒見積額を控除する。貸倒見積額は主債務者の返済可能額及び担保により保全される額等の求償権の回収見積額を控除した額とする。又は、保証債務の総額から求償権の回収見積額を控除した額を債務保証損失引当金として負債に計上する。 2　評定基準日後に保証を履行し、又は保証履行を請求されている保証債務が存在する場合にも、「1」と同様に評定する。 3　他の債務者の債務の担保として提供している資産がある場合等で、当該資産について担保権が実行される可能性が高い場合についても、保証債務に準じて評定する。
二十五　デリバティブ取引	1　市場価格又はこれに準じて合理的に算定された価額により評定する。 2　ヘッジ取引についてはヘッジ対象資産及び負債について本基準に基づき評定した場合には、ヘッジ手段であるデリバティブ取引についても本基準に基づき評定する。 3　複合金融商品を構成する個々の金融資産又は金融負債を一体として評定単位とすることが適当な場合には一体のものとして評定する。
二十六　のれん	法人格の継続を前提とした自らの事業に関するのれんについては、「十四　無形固定資産」ののれんに準じて、評定基準日において個別に明確に算定することができるものに限って評定することができ、それ以外の評定額は零とする。
二十七　その他	1　本基準に定めのない資産及び負債項目については、「二　評定の原則」に従って合理的な評定方法を採用するものとする。

	2 本基準に定めのないその他の合理的な評定方法がある場合には、その他の合理的な評定方法を用いることができるものとする。その場合には、その他の合理的な評定方法の内容及び採用した理由を明記するものとする。
	3 「一 目的」に照らして、重要性に乏しいと判断した資産及び負債については、本基準と異なる簡便的な評定方法を用いることができるものとする。簡便的な評定方法を用いた場合には、重要性の基準値及び簡便的な評定方法の内容を明記するものとする。

② 中小企業特性の反映

金融検査マニュアル別冊［中小企業融資編］においては、企業の実質的な財務内容を判定するにあたっては、代表者個人の資産内容等も加味することができるとされています。

そのため、対象会社自体の実態純資産の評価に加えて、中小企業特性である代表者個人の資産内容を加味した純資産の評価が求められることもあります。

▌中小企業特性を考慮した純資産額の試算例

No	摘要	金額（千円）
①	含み損益等の修正事項まで反映した場合の純資産	▲ 90,265
②	中小企業特性に基づく資産評価等	112,454
	社長個人預金等	30,233
	社長自宅土地	83,364
	社長自宅建物	14,000
	社長所有の有価証券	6,020
	社長所有のゴルフ会員権・リゾート会員権	500
	社長所有の車両	10,337
	個人借入（住宅ローン）	▲ 32,000
③	中小企業特性反映後の実質純資産額	22,189

(2) 資金繰り分析

事業再生の局面になっているということは少なからず、資金繰りの内容や構造に問題を抱えている可能性があります。また、事業再生の局面において、対象会社は日々の資金繰りに窮していることが多く、既に借入金の返済条件の変更や、仕入先への代金支払い繰り延べ、法人税・消費税等の税金や社会保険料

の未納・滞納をしていることがあります。そのため通常の M&A での財務 DD の場合よりも、対象会社の資金繰りを分析することが重要になってきます。

　また、事業再生計画の遂行段階に入った場合には一定期間金融債権者等からモニタリングがされることが多く、その際には通常、資金繰り実績、計画との対比、乖離理由の分析等が求められます。事業再生計画の検討段階において、計画実行段階における対象会社の資金繰りを見誤ると、再生計画の遂行段階で再び窮境に陥ることになりかねません。

　資金繰りの分析方法は、対象会社の業種・業態・置かれている状況によって異なってきますが、以下のような視点で見ていくことになります。

・過去の資金繰りの実績を分析し、対象会社における資金繰りの特徴を把握する。

・過去の資金繰りの実績を踏まえ、対象会社が窮境に陥った原因が資金繰りの構造にないかを分析する。

・再生計画における資金繰り計画（日繰り又は月繰り）が対象会社の過去の資金繰りの傾向等と比較し、現実的なものとなっており、事業から得られる資金で必要な設備投資や債務の弁済が行われる健全な財務体質となりうるかを検証する。

　次の表は対象会社の過去1年間における月次の資金繰り実績を営業CF、投資CF、財務 CF の区分ごとにまとめた表になります。

資金繰り分析（実績）の例

1.令和●年3月期（実績）　　　　　　　　　　　　　　　　　　　　　　　　　　　　　　　　　（単位：千円）

令和●年3月期	実績												合計
	4月	5月	6月	7月	8月	9月	10月	11月	12月	1月	2月	3月	
1. 営業収入	******	******	******	******	******	******	******	******	******	******	******	******	******
売上高	30,624	33,295	42,195	29,363	35,212	29,464	42,922	23,475	22,474	11,475	10,563	12,475	323,537
売掛金発生	△29,789	△32,387	△41,045	△28,562	△34,252	△28,661	△41,752	△22,835	△21,861	△11,162	△10,275	△12,135	△314,716
売掛金回収	38,364	40,415	47,731	45,245	40,829	40,893	45,768	41,981	29,053	21,465	13,934	14,566	420,245
2. 営業外収入	******	******	******	******	******	******	******	******	******	******	******	******	******
受入利息	0	-	0	-	0	0	0	0	0	-	0	0	0
その他	5	2	1	1	4	1	1	6	1	1	1	3	26
事業収入 (A)	2,677	2,802	2,707	2,864	3,993	2,994	2,762	2,894	2,727	2,731	2,403	2,220	33,775
1. 営業支出	******	******	******	******	******	******	******	******	******	******	******	******	******
仕入れ	786	659	725	662	725	873	646	716	722	852	616	574	8,556
人件費支出	12,912	14,461	13,883	13,703	15,689	15,931	15,846	13,099	13,028	12,068	11,037	10,511	162,168
退職金の支払い	1,073	3,047	3,666	918	409	1,168	265	3,404	463	246	103	84	14,846
一般経費支出	******	******	******	******	******	******	******	******	******	******	******	******	******
仮払消費税	******	******	******	******	******	******	******	******	******	******	******	******	******
2. 営業外支出	******	******	******	******	******	******	******	******	******	******	******	******	******
支払利息等支出	22	18	130	30	27	109	28	25	97	28	33	112	659
その他の支出	15	1	1	0	1	5	1	0	1	0	2	45	72
事業支出 (B)	******	******	******	******	******	******	******	******	******	******	******	******	******
営業CF (C=A-B)	******	******	******	******	******	******	******	******	******	******	******	******	******
有形固定資産売却	-	-	4,000	124,500	-	-	-	-	-	-	-	-	128,500
投資有価証券売却	-	-	3,141	-	-	-	-	30,123	-	-	-	-	33,264
その他の収入	3	-	34	-	2	-	-	9	-	-	-	-	48
有形固定資産売却等収入 (D)	******	******	******	******	******	******	******	******	******	******	******	******	******
有形固定資産取得	45	25	11	162	99	151	131	47	17	19	59	28	794
投資有価証券取得	-	-	-	-	-	-	-	-	-	-	-	-	-
その他の支出	8	2	2	2	2	2	2	2	2	2	3	2	33
投資有価証券取得等支出 (E)	******	******	******	******	******	******	******	******	******	******	******	******	******
消費税等	2,480	2,480	-	3,590	3,590	3,590	3,590	3,590	3,590	3,590	3,590	3,590	37,270
法人税等				70									70
決算支出 (F)	******	******	******	******	******	******	******	******	******	******	******	******	******
投資CF(G=D-E-F)	******	******	******	******	******	******	******	******	******	******	******	******	******
営業CF＋投資CF (H=C+G)	******	******	******	******	******	******	******	******	******	******	******	******	******
短　期	-	-	42,048	-	-	-	-	50,227	-	-	-	-	92,275
長　期	-	-	-	112,644	-	-	-	-	-	-	-	-	112,644
その他													
借入 (I)	******	******	******	******	******	******	******	******	******	******	******	******	******
短　期													
長　期	6,483	30,255	5,522	8,754	2,453	6,622	2,222	5,533	4,572	1,269	52,922	1,854	128,461
返済 (J)	******	******	******	******	******	******	******	******	******	******	******	******	******
財務CF (K=I-J)	******	******	******	******	******	******	******	******	******	******	******	******	******
増減 (M=H+K+L)	******	******	******	******	******	******	******	******	******	******	******	******	******
期首資金残高 (N)	66,294	******	******	******	******	******	******	******	******	******	******	******	66,294
期末資金残高 (O=M+N)	******	******	******	******	******	******	******	******	******	******	******	32,473	32,473
（期末資金残高のうち、拘束性預金残高）	******	******	******	******	******	******	******	******	******	******	******	******	******

　これらの資金繰り実績を基に、対象会社において将来 1 年間の事業計画に基づく資金繰り予測を行ったものが下表になります。事業再生の局面で金融支援の必要性も検討されるため、予定される金融支援が行われなかった場合の予測も付記することでその必要性を検討できるような判断材料にもなります。

資金繰り分析（予測）の例

1.令和●年3月期（予測）

（単位：千円）

令和●年3月期	予測 4月	5月	6月	7月	8月	9月	10月	11月	12月	1月	2月	3月	合計
1. 営業収入	******	******	******	******	******	******	******	******	******	******	******	******	******
2. 営業外収入	******	******	******	******	******	******	******	******	******	******	******	******	******
その他	******	******	******	******	******	******	******	******	******	******	******	******	******
事業収入 (A)	******	******	******	******	******	******	******	******	******	******	******	******	******
1. 営業支出	******	******	******	******	******	******	******	******	******	******	******	******	******
その他の支出	******	******	******	******	******	******	******	******	******	******	******	******	******
事業支出 (B)	******	******	******	******	******	******	******	******	******	******	******	******	******
営業CF (C=A-B)	******	******	******	******	******	******	******	******	******	******	******	******	******
投資CF(G=D-E-F)	******	******	******	******	******	******	******	******	******	******	******	******	******
営業CF＋投資CF (H=C+G)	******	******	******	******	******	******	******	******	******	******	******	******	******
借入 (I)	******	******	******	******	******	******	******	******	******	******	******	******	******
返済 (J)	******	******	******	******	******	******	******	******	******	******	******	******	******
財務CF (K=I-J)	******	******	******	******	******	******	******	******	******	******	******	******	******
増減 (M=H+K+L)	******	******	******	******	******	******	******	******	******	******	******	******	******
期首資金残高 (N)	32,473	******	******	******	******	******	******	******	******	******	******	******	32,473
期末資金残高 (O=M+N)	******	******	******	******	******	******	******	******	******	******	******	28,464	28,464

2.令和●年3月期（金融支援が行われなかった場合）

（単位：千円）

令和●年3月期	予測 4月	5月	6月	7月	8月	9月	10月	11月	12月	1月	2月	3月	合計
1. 営業収入	******	******	******	******	******	******	******	******	******	******	******	******	******
2. 営業外収入	******	******	******	******	******	******	******	******	******	******	******	******	******
その他	******	******	******	******	******	******	******	******	******	******	******	******	******
事業収入 (A)	******	******	******	******	******	******	******	******	******	******	******	******	******
1. 営業支出	******	******	******	******	******	******	******	******	******	******	******	******	******
その他の支出	******	******	******	******	******	******	******	******	******	******	******	******	******
事業支出 (B)	******	******	******	******	******	******	******	******	******	******	******	******	******
営業CF (C=A-B)	******	******	******	******	******	******	******	******	******	******	******	******	******
投資CF(G=D-E-F)	******	******	******	******	******	******	******	******	******	******	******	******	******
営業CF＋投資CF (H=C+G)	******	******	******	******	******	******	******	******	******	******	******	******	******
借入 (I)	******	******	******	******	******	******	******	******	******	******	******	******	******
返済 (J)	******	******	******	******	******	******	******	******	******	******	******	******	******
財務CF (K=I-J)	******	******	******	******	******	******	******	******	******	******	******	******	******
増減 (M=H+K+L)	******	******	******	******	******	******	******	******	******	******	******	******	******
期首資金残高 (N)	66,294	******	******	******	******	******	******	******	******	******	******	******	66,294
期末資金残高 (O=M+N)	******	******	******	******	▲1,463	▲10,273	▲20,476	▲47,473	▲38,654	▲50,274	▲27,483	▲45,459	▲45,459

（3）　清算貸借対照表及び清算（破産）配当率の分析

　事業再生における債権者やスポンサーの立場としては、対象会社に対して再生計画に従った一定の金融支援や資本増強等の対策を講ずることにより、対象会社を清算させることよりも企業価値が大きくなることから再生計画に賛同し協力することになります。

　すなわち『清算価値＜継続価値』『清算（破産）配当率による債権回収額＜再生計画に従った場合の債権回収額』となる場合に事業再生は成立するのです。そのため、財務 DD の報告書においても、上記（1）で算定した実態純資産額を基に対象会社が仮に基準日に清算（破産）した場合の清算（破産）配当率の算出が求められることがあります。

　なお、清算（破産）配当率の試算は、実態純資産額の算定（財産評定等）で把握した資産及び負債の評価後の残高をもとに、別除権（抵当権、質権、先取特権等）や財団債権・優先債権（労働債権、租税債権等）、その他清算関連費用（清算事務関連費用、租税費用、管財人等専門家報酬等）見込額を加味して、仮に清算した際に一般債権者に対して配当されると予測される金額を算出し、一般債権者が保有しうる債権額に対してどの程度配当されるかを試算することになります。

清算配当率の試算例

破産配当率の試算

No	摘要		金額（千円）
①	清算処分価額による資産総額		45,000
②	別除権*		15,362
③	財団債権・優先債権		7,618
		労働債権	*4,400*
		租税債権	*3,218*
④	清算費用		16,000
		見込まれる事務費	*5,000*
		見込まれる租税	*1,000*
		見込まれる報酬等	*10,000*
⑤	予想配当可能額（①－（②＋③＋④））		6,020
⑥	負債総額		200,000
⑦	別除権見込額		15,362
⑧	財団債権・優先債権		7,618
⑨	一般破産債権（⑥－（⑦＋⑧））		177,020

破産配当率（⑤÷⑨）	3.4 %

*破産手続開始の時において破産財団に属する財産につき、特別の先取特権、質権又は抵当権を有する者が、これらの権利の目的である財産について、破産手続によらないで行使することができる権利のことをいう

目的別DD *Analysis* | **2**

カーブアウト（事業分離）案件に関する留意点

1　M&A とカーブアウト

(1)　M&A においてカーブアウトが採用される意義

　M&A において一部の事業をカーブアウト（事業分離、事業切り出し）したうえで事業売却をするケースがあります。カーブアウトが採用される理由について、売り手と買い手それぞれの立場からみると次のような理由があげられます。

①　売り手の立場

【事業の選択と集中のため】

　対象会社が複数の事業を行っている場合に、特定の事業に経営資源を集中させた経営を行いたい、不採算事業を切り離したい等のように事業の選択と集中を行うため M&A を選択することがあります。

　この場合に、対象会社全体を譲渡対象とするのではなく、切り離したい事業のみを譲渡対象とすることととなります。

【自身に帰属する一部の事業や資産・負債を残すため】

　対象会社が会社運営を行うにあたって、対象会社が行う事業、保有する資産や負債等は必ずしも対象会社の『本業』と関係ないものが含まれている場合があります。

　例えば、『本業』に関係のない収益不動産を会社で保有しており、事業譲渡後も売り手のもとに不労所得として残しておきたいといったケースなどが考えられます。

② 買い手の立場

【新規事業参入目的】

　買い手が新規事業に参入しようとする場合に、ゼロから事業の立案、サービスの構築、顧客開拓、技術開発、ブランディング等をすることは時間や労力が多くかかるとともに、新規事業立ち上げのリスク等も負うことになります。そのリスクを一部軽減し、新規事業参入を速やかに行うために、既に展開されている事業や開発されている技術を買収することがあります。その場合に対象会社が複数事業を行っている場合には特定の事業等のみを買収対象とすることがあります。

【規模の経済の享受】

　買い手が行っている事業の事業戦略として一定のマーケットシェアを確保し、規模の経済を享受することが命題となっている場合があります。このような場合には、同業他社が行っている自社の事業と関連性の深い事業が買収対象となることがあります。

【特定の潜在的な偶発債務やリスクの切り離し】

　対象会社の調査を行う仮定で、対象会社の行っている事業運営において、法律上の問題や損害賠償等の偶発債務のように潜在的なリスクが存在する可能性が高いと判断され、法人格そのものを引き継ぐことが難しいと判断する場合があります。この場合にも対象会社における必要な事業や資産・負債のみを切り出して買収対象とすることがあります。

(2)　カーブアウトの手法

　一般に、カーブアウトの手法としては「事業譲渡」「分社型吸収分割」「分社型新設分割＋株式譲渡」「分割型新設分割＋株式譲渡」といった手法が用いられます。

①　事業譲渡

　事業譲渡とは対象会社の有する事業の全部又は一部を一体として譲渡することをいいます。事業には貸借対照表に計上されている資産や負債に加え、無形の取引契約、雇用契約、ノウハウ等も含みます。

【メリット】

①移転する事業は移転元の法人格から切り離されるため潜在的なリスクからの遮断が可能となります。

②譲渡対象の資産・負債、契約、従業員等を会社分割等と比較して柔軟に決定できます。

③組織再編にかかる会社法上の手続（債権者保護手続等）は不要であるため、比較的迅速に取引の実行ができます。

【デメリット】

①資産負債の移転手続には個別の移転手続（債権者の承諾等）が必要となるため事務手続きが煩雑となります。

②買い手の会社に直接事業が移転するため、買い手は事業に係る統合手続等が煩雑になることがあります。

③買い手の会社に直接事業が移転するため、事業に係るリスクを M&A 後は買い手の会社が直接負うことになります。

④資産・負債の移転は消費税の課税対象となります。

⑤譲渡対価は対象会社に入金されるため、直ちに売り手の手取りとはなりません。

⑥不動産取得税や登録免許税等が原則として課税されます。

⑦許認可を引き継ぐことはできません。

❙ 事業譲渡

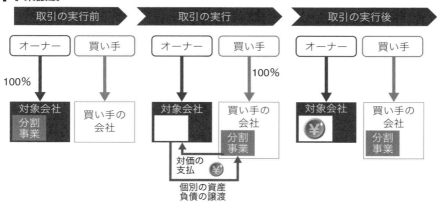

②　分社型吸収分割

　分社型吸収分割は対象会社（分割会社）から事業（資産・負債等）の一部又は全部を切り出し、既存の会社（承継会社）に承継させる方法です。承継会社は分割会社より事業を承継し、対価として金銭等（金銭のほか、分割承継会社の株式を発行する方法等がある）を交付します。なお、新設する会社に承継させることを「新設分割」といい、会社法に定められている会社分割には承継会社を新設する「新設分割」と既存の会社に承継する「吸収分割」があります。

【メリット】

①分割法人に対する支配は維持したまま、譲渡したい事業のみ移転できます。

②事業の移転に関して個別の通知や承諾等の移転手続が必要ありません。

③資産・負債の移転は消費税の課税対象とはなりません。

④不要な事業やリスクの承継を回避できます。

⑤不動産取得税等の個別の資産移転に係るコストが安くなることがあります。

【デメリット】

①買い手の会社に直接事業が移転するため、買い手は事業に係る統合手続等が煩雑になることがあります。

②買い手の会社に直接事業が移転するため、事業に係るリスクをM&A後は買い手の会社が直接負うことになります。

③分割対価を株式等以外とした場合には税務上非適格分割となり、分割時点で移転資産・負債の時価評価が必要となり、分割法人で時価評価損益が生じます。

④労働承継法に基づく手続や債権者保護手続等が必要になり、一定程度の時間が必要となります。

▌分社型吸収分割

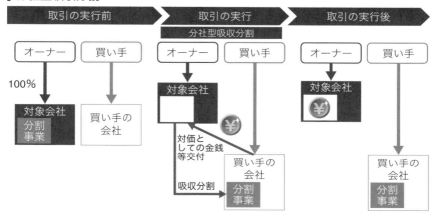

③　分社型新設分割＋株式譲渡

　まず、対象会社（分割会社）から分割対象となる事業（資産・負債等）の一部又は全部を切り出し、新設される会社（承継会社）に承継させ、新会社の株式を分割会社に割り当てるという分社型新設分割を行います。その後、分割会社が分社型新設分割を行うことによって保有することとなった承継会社の株式を買い手に対して譲渡する方法です。

【メリット】

　①分割法人に対する支配は維持したまま、譲渡したい事業のみ移転できます。

　②事業の移転に関して個別の通知や承諾等の移転手続が必要ありません。

　③法人を買収するため事業に係るリスクを買い手は直接的には負いません。

　④資産・負債の移転は消費税の課税対象とはなりません。

　⑤不要な事業やリスクの承継を回避できます。

　⑥不動産取得税等の個別の資産移転に係るコストが安くなることがあります。

【デメリット】

　①分割承継法人の株式を譲渡することを前提とする場合には税務上非適格分割であるため、移転資産・負債の時価評価が必要となり、分割法人で時価評価損益が課税されます。

　②労働承継法に基づく手続や債権者保護手続等が必要になり、一定程度の時

257

間が必要となります。

▌分社型新設分割＋株式譲渡

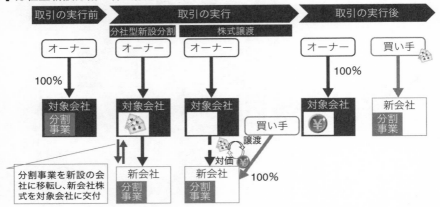

④　分割型新設分割＋株式譲渡

　まず、対象会社（分割会社）から分割対象となる事業（資産・負債等）の一部又は全部を切り出し、事業を承継した会社（承継会社）の株式を分割会社の株主に割り当てる分割型分割を行います。その後、分割会社の株主が分割型新設分割を行うことによって保有することとなった承継会社の株式、又は分割会社の株式を買い手に対して譲渡する方法です。

【メリット】

　①譲渡対象外の事業（資産・負債等）に対する支配は維持したまま、譲渡したい事業のみを株式譲渡により移転できます。

　②事業の移転に関して個別の通知や承諾等の移転手続が必要ありません。

　③法人を買収するため事業に係るリスクを買い手は直接的には負いません。

　④資産・負債の移転は消費税の課税対象とはなりません。

　⑤不動産取得税等の個別の資産移転に係るコストが安くなることがあります。

【デメリット】

　①分割会社の株式を譲渡する場合には、買い手は旧法人格を引き継ぐことになるため、不要資産や偶発債務等のリスクを引き継ぐことになります。

　②分割承継会社の株式を譲渡する場合には、税務上非適格分割※となり、移

258

転資産・負債の時価評価が必要となり、分割法人で時価評価損益が課税されます。また、分割法人の株主に対するみなし配当課税も発生します。

③労働承継法に基づく手続や債権者保護手続等が必要になり、一定程度の時間が必要となります。

※ 2017 年度税制改正

　2017 年度税制改正以前は、M&A によって分割法人又は分割承継法人のいずれかの株式譲渡を前提とする場合には、組織再編税制における「非適格分割」と判断されていました。

　分割型分割が非適格分割と判断された場合には、分割時に分割会社において分割による移転する資産及び負債を時価評価し、評価損益について課税されます。また、分割会社の株主については、分割時点において、みなし配当課税がなされます。非上場株式の配当所得に関する課税は原則として超過累進税率による総合課税により課税されるため、売り手の手取り額が著しく少なくなることから、実務上採用されることは稀でした。

　しかし、2017 年度税制改正により、2017 年 10 月 1 日以後に行われる会社分割については、分割型分割における税制適格要件の緩和がなされており、分割型分割によった場合の「支配継続要件」について、分割後に同一の者と分割承継法人との間の支配関係の継続が見込まれることとされました。

　すなわち、譲渡対象となる事業（資産・負債等）については分割会社に残し、不要な事業（資産・負債等）について分割承継会社に承継させ、その後分割会社の株式を譲渡することよって税制適格要件を満たし、分割型分割は原則として「適格分割」と判断されることになり、実務において、2017 年度税制改正後は分割型分割を利用したスキームの利用が増えています。

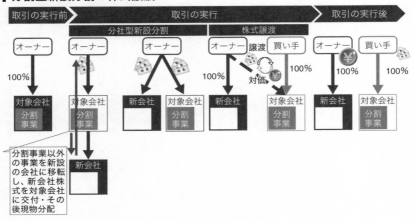

2 カーブアウトにおける財務 DD の調査上の留意点

(1) カーブアウト特有の留意点

　カーブアウト案件の財務 DD を行う場合であっても、通常の財務 DD で実施される調査の視点や留意点と大きな違いはありません。

　しかし、カーブアウト案件の場合は対象会社全体を買収の対象としているのではなく、対象会社の構成する一部の事業等を買収の対象としていることから、調査における制約や特別に留意すべき事項が出てきます。

　カーブアウト案件の場合には、特に以下の観点を意識して調査を進めていきます。

① 買収対象事業の財政状態及び収益力に関する理解と評価

　通常の財務 DD では、対象会社全体としての財政状態や経営成績に対して調査を進めていきますが、カーブアウト案件の場合には、調査の対象は譲渡対象事業に関する財務情報が中心となります。そのため、後述する対象会社における譲渡対象事業の財務諸表（カーブアウト財務諸表）を入手することが調査の

出発点となります。

　また、カーブアウト案件の場合には、譲渡対象外の事業に関する質問や資料の開示に制限がかかることも少なくありません。通常の DD と比べて、より何を調査し、何を調査しないのかスコープを明確にすることが重要となってきます。

② 　買収対象事業に分類される資産や負債、損益に不要なものが含まれていないかの検証

　対象会社より提示された譲渡対象事業にかかる貸借対照表や損益計算書といったカーブアウト財務諸表に含まれている資産や負債、取引や契約が譲渡対象事業にとって必要なものであるかどうかを調査します。

　依頼主である買い手にとって不要な資産や負債、取引や契約等が譲渡対象事業に含まれていることにより、結果として本来支払うべき対価よりも多くの対価を支払うことになってしまうことや、潜在的な債務を負ってしまうこともあります。

③ 　事業分離後に事業を継続するうえで必要な資産や負債、損益、取引、契約等が網羅されているかの検証

　対象会社より提示されたカーブアウト財務諸表に事業運営上必要な資産や負債、取引や契約等が含まれているかを調査します。

　貸借対照表に計上されているかどうかを問わず、事業運営上利用している固定資産が譲渡対象に含まれていない場合には、取引の成立後に個別の移転手続きや対価の清算等追加的な交渉が発生する場合があります。同様に事業継続のために必要な取引や契約が引き継がれない場合には費用が過少に計上され、譲渡対象事業の損益を過大評価するとともに、移転されなかった契約について取引の成立後に再契約の必要が生ずる場合があります。再契約についても優遇された条件で契約していた場合には同様の条件で再契約できずに問題となる場合もあります。

④ 　本社費等のように対象会社全体に発生していた費用で、買収後に追加的に発生することが見込まれる費用や投資等はないかの検証

　カーブアウト案件は、それまで一つの法人で運営されていた複数の事業が分

離されて運営されていくことに特徴があります。事業が分離された場合には、それまでは各事業に共通で発生していた経費や役務提供を受けていたサービスが、分離後にどちらに帰属するのかを検討することが重要です。このような問題をスタンドアロンイシューといいます。

　事業分離後に重要なサービス提供等が停止した場合に、事業運営が機能不全をおこす可能性や事業計画の重要な見直しが必要な場合もあるため、スタンドアロンイシューに対する事前検討は、カーブアウト案件において非常に重要な検討事項となります。

(2)　カーブアウト財務諸表

①　カーブアウト財務諸表作成の意義

　カーブアウト財務諸表は、譲渡対象事業が切り離され、単独で事業運営した場合の財務諸表を想定して作成されるものです。

　カーブアウト財務諸表は、一義的には対象会社により作成されますが、日常的に管理されている事業別・部門別の財務諸表とは必ずしも一致するものではなく、個々の案件の個別事情を加味したうえで作成することが重要となります。

②　カーブアウト BS に対する調査事項

　カーブアウト BS は、例えば以下のような観点から検証します。

▶譲渡対象事業の資産は実在しているか

▶譲渡対象事業の資産の評価は適切か

▶譲渡対象事業の資産・負債の移転にあたって特別な手続や配慮が必要な事項はないか（名義変更手続、解約と再度の差入の手続き等）

▶譲渡対象事業に未計上となっているオフバランス項目はないか

▶全社共通の資産や負債がある場合には合理的な基準での按分がなされているか

▶譲渡対象外の資産や負債に譲渡対象事業に含めるべき資産や負債は含まれていないか

▶カーブアウト後に伴う一時的なコスト（分離のための会社設立費用、登記費用、一時金等）に対する負担は織り込まれているか

▶譲渡対象事業に必要な運転資金・運転資本が十分に確保されているか

▶その他貸借対照表に計上されていないような権利関係（許認可、知的財産権、ソフトウェアの使用許諾等）やオフバランス資産（償却済資産等）等について譲渡対象とすべきものがないか

▎カーブアウト BS の例

（千円）	全社	譲渡対象外	譲渡対象 調整前残高	譲渡対象 調整額	譲渡対象 調整後残高
			X6/3 末		
現金及び預金	14,926	14,926	–		–
受取手形	36,901	6,317	30,584		30,584
売掛金	285,663	116,952	168,711	△ 10,250	158,461
貸倒引当金	△ 5,800	–	△ 5,800	5,800	–
棚卸資産	65,104	35,792	29,312	–	29,312
短期貸付金	17,260	17,260	–		–
未収還付法人税等	–	–			
未収消費税	8,320		8,320		8,320
その他	6,706	6,580	126	–	126
流動資産　合計	429,080	197,826	231,253	△ 4,450	226,803
建物	9,688	9,688	–		–
工具器具備品	4,938	–	4,938	△ 464	4,474
土地	12,414	12,414	–		–
有形固定資産	27,039	22,102	4,938	△ 464	4,474
電話加入権	2,257	–	2,257	△ 2,257	–
リース資産	1,845		1,845	△ 1,845	–
その他	72,931	28,800	44,131	△ 683	43,448
無形固定資産	77,033	28,800	48,233	△ 4,786	43,448
投資有価証券	38,510	26,856	11,654	4,321	15,975
長期前払費用	4,737	2,174	2,562		2,562
保険積立金	25,388		25,388	800	26,188
その他	1,062	817	245		245
投資その他の資産	69,696	29,847	39,849	5,122	44,971
固定資産　合計	173,769	80,749	93,020	△ 128	92,892
資産　合計	602,848	278,576	324,273	△ 4,578	319,695
買掛金	259,541	198,672	60,869	–	60,869
未払金	12,605	9,127	3,478	–	3,478
リース債務	649		649		649
未払法人税等	69,448	–	69,448		69,448
未払費用	8,253	1,402	6,851		6,851
未払賞与	11,165	3,955	7,210	1,921	9,132
預り金	3,506	1,106	2,400		2,400
その他	5,744	–	5,744		5,744
流動負債	370,911	214,262	156,649	1,921	158,570
退職給付引当金	32,618	24,360	8,258	＊＊＊	8,258
役員退職慰労引当金	29,400		29,400		29,400
リース債務	1,390		1,390		1,390
資産除去債務	4,000	4,000	–		–
その他	160	–	160	–	160
固定負債	67,568	28,360	39,208		39,208
負債　合計	438,479	242,622	195,858	1,921	197,779
資本金	10,000	–	10,000	–	10,000
資本剰余金	48,447	–	48,447		48,447
利益剰余金	86,835	25,922	60,913	△ 6,499	54,415
株主資本	145,282	25,922	119,360	△ 6,499	112,862
その他有価証券評価差額金	19,087	10,032	9,055		9,055
評価・換算差額等	19,087	10,032	9,055		9,055
純資産　合計	164,369	35,954	128,415	△ 6,499	121,917
負債・純資産合計	602,848	278,576	324,273	△ 4,578	319,695

出所：「決算報告書」

③　カーブアウト PL に対する調査事項

カーブアウト PL は、例えば以下のような観点から検証します。

▶譲渡対象事業の売上高や費用に譲渡対象外の事業にかかるものが含まれていないか

▶譲渡対象事業外と分類されている売上高や費用に譲渡対象事業にかかるものはないか

▶本社費や共通費の譲渡対象事業及び譲渡対象外事業への賦課がどのように行われているか

▶後述するスタンドアロンイシューに関連して、事業分離後の事業と対象事業単独で事業運営するために必要な追加的な費用は織り込まれているか（例：本社の賃料、管理部門の人件費、全社共通的に利用されていたシステム費用、関連当事者から安価で提供を受けていた役務提供費用等）

▶全社共通の資産や負債がある場合には合理的な基準での按分がなされているか

▶その他損益計算書には反映されていないが、譲渡対象事業の事業運営に必要な取引や契約（独占契約、ライセンス契約等）に譲渡対象とすべきものがないか

■ カーブアウト PL の例

（千円）	X6/3 末				
	全社	譲渡対象外	譲渡対象		
			調整前残高	調整額	調整後残高
売上高	1,205,492	382,736	822,755	△ 109,222	713,533
売上原価	853,158	333,159	519,999	△ 77,252	442,747
売上総利益	352,333	49,577	302,756	△ 31,970	270,786
粗利率	29.2 %	13.0 %	36.8 %	29.3 %	38.0 %
販売費一般管理費	159,880	53,580	106,300	1,291	107,591
人件費	71,605	20,537	51,068	－	51,068
旅費交通費	5,242	3,421	1,821	－	1,821
交際費	3,257	1,212	2,045	－	2,045
配送費	23,335	13,929	9,406	1,291	10,697
減価償却費	34,587	14,133	20,454	－	20,454
その他経費	21,854	348	21,506	－	21,506
営業利益	192,453	△ 4,003	196,456	△ 33,261	163,195

出所：「決算報告書」

（3） スタンドアロンイシュー

　スタンドアロンイシューとは、カーブアウト案件特有の検討すべき事項であり、譲渡対象事業を対象会社から分離することにより、単純な譲渡前の対象事業の PL に対して追加的に発生する費用や手続、課題等の総称となります。また、特に会計上の影響を与えるものをスタンドアロンコストといい、以下のように分類できます。

▶社内役務の喪失コスト：

　　譲渡対象外となっている対象会社から受けていた役務提供が停止され、新たに同等の役務提供を受けるために、M&A 後に発生する追加的な費用

▶シナジー喪失コスト：

　　カーブアウト前は譲渡対象外の事業との相乗効果や規模の経済により、通常の取引価格より安価な価格で役務提供を受けることができていたものが、単独での契約になることにより実質的に値上げされることによる追加

的な費用

▶カーブアウト実行コスト：

　　対象会社より譲渡対象事業のカーブアウトを実行するために必要な一時的な費用

　また、スタンドアロンイシューに対応するため、TSA（Transition Service Agreement の略、売り手・買い手間の事業分離直後の移行期間のサービス提供契約）を締結し、一定期間は従前通りのサービス提供を相互に行うこととし、そのサービス契約期間内に新たな外部契約や人員採用等を進めるということも行われます。

▎スタンドアロンイシューの例

項目	課題	会計への影響
組織・人事	人事・総務・経理などのように全社的に行われている間接業務機能をカーブアウト後に整備する	・新たな人員採用等による人件費や採用費
	譲渡対象事業と譲渡対象外事業とを兼務していた従業員が担っていた役割を引き継ぐ人材の確保と十分な引き継ぎ体制の検討	・新たな人員採用等による人件費や採用費
	対象会社の譲渡後に退任予定のマネジメントが譲渡対象事業に対して担っていた役割（営業、人脈、社会貢献等）の評価と引継ぎ体制の検討	・新たな人員採用等による人件費や採用費 ・十分な引継ぎを行うための追加費用
	本社機能の移転に伴う諸手続の実施	・移転費用の発生 ・本社の賃貸借に伴う費用の発生
	健康保険制度の移行 従前の企業年金基金からの脱退や退職年金制度の移行等	・脱退に伴う一時金、新規の拠出
業績管理・ガバナンス	親会社への財務報告制度の構築	・体制強化に伴う管理部門の人件費
	月次決算体制の構築・早期化	・体制強化に伴う管理部門の人件費
	会計処理基準の統一	・会計処理方針変更による損益インパクト
システム	従前は全社的な観点で利用されていた会計システムや基幹システム等の IT インフラの追加の導入、整備	・システム導入費用、開発費用
	業務に関連するソフトウェアのライセンス契約の新規締結	・システム利用料やライセンス料

267

項目	課題	会計への影響
契約	製造設備等に関する契約の移転（リース・レンタル等）	・契約変更に伴う手数料、違約金
	共同購入等によるボリュームディスカウント等の優遇措置の解消	・優遇措置解消による費用増加
	グループ金融取引の解消（グループ内借入、CMS 等）	・外部調達に切り替えることによる利息の増加
	取引先への通知や契約変更の依頼	・契約変更に伴う手数料 ・契約金額の変更によるコスト増

付録

参考資料

No.	種別	依頼資料	対象期間	開示・回答方法 原本/写し/ 電子データ	優先順位
1	会社の概要	会社案内・パンフレット等	現時点	写し	中
2	会社の概要	定款	現時点	写し	高
3	会社の概要	商業登記簿謄本（全部履歴事項）	現時点	写し	高
4	会社の概要	株主総会・取締役会議事録（報告・添付資料含む）	過去5期間分及び直近まで	写し	高
5	会社の概要	過去5年間に行われた組織再編（事業譲渡、合併等）に関する概要	過去5期間分及び直近まで	写し　又は概要の回答欄への記載	高
6	会社の概要	中期事業計画	直近	写し　又は概要の回答欄への記載	高
7	会社の概要	進行期の予算又は着地見込	直近	写し　又は概要の回答欄への記載	高
8	会社の概要	規程類一式	直近	写し	高
9	主要な営業の概要	事業ごとの商流の概要がわかる資料（商流図等）	現時点	写し　又は概要の回答欄への記載	中
10	主要な営業の概要	事業を行う上で重要な契約書	現時点	写し	高
11	主要な営業の概要	主要な得意先との契約書（上位5件程度）	直近	写し	高
12	主要な営業の概要	主要な仕入先との契約書（上位5件程度）	直近	写し	高
13	決算体制等	決算体制についてご教示頂けますでしょうか	直近	概要の回答欄への記載	高

No.	種別	依頼資料	対象期間	開示・回答方法 原本/写し/電子データ	優先順位
14	財務諸表全般	基準日の試算表で反映されていない会計処理若しくは月次決算の簡便的な処理があればお教えください	基準日	概要の回答欄への記載	高
15	人的資源	給与台帳、賃金台帳、支給控除一覧表	過去5期間分及び直近まで	電子データ	高
16	人的資源	給与の締め日・支払日 ※20日締め翌5日払い等	基準日	概要の回答欄への記載	高
17	人的資源	賞与の過去における支給実績（時期、金額、人数、対象者等）	過去5期間分及び直近まで	写し 又は電子データ	高
18	人的資源	退職金制度の概要がわかる資料	基準日	写し 又は概要の回答欄への記載	高
19	人的資源	（退職金制度がある場合）直近月末における、退職金の自己都合要支給額	過去5期間分及び基準日	電子データ	高
20	人的資源	未払労働債務（未払残業代、未払社会保険料等）があれば、その内容及び金額が分かる資料	直近月次	写し 又は概要の回答欄への記載	高
21	人的資源	労基署からの指導・勧告があれば、その内容と改善状況がわかる資料	過去5期間分及び直近まで	写し 及び概要の回答欄への記載	高
22	関連当事者の状況	関連当事者との取引があれば、貴社と関連当事者との取引一覧表	過去5期間分及び基準日まで	電子データ及び概要の回答欄への記載	高
23	関連当事者の状況	関連当事者と締結した契約（業務委託契約、金銭消費貸借契約等）があれば、その契約の概要がわかるリスト、及びその契約書写し	過去5期間分及び直近まで	写し 及び概要の回答欄への記載	高
24	財務諸表全般	決算報告書	過去5期間分	写し	高
25	財務諸表全般	税務申告書一式（法人税、事業税、住民税、消費税）	過去5期間分	写し	高
26	財務諸表全般	勘定残高内訳明細書（税務申告書添付項目以外も含む）	過去5期間分	写し 又は電子データ	高
27	財務諸表全般	仕訳帳データ	過去5期間分及び基準日まで	電子データ	高

No.	種別	依頼資料	対象期間	開示・回答方法 原本/写し/電子データ	優先順位
28	財務諸表全般	総勘定元帳データ	過去５期間分及び基準日まで	電子データ	高
29	現金及び預金	銀行残高証明書、預金通帳等基準日の預金残高が分かる資料	基準日	写し	高
30	現金及び預金	拘束性（担保提供や引出制限等）のある預金の内容・金額等が分かる資料（担保差入証等）	基準日及び直近	写し 又は概要の回答欄への記載	高
31	現金及び預金	必要運転資金の水準をお教えください	基準日	概要の回答欄への記載	高
32	売掛金/受取手形	売掛金明細（相手先別）	過去５期間分及び基準日	電子データ	高
33	売掛金/受取手形	受取手形明細（相手先別・期日別・振出日別）	過去５期間分及び基準日	電子データ	高
34	売掛金/受取手形	手形割引の実績（時期、金額）	過去５期間分及び基準日	電子データ	高
35	売掛金/受取手形	手形裏書の実績	過去５期間分及び基準日	電子データ	高
36	売掛金/受取手形	貸倒引当金の計上方針及び計算方法がわかる資料	過去５期間分及び基準日	電子データ	中
37	売掛金/受取手形	売上債権年齢表（エイジングリスト）※売掛金の発生年月日別の内訳	過去５期間分及び基準日	電子データ	高
38	売掛金/受取手形	貸倒実績データ（相手先・金額・理由）	過去５期間分及び基準日	電子データ	中
39	棚卸資産	棚卸資産の種類別の残高明細表	過去５期間分及び基準日	電子データ	高
40	棚卸資産	棚卸資産の内容別の年齢表	過去５期間分及び基準日	電子データ	高
41	棚卸資産	実地棚卸の結果	過去５期間分及び基準日	写し 又は電子データ	高

No.	種別	依頼資料	対象期間	開示・回答方法 原本/写し/電子データ	優先順位
42	棚卸資産	過去3期間における棚卸資産の廃棄実績	過去5期間分及び基準日	電子データ	高
43	短期貸付金	貸付金の内容（貸付理由等）及び（作成している場合には）金銭消費貸借契約書、返済予定表	過去5期間分及び基準日	写し及び概要の回答欄への記載	高
44	有形/無形固定資産	固定資産台帳（無形固定資産、ソフトウェアを含む）	過去5期間分及び基準日	電子データ	高
45	有形/無形固定資産	特殊な償却計算（特別償却含む）を行っている固定資産があれば、その内容及び金額がわかる資料	過去5期間分及び基準日	電子データ及び概要の回答欄への記載	高
46	有形/無形固定資産	実在しない、休止、未稼働・不稼動、償却停止している固定資産（ソフトウェア、リース含む）の一覧	過去5期間分及び直近	電子データ及び概要の回答欄への記載	高
47	有形/無形固定資産	担保に供されている固定資産の有無をご教示ください	基準日及び直近	概要の回答欄への記載	高
48	有形/無形固定資産	不動産及び動産の登記簿謄本	直近	写し	高
49	有形/無形固定資産	固定資産課税明細書	直近	写し	高
50	リース契約	（リース契約がある場合）リース契約書	過去5期間分及び基準日	写し	高
51	有価証券	有価証券の明細	過去5期間分及び基準日	電子データ	高
52	有価証券	有価証券の時価がわかる資料	基準日	写し	高
53	買掛金/支払手形	買掛金相手先別明細	過去5期間分及び基準日	電子データ	高
54	買掛金/支払手形	支払手形明細（相手先別・期日別・振出日別）	過去5期間分及び基準日	電子データ	高

No.	種別	依頼資料	対象期間	開示・回答方法 原本/写し/電子データ	優先順位
55	買掛金/支払手形	債務の計上が漏れたもの（先方からの請求遅れ等を含む）があれば、その内容、金額、適正に処理した場合の相手勘定（売上原価　貯蔵品等）	過去5期間分及び基準日	概要の回答欄への記載	中
56	買掛金/支払手形	過去、及び現在における仕入先等への支払差止め等のトラブルの一覧	過去5期間分及び基準日	概要の回答欄への記載	高
57	借入金	借入金の契約条件（期間、金額、利率等）の一覧	基準日及び直近	電子データ	高
58	借入金	金銭消費貸借契約書、銀行取引約定書	基準日及び直近	写し	高
59	税務	確定申告に係る更正通知又は修正申告書（該当がある場合）	過去5期間分	写し	高
60	税務	滞納税金があれば、その内訳が分かる資料（法人税・地方税・消費税・源泉所得税・固定資産税）	過去5期間分	写し　又は概要の回答欄への記載	高
61	税務	過去の税務調査に係る資料（実施時期、対象期間、社内報告資料、指摘・指導事項一覧、顛末等）	過去5期間及び現時点まで	写し　又は概要の回答欄への記載	高

　下表は、本文中で触れていた貸借対照表項目別の財務 DD における着眼点とその調査結果が評価等に与える関係性をマッピングしたものです。調査項目と影響範囲との関係性は案件の性質等によって大きく変わるため、あくまで一例としてご参照ください。

項目	着眼点（例）	影響範囲				
		評価	資金繰り	事業計画	譲渡契約	PMI
現金及び預金	現金及び預金の実在性を確認する	◎	○		◎	
現金及び預金	現金及び預金の管理状況を理解する		○			◎
現金及び預金	担保や拘束性の預金の有無を確認する		○	◎	○	
現金及び預金	銀行口座別に口座の使用状況、使用目的を確認する					○
現金及び預金	外貨預金の場合、基準日の為替換算が適切に行われていることを確認する	○				
現金及び預金	資金繰りの特徴や傾向を調査する		◎	○		○
現金及び預金	必要運転資金を確認する	◎	○			○
売上債権	会計方針を理解する	○	○	○		
売上債権	売上債権の管理体制を把握する	○	○	○	○	○
売上債権	手形の裏書又は割引を行っているか確認し、裏書又は割引の基準を確認する	◎	○		○	
売上債権	売上債権の滞留の有無を確認する	◎	○		○	
売上債権	得意先別の回収条件（回収サイト）を把握する		◎			○
売上債権	担保に供されている売上債権があるか確認する		◎		○	
売上債権	関係会社に対する売上債権の有無を確認し、関係会社との債権債務が一致しているか確認を行う	◎		◎		◎
仕入債務	会計方針を理解する	○	○	○		○

項目	着眼点（例）	影響範囲				
		評価	資金繰り	事業計画	譲渡契約	PMI
仕入債務	仕入債務の管理体制を理解する	○	○	○	○	○
仕入債務	仕入債務が網羅的に計上されているか確認する	◎	○	○	○	○
仕入債務	支払を留保している又は支払が長期の仕入先・外注先を把握し、その理由を把握する	◎	○		○	
仕入債務	取引先別の支払いサイト（決済条件）を把握する		◎			○
仕入債務	関係会社に対する仕入債務の有無を確認し、関係会社との債権債務が一致しているか確認を行う	◎		◎		◎
棚卸資産	在庫の実在性を確認する（架空在庫の有無）	◎	○	○	◎	
棚卸資産	在庫の網羅性を確認する（簿外在庫の有無）	◎	○	○		
棚卸資産	適正在庫を把握する	○	○	○		◎
棚卸資産	在庫変動の季節性や在庫保有期間を理解する		◎	○		○
棚卸資産	収益性が低下している棚卸資産（品質劣化在庫、陳腐化在庫、市場価額の下落）の有無を確認する	◎		◎	○	○
棚卸資産	在庫の管理状況を理解する	○	○	○	○	○
棚卸資産	押込販売、リベート等の慣行を理解する		○	○		
棚卸資産	（建設業やソフトウェア開発業の場合）未成工事支出金は適切な原価計算のもとに計上されているか把握する	◎		○		
棚卸資産	（建設業やソフトウェア開発業の場合）既に受注額を超える原価が集計されている工事・プロジェクト、赤字見込みの工事・プロジェクトはないか把握する	◎		○		
棚卸資産	預け在庫、預り在庫の有無を確認する		○			○
棚卸資産	担保権等所有権に制限のあるような棚卸資産はないか把握する		◎		○	○

項目	着眼点（例）	影響範囲				
		評価	資金繰り	事業計画	譲渡契約	PMI
有形・無形固定資産	実在性を確認する	◎		○	◎	
有形・無形固定資産	減価償却計算が適正に行われているか検討する	◎		◎	◎	○
有形・無形固定資産	固定資産に対する所有権、抵当権、質権等の資産の使用や処分に関する権利関係について確認する		◎		◎	○
有形・無形固定資産	資産の含み損益の有無を検討する	◎		○	○	
有形・無形固定資産	減損会計の適用状況及び固定資産の減損の有無を検討する	◎		○	○	○
有形・無形固定資産	遊休資産等のように対象会社の事業運営に直接必要のない資産の有無を確認する	◎	○			○
有形・無形固定資産	過去の設備投資の状況を分析し、将来の設備投資への影響を検討する	◎	○	◎		◎
有形・無形固定資産	有形固定資産の除去に関して、資産除去債務の計上が必要となる、法令または契約で要求される法律上の義務及びそれに準ずるものがある場合には資産除去債務を見積もる	○			○	
有価証券投資	投資有価証券の実在性を確認する	◎		○	◎	
有価証券投資	投資有価証券の主要な内訳を確認し、保有目的及び売却可能性を確認する	○	◎	○		○
有価証券投資	投資に対する評価を検討する	◎	◎			
有価証券投資	担保・質権設定状況を確認する		◎		◎	○
保険積立金	保険の会計処理方針について理解する	○		○		○

項目	着眼点（例）	影響範囲				
		評価	資金繰り	事業計画	譲渡契約	PMI
保険積立金	保険契約の内容（主に生命保険）について網羅的に把握する	○				◎
保険積立金	付保の理由や解約の可否について検討する		◎			◎
保険積立金	保険積立金の評価を行う	◎	◎	○	○	
有利子負債	借入金は実在し、残高は網羅的に計上されているかを確認する	○	○	○		○
有利子負債	借入金の返済条件等の契約内容を把握する			○	○	○
有利子負債	返済スケジュール・債務償還年数を確認する		○	○		○
有利子負債	保証・担保の有無を確認する	◎	◎		◎	
有利子負債	M&A後に繰上返済を検討している場合には、期限前返済に関する制限の有無を把握する	○		○	○	
有利子負債	買収対象となっていない関係会社（親会社、子会社、兄弟会社等）や役員等からの借入金の有無を確認する	◎	◎			◎
賞与引当金	賞与制度を理解する	○	○	◎		◎
賞与引当金	過去の支給実績を把握する	○		◎		○
賞与引当金	基準日の賞与引当金の残高を検討する	◎		◎		○
退職給付引当金	退職金制度を理解する	○	○	◎		◎
退職給付引当金	過去の支給実績を把握する	○		◎		○
退職給付引当金	基準日の退職給付引当金の残高を検討する	◎		◎		○
その他引当金	対象会社の事業活動や関連法令、社内の諸規程、会社独自のルールや慣行等を理解する	◎		○	○	○

項目	着眼点（例）	影響範囲				
		評価	資金繰り	事業計画	譲渡契約	PMI
その他引当金	将来の費用又は損失の発生が想定される潜在的な債務について引当金の要件に照らして一定の負債計上の必要性を検討する	◎		○	○	
その他引当金	基準日における引当金の計上額を見積もる。対象会社において、既に当該引当金が計上されている場合には、見積額と比較して過大・過少な引当額となっていないかを確認する	◎		○	○	
偶発債務等のオフバランス項目	議事録や稟議書、契約書等の資料を閲覧することで、偶発債務やオフバランス項目となっているような取引の有無を確認する	◎	◎	◎	◎	○
偶発債務等のオフバランス項目	代表的な偶発債務やオフバランス項目が発生するような取引の有無を対象会社に対して質問する	◎	◎	◎	◎	○

　本書では、財務 DD の受嘱から報告書作成に至る過程をサンプル事例を用いて解説してきました。本書の「第 1 部　IV　3　スコープの検討、見積り・提案」や「第 1 部　V　財務 DD 報告の態様」でも説明しましたが、財務 DD の調査の内容や着眼点、報告の形は依頼者との合意事項や、財務 DD の実施者の方針によって異なってくるものであり、一律なものはありません。

　実務では、本書で解説しているような財務 DD 報告書以外にも様々な視点での調査や報告書の取りまとめ方が存在します。

　以下では、本文で解説してきたフォーマット以外に実務でみられる報告書様式について、ごく一部の例ではありますがご紹介します。

　本書の読者が実務で財務 DD を実施する際の一助になれば幸いです。

［作成例①　Word で作成されたシンプルなタイプ］

売上債権 (抜粋)

売上債権明細

（千円）	X5/3 末
売掛金	
A 社	3,890
B 社	1,500
C 社	1,110
D 社	6,261
…	＊＊＊＊
その他	1,256
売掛金合計	7,024

【科目の説明】

- 売上高は月末締めである。
- 売上債権は円建てであり、外貨建てのものはない。
- 期末日以降に回収不能となった債権はない。
- C 社に対する債権は C 社の財政状態の悪化を受け、長期間にわたって未回収な状態がつづいており、回収の目途がついていないとのことである。

【純資産の調整項目】

C 社に対する債権は回収可能性が乏しいため、貸倒引当金を設定する必要がある。

修正仕訳

（単位：千円）

貸倒引当金繰入額	1,110	貸倒引当金	1,110

売上債権 （抜粋）

売上債権明細

（千円）	X5/3 末
売掛金	
A 社	3,890
B 社	1,500
C 社	1,110
D 社	6,261
…	＊＊＊＊
その他	1,256
売掛金合計	7,024

主要得意先別回収条件

得意先	回収条件
A 社	末締め翌月末手形、サイト 120 日
B 社	末締め翌々月末振込
C 社	末締め翌月末振込
D 社	20 日締め翌々々月 20 日振込

【調査手続】

①　X5/3 末の貸借対照表の売掛金残高について、試算表、勘定科目内訳等と突合する。

②　X5/3 末の得意先別売掛金より、残高が 1,000 千円以上の得意先について回収条件を確認する。

③　主要な得意先に関する管理台帳（得意先別元帳等）を通査し、異常な取引の有無を確かめる。

④　X5/3 末の得意先別売掛金からサンプルを抽出し、注文書・請求書（控）と突合する。

⑤　X5/3 末の得意先別売掛金をもとに、対象会社に対して滞留債権の有無についてヒアリングする。

【調査結果】

①　突合の結果すべて一致していた。

②　回収条件の確認結果は左下表の通りである。

③　過去 1 年間の得意先別の売掛金元帳を通査したところ、C 社に対する売掛金残高が発生も回収もないことを確認した。

④　X5/3 末の得意先別売掛金からサンプルで 3 件を抽出して、注文書・請求書（控）と突合した結果残高は全て一致していた。

⑤　滞留債権の有無について〇〇社長にヒアリングしたところ、C 社に対する売掛金は、C 社の財政状態の悪化により滞留しているとのことであった。なお、調査日時点においてC社とは連絡が可能ではあるものの、回収の目途がついていないとのことである。

【修正事項】

C 社に対する売掛金は回収可能性が乏しいため、修正することとした。

修正仕訳

（単位：千円）

貸倒引当金繰入額	1,110	貸倒引当金	1,110

売上債権（抜粋）

売上債権残高推移

（千円）	X4/3末	増減	X5/3末	会計上の 修正事項	評価による 修正事項	修正後残高
売掛金						
A社	3,980	120	4,100			4,100
B社	1,663	−383	1,280	300		1,580
C社	1,110	0	1,110		−1,110	0
D社	—	5,300	5,300			5,300
…	****	****	****			****
その他	802	663	1,465	−500		965
売掛金合計	7,643	6,5671	4,210	−200	−1,110	12,900
受取手形						
A社	1,230	1,980	3,210			3,210
受取手形合計	1,230	1,980	3,210	0	0	3,210
売上債権合計	8,873	8,547	17,420	−200	−1,110	16,110

出所：決算報告書、残高試算表、補助科目内訳表、売掛金一覧表

□概要

- ・ 売掛金の相手先は……となっている。
- ・ 対象会社は収益認識を出荷基準により行っている。
- ・ 主な売掛金の回収サイトは以下の通りである。
  - –【A 社】　月末締め翌月末手形（120 日）回収
  - –【D 社】　20 日締め翌々月 20 日振り込み

□売掛金の評価

- ・ 対象会社に質問したところ、滞留債権は C 社に対するものを除いてないとのことであった。
- ・ 取引先 C 社に対する売掛金 1,110 千円について、調査日時点において C 社とは連絡が可能ではあるものの、回収の目途がついていないとのことである。そのため本報告書においては、C 社への売掛金の評価額を 0 円とし修正項目とした。

□売掛金の期間帰属（カットオフ）

- ・ 対象会社の発行した X5 年 4 月発行の請求書綴りを通査したところ、B 社に対して 3 月に役務提供が完了しているが、売掛金計上されていないものが 300 千円あることが判明したため、本報告書においては、会計上の修正項目とした。
- ・ 対象会社では、数か月にわたって役務提供しているが一括して役務提供開始時に請求している業務がある。当該業務について、X5 年 3 月末に売掛金計上されているもののうち、4 月以降の役務提供となる金額を確認したところ 500 千円あることが判明したため、本来は売掛金計上すべきではないことから、本報告書においては、会計上の修正項目とした。

売上債権（抜粋）

> ➤ 回収可能性に疑義のある債権 1,110 千円を実態純資産の
> 調整項目とした

売上債権残高推移

（千円）	X2／3末	X3／3末	X4／3末	X5／3末
売掛金				
A 社	3,768	4,120	3,980	4,100
B 社	1,656	2,194	1,663	1,280
C 社	600	560	1,110	1,110
D 社	—	—	—	5,300
…	＊＊＊＊	＊＊＊＊	＊＊＊＊	＊＊＊＊
その他	562	456	802	1,465
売掛金合計	7,024	7,874	7,643	14,210
受取手形				
A 社	1,100	1,120	1,230	3,210
受取手形合計	1,100	1,120	1,230	3,210
売上債権合計	8,124	8,994	8,873	17,420

出所：決算報告書、残高試算表、補助科目内訳表、売掛金一覧表

主要得意先別回収条件

得意先	回収条件
A 社	末締め翌月末手形、サイト 120 日
B 社	末締め翌々月末振込
C 社	末締め翌月末振込
D 社	20 日締め翌々々月 20 日振込

■ 売掛金の内容

- 対象会社では、製品を納品した時点で代金を請求し、売掛金として計上される。売掛金の回収は、振り込みによる回収であることが多いが、主要得意先であるA社については手形により回収される。
- 取引先別の決済条件ついては左下表を参照。
- 対象会社の売掛金残高は、X5/X3末より急激に増加しているが、売掛金の増加に比して売上高の成長については大きな変化はない。これは後述の通り、X5/X3期より取引を開始したD社に対する債権の回収期間が長いことが原因であると考えられる。また、……。

■ 与信管理

- 対象会社では、新規取引の開始時には〇〇の与信情報を入手するとともに、…することで取引の可否及び与信枠の設定を行っている。
- 与信の判断は、XXXによりなされ、最終的に営業部長が決定している。
- 既存の得意先の与信については〇月に……することで、見直されている。

■ 債権管理

- 対象会社では、請求時に……することにより、債権の回収予定日を管理している。
- 債権管理担当者は毎月初に……することにより債権の回収状況の確認を行っている。
- ……に報告される。

■ 滞留債権

- 滞留債権や回収懸念債権の有無についてA氏に質問をしたところ、下記のC社に対する債権を除きすべて正常な債権であるとのことであった。
- 取引先C社に対する売掛金1,110千円について、×4/3月末より残高に変化がない。C社の状況について対象会社に確認したところ、調査日時点においてC社とは連絡が可能ではあるものの、回収の目途がついていないとのことである。そのため本報告書においては、C社への売掛金の評価額を0円とし、△1,110千円を実態純資産の調整項目とした。

売上債権（抜粋）

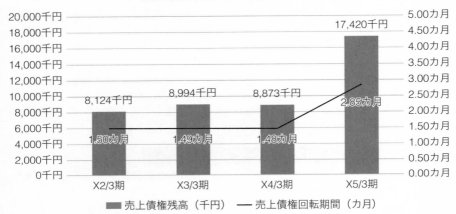

売上債権残高および回転期間の推移

8,124千円　　8,994千円　　8,873千円　　17,420千円

1.50カ月　　1.49カ月　　1.48カ月　　2.85カ月

X2/3期　　X3/3期　　X4/3期　　X5/3期

■ 売上債権残高（千円）　　— 売上債権回転期間（カ月）

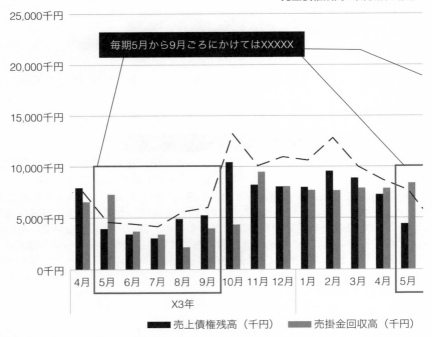

売上債権残高と回収額の推移

毎期5月から9月ごろにかけてはXXXXX

4月　5月　6月　7月　8月　9月　10月　11月　12月　1月　2月　3月　4月　5月

X3年

■ 売上債権残高（千円）　　■ 売掛金回収高（千円）

【売上債権の回転期間】

▶ 対象会社の売掛金残高は、X5/X3 末より急激に増加しているが、売掛金の増加に比して売上高の成長については大きな変化はない。これは後述の通り、X5/X3 期より取引を開始した D 社に対する債権の回収期間が長いことが原因であると考えられる。また、……。

▶ 左上図のように売上債権の回転期間は、X2/3 末から X4/3 末までは、1.5ヶ月前後で推移していたが、X5/3 末は 2.85ヶ月、X5/6 末は 4.48ヶ月と急激に長期化している。

▶ 回転期間が長期化した理由としては、……。

【資金繰りにおける留意点】

▶ 左下図は、対象会社における月次の売上債権残高とその回収状況及び月次売上高の関係をまとめたものである。

▶ 対象会社の事業の特徴としては……。

▶ 今後の事業運営を行う上では……。

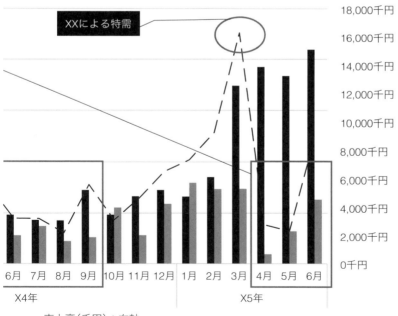

索　引

[あ]

預かり在庫・・・・・・・・・・・・・・・・・・・・・・・・・・・98
預け在庫・・・・・・・・・・・・・・・・・・・・・・・・・・・98
意向表明・・・・・・・・・・・・・・・・・・・・・・・・・・・4
依頼資料リスト・・・・・・・・・・・・・・・・・・・・・20
売上債権（売掛金・受取手形）に関する会
　計方針・・・・・・・・・・・・・・・・・・・・・・・・・・・62
売上債権の回転期間・・・・・・・・・・・・・・・・・・66
売上債権の管理・・・・・・・・・・・・・・・・・・・・・63
売上債権の評価・・・・・・・・・・・・・・・・・・・・・65
売掛金年齢調べ表（エイジング・リスト）
　・・・・・・・・・・・・・・・・・・・・・・・・・・・・・・・64
エイジング・リスト（売掛金年齢調べ表）
　・・・・・・・・・・・・・・・・・・・・・・・・・・・・・・・64
エグゼクティブサマリー（重要事項の要
　約）・・・・・・・・・・・・・・・・・・・・・・・・・・・35
押し込み販売・・・・・・・・・・・・・・・・・・・・・97
オンサイト DD・・・・・・・・・・・・・・・・・・・・22

[か]

カーブアウト財務諸表・・・・・・・・・・・・・・262
外貨建資産及び負債・・・・・・・・・・・・・・・・40
会計方針・・・・・・・・・・・・・・・・・・・・・・・・・38
会社更生法・・・・・・・・・・・・・・・・・・・・・236
確定給付企業年金制度・・・・・・・・・・・・・185
株主価値・・・・・・・・・・・・・・・・・・・・・・・・・13
関連当事者間取引・・・・・・・・・・・・・・・・・43
企業型確定拠出年金制度・・・・・・・・・・・186
企業価値・・・・・・・・・・・・・・・・・・・・・・・・・13
基本合意・・・・・・・・・・・・・・・・・・・・・・・・・4

クロージング・・・・・・・・・・・・・・・・・・・・・7
原価計算・・・・・・・・・・・・・・・・・・・39、97
減価償却・・・・・・・・・・・・・・・・・・・・・113
現金及び預金の管理・・・・・・・・・・・50、54
現金及び預金の実在性・・・・・・・・・・・・50
工事損失引当金・・・・・・・・・・・・・・・・・198
顧客別分析・・・・・・・・・・・・・・・・・・・・・222
コスト構造分析・・・・・・・・・・・・・・・・・223
固定資産税評価額・・・・・・・・・115、123
固定資産の減価償却方法・・・・・・・・・・41
固定資産の減損・・・・・・・・・・・・42、116
固定資産の含み損益・・・・・・・・・・・・・115

[さ]

在庫の管理・・・・・・・・・・・・・・・・・・・・・96
在庫の実在性・・・・・・・・・・・・・・・・・・・・94
財産評定・・・・・・・・・・・・・・・・・・・・・240
最終報告・・・・・・・・・・・・・・・・・・・・・・・23
債務確定主義・・・・・・・・・・・・・・・・・・・・81
財務制限条項・・・・・・・・・・・・・・・・・・・155
債務保証損失引当金・・・・・・・・・・・・・199
仕入債務（買掛金・支払手形）に関する会
　計方針・・・・・・・・・・・・・・・・・・・・・・・80
仕入債務回転期間・・・・・・・・・・・・・・・・82
仕入債務の管理・・・・・・・・・・・・・・・・・81
支援協議会スキーム・・・・・・・・・・・・・236
事業価値・・・・・・・・・・・・・・・・・・・・・・・・・13
事業再生 ADR・・・・・・・・・・・・・・・・・236
事業譲渡・・・・・・・・・・・・・・・・・・・・・254
事業別分析／製品別分析・・・・・・・・・222
資金繰り・・・・・・・・・・・・・・・・・52、246

資産除去債務・・・・・・・・・・・・・・・・・・・・・・・43、117
市場価格のない有価証券・・・・・・・・・・・・・・・135
実態純資産・・・・・・・・・・・・・・・・・・・・・・・・35、214
実地棚卸・・・・・・・・・・・・・・・・・・・・・・・・・94、107
私的整理・・・・・・・・・・・・・・・・・・・・・・・・・・・・236
収益性が低下している棚卸資産・・・・・・・・96
収益の認識基準・・・・・・・・・・・・・・・・・・・・・・・38
重要事項の要約（エグゼクティブサマ
　リー）・・・・・・・・・・・・・・・・・・・・・・・・・・・・・・35
初期調査・・・・・・・・・・・・・・・・・・・・・・・・・・・・・18
人件費分析・・・・・・・・・・・・・・・・・・・・・・・・・・224
スコープ（調査範囲）・・・・・・・・・・・・・・・・・8
スコープの検討・・・・・・・・・・・・・・・・・・・・・・19
スタンドアロンイシュー・・・・・・・・・・・・・266
スタンドアロンコスト・・・・・・・・・・・232、266
税効果会計・・・・・・・・・・・・・・・・・・・・・・・・・・42
清算（破産）配当率・・・・・・・・・・・・・・・・・251
清算貸借対照表・・・・・・・・・・・・・・・・・・・・・251
正常収益力・・・・・・・・・・・・・・・・・・・・・36、231
製品保証引当金・・・・・・・・・・・・・・・・・・・・・199
設備投資（CAPEX：Capital Expenditure）
　・・・・・・・・・・・・・・・・・・・・・・・・・・・・・・・・・117
損益分岐点分析・・・・・・・・・・・・・・・・・・・・・227

［た］

ターゲットの選定・・・・・・・・・・・・・・・・・・・・・3
退職一時金制度・・・・・・・・・・・・・・・・・・・・・185
退職給付債務・・・・・・・・・・・・・・・・・・・・・・・184
退職金共済制度・・・・・・・・・・・・・・・・・・・・・185
退職金制度・・・・・・・・・・・・・・・・・・・・・・・・・185
滞留債権・・・・・・・・・・・・・・・・・・・・・・・・・・・・64
棚卸資産の評価・・・・・・・・・・・・・・・・・40、96
担保及び拘束性預金・・・・・・・・・・・・・・・・・・56
担保に供されている売上債権・・・・・・・・・・67
担保や拘束性の預金・・・・・・・・・・・・・・・・・・51
地域経済活性化支援機構（REVIC）・・・・236

チェンジオブコントロール条項（COC 条
　項）・・・・・・・・・・・・・・・・・・・・・・・・・・・76、155
中間報告・・・・・・・・・・・・・・・・・・・・・・・・・・・・23
中小企業特性・・・・・・・・・・・・・・・・・・・・・・・246
調査範囲（スコープ）・・・・・・・・・・・・・・・・・8
手形の裏書・・・・・・・・・・・・・・・・・・・・・・・・・・66
手形の遡及義務・・・・・・・・・・・・・・・・・・・・・・66
手形の割引・・・・・・・・・・・・・・・・・・・・・・・・・・66
適正在庫・・・・・・・・・・・・・・・・・・・・・・・・・・・・95
特別補償条項・・・・・・・・・・・・・・・・・・・・・・・・・6

［な］

年金資産・・・・・・・・・・・・・・・・・・・・・・・・・・・184
ノンネームシート・・・・・・・・・・・・・・・・・・・・・3

［は］

買収スキーム（ストラクチャー）・・・・・・15
発生主義・・・・・・・・・・・・・・・・・・・・・・・・・・・・80
引当金の計上基準・・・・・・・・・・・・・・・・・・・・42
非事業性資産・・・・・・・・・・・・・・・・・・・・・・・・13
必要運転資金・・・・・・・・・・・・・・・・・・・・・・・・52
費用の計上基準・・・・・・・・・・・・・・・・・・・・・・39
表明保証条項・・・・・・・・・・・・・・・・・・・・・・・・・6
プロフォーマ調整・・・・・・・・・・・・・・・・・・・232
不渡り・・・・・・・・・・・・・・・・・・・・・・・・・・・・・・66
分割型新設分割・・・・・・・・・・・・・・・・・・・・・258
分社型吸収分割・・・・・・・・・・・・・・・・・・・・・256
分社型新設分割・・・・・・・・・・・・・・・・・・・・・257
ポイント引当金・・・・・・・・・・・・・・・・・・・・・199
法的整理・・・・・・・・・・・・・・・・・・・・・・・・・・・236
簿外在庫・・・・・・・・・・・・・・・・・・・・・・・・・・・・95
保険契約の会計処理・・・・・・・・・・・・・・・・・144
保険積立金の評価・・・・・・・・・・・・・・・・・・・146

［ま］

マネジメントインタビュー・・・・・・・・・・・・23

未払労働債務 ･････････････････････ *225*
民事再生法 ････････････････････････ *236*

[や]

役員退職慰労引当金 ････････････････ *195*
役員退職金の損金算入限度額 ･･････ *197*
有価証券投資に対する評価 ････････ *135*
有価証券投資の実在性 ･･････････ *135*
有価証券の評価 ･･･････････････ *41*
遊休資産 ･････････････････････ *116*
有利子負債に係る保証及び担保 ･･････ *156*
余剰資金 ･･･････････････････ *52*

[ら]

リース会計基準 ･･････････････ *43*
リベート ･･･････････････ *97*
流動資産担保融資（ABL：Asset-based
lending) ･･････････････････ *67*、98
路線価 ･･････････････････ *115*

[アルファベット]

ABL（流動資産担保融資）･･････････ *67*
CCC（Cash Conversion Cycle）･･････ *211*
COC 条項（チェンジオブコントロール条
項）･･････････････････ *76*、155
EBITDA（税引前利払前償却前利益：
Earnings Before Interest Taxes Depreciation
and Amortization）･･････････ *231*
KPI（重要業績評価指標：Key Performance
Indicator）･････････････ *219*
M&A 戦略 ･･･････････････ *2*
PMI（Post-Merger Integration）･･････ *7*
VDR（Virtual data room）･･････ *23*

参考文献

『実例でわかる M&A に強い税理士になるための教科書』山田勝也（税務経理協会）

『M&A 組織再編　ストラクチャー別会計・税務のポイント』太陽有限責任監査法人
　　（税務経理協会）

『M&A 統合型財務デューデリジェンス』デロイト　トーマツ　FAS 株式会社編（清
　　文社）

『M&A 財務デューデリジェンス』デロイト　トーマツ　ファイナンシャルアドバイ
　　ザリー合同会社編（清文社）

『M&A を成功に導く財務デューデリジェンスの実務』プライスウォーターハウス
　　クーパース株式会社編（中央経済社）

『中小企業 M&A における財務デューデリジェンスのすべて』久米雅彦（金融財政事
　　情研究会）

『M&A における財務・税務デュー・デリジェンスのチェックリスト』佐和周（中央
　　経済社）

『実践的中小企業再生論〜「再生計画」策定の理論と実務』藤原敬三（金融財政事
　　情研究会）

編著者紹介

◇編者

株式会社 G&S ソリューションズ

　「企業の成長を支援し、次世代へつなげる」という経営理念のもと、M&A 支援、IPO 支援、事業再生支援、事業承継支援等のサービスラインを揃え、企業がその成長に必要な戦略を立案及び実行し、経営を次世代に円滑に承継するための支援全般を行っているアカウンティング・コンサルティングファームである。

　特に M&A 領域においては、買い手の支援としての財務デューデリジェンス、バリュエーションを始め、M&A によるエグジットを目指す売り手の支援や組織再編税制を利用したスキームの検討等のように、幅広い業務をクライアントに提供し、年間 60 件を超える案件に関与している。

◇監修・執筆者

山田勝也

公認会計士・税理士

2004 年　中央青山監査法人入所

2005 年　中央大学経済学部卒業

2007 年　太陽有限責任監査法人入所

2013 年　税理士法人 G&S ソリューションズ設立・代表社員就任

2016 年　株式会社 G&S ソリューションズ設立・代表取締役就任

主な著書に『実例でわかる M&A に強い税理士になるための教科書』（税務経理協会）、『M&A 組織再編　ストラクチャー別会計・税務のポイント』太陽有限責任監査法人編：共著（税務経理協会）、『株式上場準備の実務』太陽有限責任監査法人編：共著（中央経済社）、『40 代オーナー社長のための経営のバトンリレー』（幻冬舎）がある。

◇執筆者

髙橋寛敏　　第 2 部 Ⅱ 2、3、5、8、9、10、11

山内雄介　　第 2 部 Ⅱ 1、6

力示龍臣　　第 2 部 Ⅳ 1、2

国近宜裕　　第 2 部 Ⅲ 1、2

松本朋也　　第 2 部 Ⅱ 7

M＆A財務デューデリジェンス入門
手順と報告書の書き方

2022年1月1日　初版発行
2024年4月1日　初版4刷発行

編　者　株式会社G＆Sソリューションズ
監　修　山田勝也
発行者　大坪克行
発行所　株式会社税務経理協会
　　　　〒161-0033東京都新宿区下落合1丁目1番3号
　　　　http://www.zeikei.co.jp
　　　　03-6304-0505
印　刷　美研プリンティング株式会社
製　本　牧製本印刷株式会社
デザイン　株式会社グラフィックウェイヴ
編　集　吉冨智子

本書についての
ご意見・ご感想はコチラ

http://www.zeikei.co.jp/contact/

ISBN 978-4-419-06816-5　C3034